明通鑑

第三册

明景帝景泰元年起
明孝宗弘治七年止

卷二十五至
卷三十七

中華書局

明通鑑卷二十五

紀二十五起上章敦牂（庚午），盡重光協洽（辛未），凡二年。

江西永寧知縣當塗夏燮編輯

恭仁康定景皇帝

景泰元年（庚午、一四五〇）

1 春，正月，丁丑朔，上皇在迆北，罷朝賀。

2 辛巳，築永安城于天壽山之南，以居陵衛官軍，後遂移昌平縣治焉。

3 壬午，享太廟。

4 彗星出天市垣外，掃天紀星。

5 丙戌，大祀南郊。

6 是月，以邊事需餉急，始定輸納之例。「凡生員納粟上馬者皆許入監。」戶部又議「令軍民輸納或米或粟或豆或草或鞍馬者，皆給冠帶，官吏罪廢輸納者得復職。」初行之于宣府、大同，其後兩畿及諸布政司、遼東皆行之。

已而監生郭佑上言：「昨以國用耗乏，謀國大臣欲紓一時之急，令民納粟者賜冠帶。今軍旅稍寧，行之如故。農工商販之徒，不較賢愚，惟財是授，驕親戚，誇鄉里，長非分之邪心。而贓污吏罷退爲民，欲掩閭閻之恥，納草納粟，冠帶而歸。前已冒貨去職，今以輸貨得官，何以禁貪殘而重名器？況天下統一，藏富在民，未至大不得已，而舉措如此，是以空乏啓戎心也。」章下廷議，格不行。

時又開輸豆予世襲之例，刑科給事中曹凱争之曰：「近例，輸豆四千石以上授指揮，彼受祿十餘年，費已償矣，乃令之世襲，是以生民膏血養無功子孫，而彼取息長無窮也。有功者必相謂曰：『吾以捐軀獲此，彼以輸豆亦獲此，是朝廷以我軀命等于萑菽。』其誰不解體！乞自今，惟令帶俸，不得任事傳襲，文職則止原籍帶俸。」上以爲然，命已授者聽，未授者悉如凱議。

7 閏月，甲寅，額森寇寧夏，叛奄喜寧計也。

8 初，洪熙、宣德間，定禮闈取士之額，分南、北、中卷，以百人爲率，正統中，增額至百五十人，而分地如故。

至是從大理寺丞李奎之請，仍循永樂間例。癸亥，詔：「明年會試取士無拘額，本年鄉試亦如之。」

9 庚午，額森寇大同，總兵官郭登擊敗之。時寇至沙堝，登召諸將問計，或言：「寇衆我寡，莫若全軍而還。」登曰：「我軍去城百里，一思退避，人馬疲倦。賊以鐵騎來逼，即欲自全，得乎？」按劍起曰：「敢言退者斬！」徑薄賊營，奮勇擊之，諸將繼進，呼聲震山谷，遂大破其衆，追奔四十餘里。又敗之栲栳山，斬二百餘級，得所掠人畜八百有奇。

自土木之敗，邊將無敢與寇戰。是役，登以八百人破敵數千騎，軍氣爲之一振。捷聞，封登定襄伯，予世券。

10 是月，免大名、真定、開封、衛輝被災税糧。

11 侍讀彭時以兵事稍息，奏請回籍終制，許之。時以釋褐踰年參大政，前此所未有，上方嚮用之，以此頗忤旨。

12 二月，戊寅，耕藉田。

13 癸未，懸賞格招陷敵軍民，副都御史羅通之請也。通請榜文于沿邊，諭：「凡被陷人口，有能自還者，軍免差役三年，民免徭役終身，官支全俸，各賞銀一兩，布二匹。有能殺賊一級者，軍民人等俱予冠帶，賞銀五兩，官陞一級，仍賞銀如之。若能殺額森，賞銀五萬兩，金一萬兩，封國公、太師。殺巴延特穆爾及喜寧者，賞銀二萬兩，金一千兩，封侯。」詔依議行之。

14 丙戌，命武清伯石亨爲鎭朔大將軍，率師巡大同，都指揮楊能充遊擊將軍，巡宣府。——能，洪之從子也。

15 壬辰，叛奄喜寧伏誅。

先是寧數導誘額森擾邊，上皇患之，言于額森，使寧及總旗高蹇等還京索禮物，而命袁彬以密書付蹇，俾報宣府設計禽寧。寧抵獨石，宣府守將設伏野狐嶺，令蹇紿寧，至其地，伏盡起，蹇直前抱持之。遂禽寧送京師，法司諸臣雜治，磔于市。上皇在迆北聞之，喜曰：「自此邊境稍寧，吾南歸有日矣。」

寧爲都指揮江福所獲，而參將楊俊飾奏于朝，謂己實定謀，遣福等禽之。上嘉俊功，進右都督，賜金幣。言官及兵部請如懸賞前詔，上以俊邊將，職所當爲，不允。——俊，洪之庶子也。——久之，冒功事始露。

16 是月，初開經筵。寧陽侯陳懋知經筵事，文臣自內閣高穀、陳循等外，禮部侍郎儀銘及俞山、俞綱，皆以潛邸舊恩兼經筵官。——銘，智之子也。

上每臨講幄，輒命中官擲金錢于地，任講官徧拾之，時以爲媟褻云。【考異】儀銘、俞綱、俞山皆充經筵官，見憲章録、法傳録，證之明史儀智等傳，皆潛邸舊人也。擲金錢事見儀銘傳。（附儀智。）而野史有以爲高穀、李時勉故事者，今不著。

17 贈前侍講劉球爲學士，賜諡忠愍，立祠于鄉。

並追論彭德清。時德清已在獄瘐死，詔戮其尸。

球二子鉞及弟釪，皆篤學，躬耕養母。球既得卹，兄弟乃出應舉，先後成進士。

18 羅通自居庸召還，命參楊洪軍務，兼理院事。

通上言：「諸邊報警，率由守將畏徵調，飾詐以欺朝廷，遇賊數十，輒稱殺敗數千。向者德勝門外不知斬馘幾何，而獲官者至六萬六千餘人。輦下且然，何況塞外。且韓信起自行伍，穰苴拔于寒微，宜博搜將士如信、苴者與議軍事。若今腰玉珥貂，皆苟全性命保爵禄之人，憎賢忌才，能言而不能行，未足與議也。」意蓋詆于謙、石亨輩。

謙疏辨，言：「概責邊報不實，果有警不奏，必致誤事。德勝門外官軍升級，惟石亨功次册當先者萬九千八百餘人，及陣亡三千餘人而已，安所得六萬之多！通以爲濫，宜將臣及亨等升爵削奪。有如韓信、穰苴者，乞即命指薦，並罷臣營務，俾專治部事。」

疏下廷議。廷臣共言「謙及石亨、楊洪實堪其任」，又謂「通志在滅賊，無他」，上兩解之。尋敕謙録功不得如前冒濫，蓋因通言發也。給事中覃浩等謂「通本以知兵用，不宜理院事。」乃解通兼職。

初，京城解嚴，侍講劉定之上疏曰：「自古如晉懷、愍，宋徽、欽，皆因邊塞外破，藩鎮内潰，救援不及，馴致播遷，未有若今日以天下之大，數十萬之師，奉上皇于漠北，委以與寇者也。晉、宋遭禍亂，棄故土，偏安一隅，尚能奮于既衰以禦方張之敵，未有若今日額森乘勝直抵都城，以師武臣〔力〕之衆，既不能奮武以破敵，又不能約和以迎駕，聽其自來而自去者也。國勢之弱，雖非旦夕所能强，豈可不思自强之説而力行之！」又其所陳十事，其末曰：「昔者漢圖恢復，所恃者諸葛亮；南宋禦金，所恃者張浚；彼皆忠誠夙著，功業久立。及街亭一敗，亮辭丞相；符離未捷，浚解都督。何者？賞罰明則將士肅也。乃石昨德勝門下之戰，未聞摧陷强寇，但迭爲勝負，互殺傷而已，雖不足罰，亦不足賞。乃石亨則自伯進侯，于謙則自二品晉一品，天下未聞其功，但見其賞，豈不怠忠臣義士之心乎？可令仍循舊秩，勿躐新階，他日勳名著而爵賞加，正未爲晚。夫既予不忍奪者，姑息之政；既進不欲退者，患失之心。上不行姑息之政，下不懷患失之心，則治平可計日而待也。」書奏，上優詔答之。

謙有社稷功，一時忌者輒屢以深文彈劾。通、定之所論，亦多失平，然實有中于目前軍務之積弊云。

19 三月，己酉，衛喇特寇朔州。

20 辛亥，詔録土木死事諸臣後官。尚書王佐子道陽，鄺埜子儀，俱爲主事。侍郎曹鼐子恩，丁鉉子琥，副都鄧棨子瑺，俱爲評事。通政龔全安子廷暉，太常劉容子鑑，俱爲部照磨。學士張益子翊，尚寶凌壽子暉，俱爲序班。又，欽天監正廖義仲子景明爲司曆，太醫院使欽謙子智爲本院吏目。——義仲、謙，蓋五十餘人之外續報同時預難者也。【考異】據三編質實云：「按英宗實録，是年五月辛亥所録死事諸臣後，中有欽天監正廖義仲子景明，太醫院使欽謙子智，一授司曆，一授吏目。證之正統十四年備載死事諸臣，並無此二人，蓋遺漏也。」今又按野史書：「護衛樊忠殺王振，突圍出殺數十人，死之。」明史不載。又明史金英傳：「右司禮太監范弘從征，没于土木，葬香山永安寺。」弘即與金英同賜免死詔者，此又中官死事之遺漏者也，附識于此。

21 癸丑，衛喇特寇寧夏，抵慶陽。乙卯，又寇朔州。

時寇分道入邊，官軍禦敵，互有殺傷。惟寧夏、慶陽、朔州，被敵殺掠甚衆。

22 董興之討廣州也，未至，而僉都御史楊信民以巡撫坐鎮，威望日隆，乃多方招撫，降者日至，于是遣使持檄入賊營，諭以恩信。黄蕭養曰：「得楊公一言，死不恨。」尅日請見，信民單車詣之，隔濠與語。賊黨望見皆羅拜，有泣下者。賊以大魚獻，信民受之不疑。蕭養且降，俄聞大軍至，忽中變。其夜，有大星隕城外，七日而信民暴疾，遂以是日卒。軍民聚哭，城中皆縞素。賊聞之亦泣，曰：「楊公死，吾屬無歸路矣。」

事聞，賜祭葬，録其子玖爲國子生。廣東民赴京請建祠，許之。成化間，賜謚恭惠，並命有司以忌日祭焉。【考異】按明史楊信民傳，言：「信民巡撫廣東，以三月乙卯卒。」列傳敘事，紀日者最少，此以信民卒後奉敕令以忌日祭祠，故特書其卒之月日耳，今據之。

23 癸亥，以旱，免畿内逋賦及夏税。

24 是月，虜分道入寇陽和、大同、偏頭關、野狐嶺，所過殘掠。時總兵官朱謙鎮宣府，奏敵以二萬攻圍萬全，敕范廣充總兵官禦之。

已而寇退。于謙請「駐兵居庸，寇來則出關剿殺，退則就糧京師」。大同參將許貴奏，「迤北有三人至鎮，欲朝廷遣使講和」，于謙曰：「前遣季鐸、岳謙往，而額森隨入寇，繼遣王復、趙榮，不見上皇而還，和不足恃明矣。況我與彼不共戴天，理固不可和。萬一和而彼肆無厭之求，從之則坐敝，不從則生變，勢亦不得和。貴爲介胄臣，而恇怯若此，何以敵愾！法當誅。」移檄切責。自是邊將主戰守，無敢言和者。

25 以俞綱爲兵部侍郎，内閣辦事。

綱以生員侍上潛邸，至是驟遷擢，疏辭。越三日，請佐兵部，許之。

26 是春，致仕國子祭酒李時勉卒。

時勉家居，聞上皇北狩，日夜悲慟。遣其孫驥詣闕上書，「請選將練兵，親君子，遠小人，褒嘉忠節，迎還車駕，復讎雪恥。」得旨褒答，而時勉卒矣，年七十七。賜謚文毅。成化中，改謚忠文，贈禮部侍郎。

27 夏，四月，丙子，廣東都指揮李昇、何貴等追海賊，不克，死之。

28 辛巳，衛喇特寇大同，以數千騎奄至。總兵官郭登出東門與戰，佯北，誘之入土城，伏起，寇敗走。登度敵且復至，令軍士齎毒酒、羊、豕、楮錢，僞爲祭冢者，見寇即棄走，寇至，争飲食之，死者甚衆。

29 貴州平越被圍九月，御史黄鎬，置疏竹筒中，募土人乞援于朝。丁亥，命保定伯梁珤，都督方瑛會湖廣總督侯璡討之，敕王驥還。

瑛從驥征麓川，事平，留鎮雲南。上即位，廷臣薦瑛有將略，召還，進都督同知。甫抵京而貴州苗賊勢熾，驥復請瑛還討，乃拜右副總兵。

30 戊子，遣大理寺丞李茂録囚南京，考黜百司，訪軍民利病以聞。

時尚書于謙言：「南京重地，撫輯須人。中原多流民，設遇歲荒，嘯聚可虞。乞敕内外守備及各巡撫加意整飭，防患未然。」從之，遂有是命。

31 丙申，衛喇特寇雁門。丁酉，以三百騎入石峰口，燒關門，復由故道去，敕責總兵官朱謙等。

32 己亥，遣都督同知劉安充總兵官，練兵于保定、真定及涿、易、通三州，僉都御史陳泰參贊軍務。——泰幼從外家，冒曹姓，既貴，請復之。

33 庚子，振山東饑。

辛丑，振畿内被寇州縣。

34 癸卯，衛喇特復寇大同，郭登擊却之。

35 是月旱，山東亦旱。自去冬至春，災異疊見，黑氣四塞，烈風拔木。御史許仕達言：「災沴數見，請聖躬痛自修省。」優詔褒答。

36 浙江鎮守中官李德上言：「諸臣擅殺馬順，同于犯闕，賊臣不宜用。」下廷議，于謙以爲不足問。上曰：「誅亂臣，所以安衆志。卿等忠義，朕已知之，勿以德言介意。」【考異】據明史王竑傳，在是年四月，並記「于謙以爲事不足問」及「上令諸臣勿介意」等語，今據增。

37 五月，乙巳，免山西被災税糧。

38 衛喇特以數萬騎攻雁門，都指揮李端擊却之。尋犯河曲及義井屯堡，殺二指揮，遂圍忻、代諸州，詔劉安督涿、易諸軍禦之。

寇自代州南下，長驅直抵太原城北，山西大震。詔巡撫朱鑑移鎮雁門，而别遣都督僉事王良鎮太原。援兵漸集，敵亦饜，乃引去。

時山西兼遘兵荒，鑑外飭戎備，内撫災民，勞瘁備至。

39 戊申，衛喇特復寇雁門。詔益黄花鎮戍兵以衛陵寢，敕兵部稽在京軍馬數以聞。

40 癸丑，廣東賊黄蕭養伏誅。

先是，都督同知董興，調江西、兩廣兵征討，而以天文生馬軾自隨。興果鋭，不能戢下，軾輒戒之。是春，師至廣州。賊舟千餘艘，勢甚熾，而徵兵未至。諸將請濟師，軾曰：「廣民延頸久矣，即以狼兵往擊，猶拉朽耳。」——「狼兵」者，廣西溪峒土兵也。——興從之。既而兵大集，進至大洲擊賊，殺溺死者萬餘人，餘多就撫。蕭養中流矢死，函首以獻，俘其父及子等。餘黨皆伏誅。

論功，進興右都督，留鎮廣東。

41 壬戌，振大同被寇軍民。

42 丙寅，總督侯璡、副總兵田禮大破貴州叛苗。

時梁珤等大軍未至，禮已進兵，解新添、平越之圍，璡復遣兵攻敗水西諸賊，貴州道始通。又調雲南兵由烏撒會師，開畢節諸路，檄普安土兵援安南衛，而自率兵攻破紫塘、彌勒等十餘寨。會賊復圍平越，回師擊退之，遂分哨七盤坡、羊腸河等處，撫定良苗，東至重安江，與王驥兵會，鎮遠道亦通。

捷聞，進璡兵部尚書。

43 衛喇特額森復寇宣府，以二千騎屯賈家營。總兵官朱謙與參將紀廣等拒以鹿角，發火器擊之，寇少却。謙軍且退，寇復來追，都督江福援之，亦失利。謙卒力戰，寇不得入。是時寇屢擾邊，鋭而驕，意大同、宣府二城可旦夕下，而謙與郭登屢却之。會喜寧已誅，額森失其間諜，所部兵多死傷；而托克托布哈、阿喇知院，自遣使請和後，皆撤所部歸；于是額森亦欲息兵，恥自屈，乃令阿喇先通和議。

辛未，阿喇知院遣其參政旺扎勒托懽舊作完者脱懽。等至懷來貢馬議和，邊將以聞。上用學士陳循言，賫使令還，而以敕諭阿喇，大略謂：「額森詭詐反覆。朕欲從爾講和，第聞彼尚聚兵塞上，意在要挾，義不可從。即阿喇必欲和好，待衛喇特諸部落北歸，議和未晚。不然，朕不惜戰也。」

44 是月，浙江副使陶成討處州賊陶得二，不克，死之。

得二降而復叛，擁衆犯武義，先遣其黨十餘輩僞爲鄉民避賊者，以敝緼裹薪，闌入城中。及成出戰，賊持薪縱火焚木城，官軍驚潰，成與都指揮僉事崔源皆力戰死。事聞，贈成左參政，録其子魯爲八品官。【考異】陶成之死，明史本紀不載。證之成傳，在是年五月，今據之。

45 初，土木之變，楊俊自獨石奔還，上以洪故，置不問。而俊恃父勢橫恣，在宣府時，嘗以私憾杖都指揮陶忠至死。洪懼，奏「俊輕躁，恐誤邊事，乞令來京隨臣操練」，許之。既至，言官交劾，下獄。復以禽喜寧冒功事覺論斬，詔宥之，令剿賊自效。尋充游擊將軍，巡徼真、保、涿、易諸城，至是還，仍令督三千營訓練。【考異】據明史楊洪傳，「俊爲洪之庶子，以杖殺陶忠及冒喜寧功論斬，詔宥之，尋充游擊將軍」云云。而皇明通紀、紀事本末諸書，皆系俊誅于是年之五月。弇州考誤謂「本雙槐歲抄之誤」，駁之是也。惟劉安督涿、易諸軍，正在是年之五月，則俊之巡徼真、保、涿、易，皆同時事，今系之五月之末。

46 六月，壬午，衛喇特寇大同，總兵官郭登擊却之。

越四日丙戌，額森奉上皇至城外，聲言送駕還。登與同守者設計，具朝服候駕月城，伏兵城上，俟上皇入即下月城閘。額森及門而覺，遂復擁上皇去。

47 丁亥，下左都御史陳鎰、王文于獄。

時中官金英縱家奴不法事覺，下法司治之，鎰等但請抵奴罪，不及英。于是給事中林聰率同列劾鎰、文畏勢長奸，並及御史宋瑮、謝琚，皆下獄。尋以請罪自伏，宥之。

聰在科，論事無所諱。先是有中官單增，督京營有寵，朝士稍忤者輒遭詈辱，家奴白晝殺人，奪民產，侵商稅。聰發其奸，下詔獄獲宥，增自是不敢肆。至是因治英家人獄，復劾璪、琚不任風紀，竟謫二人于外。

48 戊子，衛喇特復率二千騎寇宣府，朱謙遣都指揮牛璽等往禦，戰南坡。謙見塵起，率參將紀廣等馳援，自巳至午，寇大敗，遁去。

49 戊戌，免山東被災州縣稅糧。

50 額森之請還上皇也，詔下禮部議，未決。吏部尚書王直率群臣上言曰：「太上皇惑細人言，輕身一出，至于蒙塵。陛下宵衣旰食，徵天下兵，與群臣兆姓同心戮力，期滅此朝食，以雪不共戴天之恥。迺者天誘其衷，額森有悔心之萌，而來求成于我，請還乘輿，此轉禍爲福之機也。望陛下俯從其請，遣使往報，因察其誠僞而撫納之，奉太上皇以歸，少慰祖宗之心。」上曰：「卿等言良然。但前後使者五輩往，終不得要領。今復遣使，設彼假送駕之名來犯京師，豈不爲蒼生患？賊詐難信，其更議之。」

已而阿喇使復至，尚書胡濙等復以爲言，于是上御文華門召廷臣，諭以宜絕狀。直對曰：「必遣使，毋貽後悔。」上不悅，曰：「朕非貪天位，當時見推，實出卿等。」尚書于謙從容曰：「天位已定，寧復有他！顧理當速奉迎，萬一彼果懷詐，我有詞矣。」上乃顧謙改容曰：「從汝，從汝。」議遂決。

群臣既退，太監興安出呼曰：「若等欲遣使，孰爲富弼、文天祥者？」詞色交厲。直面折之曰：「廷臣惟天子使，既食禄，敢辭難乎！」安始語塞。

時禮科給事中李實，慨然請行，己亥，以實爲禮部右侍郎，大理寺丞羅綺爲少卿，及指揮馬顯等，令齎璽書諭衛喇特君臣，遂偕阿喇使俱往。

51 是月，尚書于謙以山西近寇，請遣大臣往鎮，昌平侯楊洪亦乞遣重臣從雁門關護餉大同。上以命參軍務羅通，通不欲行，請得與謙、洪俱。謙言「國家多難，非臣子辭勞之日」，奏乞躬往。上不允，卒命通。

通本謙所舉，而每事牴牾，人以是不直通云。【考異】命羅通鎮山西，明史紀及三編皆不載。證之通傳，在是年之六月，今據增。

52 上即位之初，懲王振蒙蔽，大闢言路，吏民皆得上書言事。是時有肅府儀衛餘丁聊讓詣闕陳數事。

其略曰：「邇歲土木繁興，異端盛起，番僧絡繹，污吏縱横。相臣不正其非，御史不劾其罪，上下蒙蔽，民生日蹙，因之狡寇犯邊，上皇播越。陛下枕戈嘗膽之秋，可不拔賢舉能，一新政治乎？昔宗、岳爲將，敵國不敢呼名；韓、范鎮邊，西賊聞之破膽；司馬光居相位，强鄰戒勿犯邊。今文武大臣之有威名德望者，宜使典樞要，且延訪智術才能之士，布滿朝廷，則額森必畏服，而上皇可指日還矣。

大臣陽也，宦寺陰也；君子陽也，小人陰也。近日食地震，陰盛陽微，譴見天地。望陛下總攬乾綱，抑宦寺使不得預政，遏小人俾不得居位，則陰陽順而天變弭矣。

天下治亂，在君心邪正。田獵是娛，宮室是侈，宦寺是狎，三者有一，足蠱君心。願陛下涵養克治，多接賢士大夫，少親宦官宮妾，自能革奢靡，戒游佚，而心無不正矣。

仍願陛下廣從諫之量，旌直言之臣，使國家利弊，閭閻休戚，言者無所顧忌。蘇子曰：『平居無犯顏敢諫之臣，則臨難必無仗節死義之士。』願陛下恒念是言而審察之。」

書奏，上嘉納焉。

後四年，讓登進士，官知縣。【考異】聊讓上書，正景泰初大開言路之時。明史讓傳書「元年六月」，並記其四年後始登進士，今據增。

53 秋，七月，己酉，李實等至衛喇特。額森在營，既見，讀璽書畢，乃導之謁上皇。時上皇仍居巴延特穆爾營，惟袁彬、哈銘侍。實等見上皇泣，上皇亦泣，因問太后、皇上，又問二三大臣，泫然曰：「處此踰年，始見卿等。」實等頗以上皇前寵王振太過，以致蒙塵，請還京引咎自責，上皇意不懌。

實等之既行也，會托克托布哈及額森所遣使丕勒瑪尼哈瑪爾舊作皮兒馬黑麻。等復至趣和，詔禮之，賜之宴。使者因言于館伴曰：「昨知院使來，朝廷遣人偕往。今吾等乃汗及太師所命，若不報使，事必不諧。」禮臣胡濙以聞，尚書王直等議遣正副使四人往，上曰：「且俟實還，徐議之。」

54 庚戌，總督尚書侯琎，大破貴州之賊。

時琎檄副總兵方瑛攻賞改寨，禽苗僞王王阿同等三十四人。別賊阿趙僞稱趙王，率衆掠清平，琎復討禽之。會王驥亦俘獲剗平王苗富蟲，先後送京師伏誅。

55 李實等將還，王直等固請遣使，從之。庚申，遣右都御史楊善、工部侍郎趙榮充正使，以都指揮同知王息、錦衣衛千户湯允勣副之，賫金銀書幣往。

先是有金齒衛知事袁敏，自土木奔還，上書曰：「上皇居九重，所服者衮繡，所食者珍羞，所居者瓊宮瑶室。今駕陷沙漠，主辱臣死，臣子何以爲心！請速遣官一人，或就令臣齎書及服御物，問安塞外，以盡臣子之義。」不報。至是尚書胡濙等言：「上皇蒙塵久，御用服食，宜付善等隨行」，亦不報。

時額森欲還上皇，而敕書無奉迎語，自齎賜額森外亦無他物，善乃出家財，悉市彼中所需者攜以往，遂行。

56 癸亥，李實、羅綺自衛喇特還。

初，實自京奉使，將行，見敕書不及迎上皇，驚走白内閣，遇太監興安，安叱曰：「若奉黃紙詔行耳。他何預！」實遂行。至是額森語實等曰：「我亟欲送上皇歸，而敕書無奉迎語。今汝之來，通問而已；若欲奉迎，宜亟遣大臣來。歸語皇帝：迎使夕來，大駕朝發。決不食言。」

實等還，具道額森意及再遣使奉迎狀，上不許。于是王直偕寧陽侯陳懋等上疏曰：「臣等與李實語，具得彼中情事。其所需衣物資斧者，上皇言也；而奉迎車駕，額森意也。昨者托克托布哈及阿喇知院使來，皆有報使；今額森使以迎請爲詞，乃不遣使偕往，是疑敵而召兵也。」復不許。已而實自言于上，上曰：「楊善已去。但以奉迎意致額森，即令善迎歸足矣。」

比北使將發，直等復上言：「宜本上皇之心，順臣民之願，因彼悔心，遣使往報，以圖迎復，此不待計而決者也。不然，衆志難犯，違天不祥。彼將執爲兵端，邊事益棘，京師亦不得高枕卧矣。」檢討邢讓亦上疏曰：「上皇于陛下，有君之義，有兄之恩，安得而不迎？且令寇假大義以詰我，其何詞以應？若從群臣請，仍命實齎敕以往，述迎復之指，雖上皇還否未可必，而陛下恩義之篤昭然于天下。萬一迎而不許，則我得有詞于彼以興問罪之師，不亦善乎！」上不得已，乃從群臣議，仍遣實往報。既而曰：「俟善歸議之。」卒不遣。

57 己巳，楊善等至衛喇特，額森遣館伴來迎。館伴自言田氏，亦中國人，飲善帳中，語曰：「土木之役，六師何怯也？」善曰：「彼時官軍，壯者悉南征，王司禮邀大駕幸其里，不爲戰備，故令汝得志耳。令南征將士歸，可二十萬，又募中外材官技擊，可三十萬，悉教以神鎗、火器、藥弩，百步外洞人馬腹立死。又用策士言，緣邊要害隱鐵椎三尺，馬蹄踐輒穿。又刺客林立，夜度營幕若猿猱。」伴聞之，色動，善曰：「惜哉，今皆無用矣！」問何故，曰：「和議成，歡好且若兄弟，安用此！」因出所齎遺之，其人喜，悉以語額森。

明日，謁額森，亦大有所遺，額森亦喜。善因詰之曰：「太上皇帝朝，太師遣貢使必三千人，歲必再賚，金幣載途，乃背盟見攻，何也？」額森曰：「奈何削我馬價，予我帛多翦裂，前後使人往多不歸，又減歲賜？」善曰：「非削也。太師馬歲增價，難爲繼而不忍拒，故微損之。太師自度，價比前孰多也？帛翦裂者，通事爲之，事露誅矣。即太師貢馬有劣弱，貂或敝，亦豈太師意耶？且使者多至三四千人，有爲盜或犯他法，歸恐得罪，故自亡耳，留若奚爲！貢使受宴賜，上名或浮其人數，朝廷核實而予之。所裁乃虛數，有其人者固不減也。」額森數稱善。

善復曰：「太師再攻我，屠戮數十萬，太師部曲死傷亦不少矣。上天好生，太師好殺，故數有雷警。今還上皇，和好如故，中國金幣日至，兩國俱樂，不亦美乎！」

額森曰：「敕書何以無奉迎語？」善曰：「此欲成太師令名，使自爲之。若載之敕書，是太師迫于朝命，非太師誠心也。」額森大喜。問：「上皇歸，將復得爲天子乎？」善曰：「天位已定，難再移。」額森曰：「堯、舜如何？」善曰：「堯讓舜，今兄讓弟，正相同也。」其平章昂克問善：「何不以重寶來購？」善曰：「若齎貨來，人謂太師圖利，今不爾，乃見太師仁義，爲好男子，垂史册，頌揚萬世。」額森笑稱善。

知院巴延特穆爾，勸額森留使臣，而遣使要上皇復位，額森懼失信，不可，竟許善請。明日，額森引善謁見上皇于巴延特穆爾營，遂許送上皇歸。

58 八月，癸酉，上皇發自衛喇特。瀕行，額森設宴餞上皇，額森席地彈琵琶，妻妾奉酒，顧楊善曰：「都御史坐！」善不敢坐，上皇曰：「太師著坐便坐。」善承旨，少坐即起，周旋其間。額森顧善曰：「有禮。」巴延等亦各設餞畢，額森築土臺，坐上皇臺上，率妻妾部長羅拜其下，各獻器用飲食物。

上皇起蹕，額森率部長皆送，約半日程。巴延送至野狐嶺，下馬，伏地慟哭曰：「皇帝行矣，何時復得相見！」良久乃去，仍遣其頭目七十人扈送京師。【考異】諸書皆言「巴延特穆爾送上皇至野狐嶺，下馬，伏地慟哭而去。」三編目中，則言「額森送上皇數十里，下馬，伏地慟哭去。」今據明史瓦剌傳。

59 戊寅，祀社稷。

60 初，廷臣聞上皇將還，欲奏請奉迎，都御史王文厲聲曰：「公等謂上皇果來耶？額森不索金帛土地而遽送還耶？」衆素畏文，皆愕然不決而罷。

及是上皇果還，乃詔禮部議迎上皇禮。尚書胡濙等議：「遣禮部官迎于龍虎臺，錦衣具法駕迎居庸關，百司迎土城外，諸將迎教場門。上皇自安定門入，進東安門，于東上北門南面坐。皇帝謁見畢，百官朝見，上皇入南城大內。」議上，傳旨：「以一轎二馬迎于居庸關，至安定門易法駕。餘如奏。」給事中劉福等言禮（大）〔太〕薄，報曰：「朕尊大兄爲太上皇帝，禮無加矣。福等顧云太薄，其意何居？禮部其會官詳察之。」濙等言：「諸臣意無他，欲陛下篤親親耳。」上曰：「昨得太上皇書，具言迎駕禮宜從簡損，今豈得違之！」于是群臣乃不敢言。

會（于）〔千〕户龔遂榮爲書投大學士高穀，言「奉迎宜厚。主上當遜位懇辭而後受命，如唐肅宗迎上皇故事。」穀袖其書于朝，以示胡濙、王直等，直曰：「此禮失而求諸野也。」濙欲以聞，王文不可，而給事中葉盛竟奏之。同官林聰復劾「直、濙、穀等皆股肱大臣，有聞必告，不宜偶語竊議。」濙等因以書進，且言：「肅宗迎上皇典禮，今日正可仿行。陛下宜躬迎安定門外，分遣大臣迎龍虎臺。」上不悅，曰：「第從朕命，無事紛更。」乃遣太常少卿許彬至宣府，侍讀商輅至居庸關迎上皇。

時上索遂榮書所從得甚急，遂榮自縛詣闕言之，下詔獄，坐遣，久之得釋。

壬午，上皇至宣府，許彬迎謁。上皇命書敕諭群臣，遣祭土木陣亡官軍。甲申，至居庸，商輅迎謁，上皇諭以遜位退閒意，使歸告皇帝。【考異】明史本紀書楊善等至瓦剌及見上皇于七月之末，英宗還駕在八月癸酉，爲八月初二日。證之劉定之否泰録，則善等謁上皇在八月初二，上皇之行在初八，皆不合，惟十一日次野狐嶺以下悉同。但明史多據實録，否泰録雖目擊之事，而塞外道里月日，不過據所聞見書之，今悉據正史。

61 丙戌，上皇至京師。上迎于東安門，拜，上皇答拜，相持泣，各述授受意，推遜良久。遂送上皇至南宮，上率百官行朝謁禮。

庚寅，赦天下。

62 辛卯，以刑部侍郎江淵兼翰林學士，直文淵閣，預機務。時苗衷致仕，以淵代之。初，徐珵倡議南遷，太監金英叱出之，踉蹌過左掖門。淵適入，迎問之，珵曰：「以吾議南遷不合也。」于是淵入朝，極陳固守之策，遂見知于上，以侍講超擢卿貳。至是遂入閣，踰月，改户部侍郎，兼職如故。

63 是月，總督貴州兵部尚書侯璡，以勞瘁卒于普定軍中。賜祭葬，廕其子，世襲錦衣衛千户。

64 御經筵。

先是御史許仕達上言：「經筵之講，一暴十寒，聖學何以有成？正統間，上下蒙蔽，無敢言者，願陛下于經筵之外，日召儒臣講論經史，稽之于古，驗之（千）〔于〕今，以應無方之變。」優詔褒答。

65 九月，丁未，封都督朱謙撫寧伯，論守宣府功也。

66 癸丑，進左副都御史王來爲右都御史，總督湖廣、貴州軍務。

來巡撫河南，至是以侯璡卒，進來代之，與保定伯梁珤、都督毛勝、方瑛會討叛苗。——勝即福壽更名也。

初，永樂中，降人安置近畿者甚衆，額森入寇，多爲内應。會西南用兵，尚書于謙謀散遣之，每有征行，輒選其精騎，厚資以往，已，更遣其妻子，内患以息。

67 是月，南京吏部尚書魏驥、南京祭酒陳敬宗同致仕。

驥屢請致仕，不許，至是復以老請至京師。大學士陳循，驥門生也，請間曰：「公雖位冢宰，未嘗立朝。願少待，事在循輩。」驥正色曰：「君爲輔臣，當爲天下進賢才，不得私一座主。」退，語人曰：「渠以朝廷事爲一己事，其能善終乎？」竟致仕去。

敬宗官南京祭酒，與李時勉名望相埒，時稱「南陳北李」。方王振寵盛時，敬宗秩滿入都，振欲致之，不可得。會巡撫周忱亦在京，振知其與敬宗善，令通意，敬宗曰：「吾爲諸生師表而私謁中官，何以對同學生徒？」忱退，謂振曰：「陳公崛强，未可以勢力致。顧善書法，公試以禮幣求書，彼來謝，或可致耳。」振遂貽文錦羊酒，求書程子四箴。敬宗書訖，署名而返其幣，終不往見。以是在南太學十七年不調。及是與驥同引年歸，家居不輕出。有被其容接者，莫不興起。

驥在籍二十餘年，布衣糲食，不殖生産。事兄教諭麒，雖耄益恭。教子孫孝弟力田，講明理學。蕭山故多水患，驥率鄉人增修塘堰，復宋時縣令楊時所築湖隄，邑人賴之。

【考異】魏驥、陳敬宗之致仕，在是年之九月，事見本傳。三編特書之，今據增。

68 冬，十月，辛卯，録囚。

69 癸巳，免畿内逋賦。

70 十一月，辛亥，禮部尚書胡濙奏：「上皇聖節，請令百官詣延安門行朝賀禮。」不許。

71 是月，下太監金英于獄。

英縱家奴事發，上怒，乃盡發其結黨市恩及縱家人中鹽等事，論斬及戍謫有差。英下都察院獄，亦論斬，詔禁錮之，自是遂廢不用。

時工部尚書石璞方奉詔出募義勇，還朝，法司劾璞嘗賂英，遂並下獄論斬，上特宥之，命出理大同軍餉。

初，上之監國也，徐珵倡議南遷，舉朝震動。當是時，外微于謙，内微金英，幾岌岌矣。薛瑄既起用，尋推南京大理寺卿。英嘗奉使南京，獨瑄不出見。使還，上問：「所見誰爲良者？」英對曰：「獨一薛卿耳。」論者以爲英之智識殆非他璫比云。【考異】明史本紀但載陳鎰、王文以鞫金英家人不實下獄事，而英之下獄不具。證之宦官傳，英下獄在是年十一月，然亦但書其犯贓下獄。而野史所載，則以對東宮生日，事詳後卷考異中。惟諸書記薛文清推大理正卿在景泰二年，其時英已禁錮，未必有奉使之事，意文清之推正卿，即召後事也，今於英下獄之月牽連記之。

72 十二月，丙申，胡濙等復請「明年正旦令百官朝上皇于延安門」，不許，並諭「自今後正旦慶節皆免行。」給事中林聰欲上疏言之，同官葉盛止之曰：「今上孝弟，上皇盛德，兩宮帖然安静。若益以言，則涉衆易疑，恐無中生有，反爲非便。」聰乃止。御史盛杲目盛曰：「己不爲而又阻人爲之耶？」盛曰：「此大事，當熟慮。惟安與静，久長之道也。」

73 是冬，王來至靖州。賊掠長沙、寶慶、武岡，會梁珤、方瑛等連破貴州之賊，遂分道邀擊，俘斬三千餘人。賊魁韋同烈遁去，據興隆，復劫平越、清平諸衞。來與瑛邀擊，敗之。

74 王驥既還，命總督南京機務。其冬，乞世券，予之。

南畿軍素偷惰，驥至，以所馭軍法教之，于謙弗重也。朝廷以其舊臣，寵禮之。越二年，賜敕解任，奉朝請。

二年（辛未、一四五一）

1 春，正月，上皇在南宮。

2 庚戌，大祀南郊。

3 壬子，詔「天下朝覲官當黜者，令運糧口外。」

4 初，僧道三年一度，上即位，特詔停之。至是太監興安，以皇后旨度僧道五萬餘人。尚書于謙上言：「今四方多流徙之民，三邊缺戰守之士。度僧道太多，恐乖本末。」不報。

5 二月，辛未，幸太學，釋奠于先師。

時衍聖公孔彥縉率子孫來京師，至國子監聽講，上嘉之。自後幸學，必先期召衍聖公，著爲令。

禮成，上至彝倫堂，升坐，祭酒蕭鎡講尚書天聰明章，詞旨敷暢，上甚嘉之。

鎡代李時勉爲祭酒，去年以老疾辭。既得允，監丞鮑相率六館生連章乞留，報可，至是遂有嚮用意。【考異】據明史儒林傳，「孔彥縉至京師聽講，因定自後幸太學必先召衍聖公。」又，蕭鎡事見本傳及三編，今據增。

6 戊子，鎮星犯上相。庚寅，逆行入太微左掖。欽天監奏：「天垂象，伏望日新聖德，仍敕文武群臣修省。」辛卯，詔曰：「上天仁愛，垂象示警。朕當省悔。五府、六部、都察、翰林院，其計議寬卹條例以聞。」

7 癸巳，詔「畿內及山東巡撫官舉廉能吏，專司勸農，授民荒田，貸牛種。」

8 是月，吏部郎中李賢上正本十策，曰「勤聖學，顧箴警，戒嗜慾，絶玩好，慎舉錯，崇節儉，畏天變，勉貴近，振士風，結民心。」上善之，命翰林寫置左右備省覽。尋又陳車戰火器之利，亦見采納。

9 三月，壬寅，賜柯潛等進士及第、出身有差。

10 夏，四月，乙酉，保定伯梁珤、總督尚書王來等，大破平越苗，禽其僞王韋同烈等。

先是珤自沅州進兵，與都督方瑛破賊于興濼。賊退保香爐山，山陡絶，瑛與都督毛勝、陳友三道進，珤與來大軍繼之，先後破三百餘寨，會師香爐山下，發礮轟崖石，聲動地。賊黨懼，縛同烈並賊將五十八人降，餘悉解散，俘同烈等獻京師，遂分兵共剿都匀、草塘諸賊，賊皆望風具牛酒迎降。

捷聞，詔班師，留珤、來鎮撫。尋命來兼巡撫貴州。

時因黔、楚用兵，暫行鬻爵例，至是來奏稱：「寇賊稍寧，惟平越、都勻等四衛乏餉，請召商中鹽，罷納米例」，從之。

初，貴州苗未平，吏部侍郎何文淵議罷二司，專設都司，以大將鎮之。尚書于謙不可，曰：「不設二司，是棄之也。」議乃寢。

11 甲午，衛喇特寇宣府馬營，敕游擊將軍石彪等巡邊。

乙未，命石亨選京營兵操練，召尚書石璞還，參贊軍務。——彪，亨之從子也。

12 是月，遣都督僉事孫安守備獨石，用尚書于謙議也。

初，楊洪自獨石入衛，額森內犯，所過八城俱殘毀。衆議欲棄之，謙曰：「棄之則不但宣府、懷來難守，京師亦且動搖。」乃薦安，授以方略，使率輕騎出龍門關據之，募民屯田，且戰且守，八城遂復。

尋命右參政葉盛協贊軍務，石璞自大同轉餉給之。

13 命左都御史陳鎰巡撫陝西。

鎰前兩鎮陝西，值秦中饑，蠲租振貸，軍民戴之若父母，每還朝，必遮道擁車泣，再至則懽迎數百里不絶。至是陝西復饑，軍民萬餘人詣監司請：「願得陳公活我。」監司以聞，遂復有是命。【考異】明史本紀不載，事見鎰傳，在是年。證之七卿表，鎰為都御史，以二年四月出，巡撫陝西。今據之。

14 五月，乙巳，城固原。

固原本守禦千户所，至是以故原州城置。尋升爲衛。

15 上皇既歸，衛喇特托克托布哈及額森仍循歲貢，上皇所亦别有獻。上意欲絶衛喇特，不復報使，額森以爲請。尚書王直、金濂、胡濙等，皆言「絶之恐起衅」，上曰：「遣使有前事，適以滋衅耳。曩入寇時，豈無使邪？」因敕額森曰：「前者使往，小人言語短長，遂致失好。朕今不復遣，而太師請之，甚無謂也。太師使來，朕皆優禮厚給之。顧亦須少人，賞賚乃得從厚。」

至是托克托布哈使又至，送還所掠招撫使高能等。直等復請報之，上曰：「使臣不遣，朕志已定。」乃禮其使而以書報之。

16 六月，戊辰朔，欽天監奏：「是日卯初刻，日當食。」至期不應。

17 已卯，詔貴州各衛修舉屯田，防苗寇。

18 是月，學士江淵以天變條上三事：「一厚結朵顔、赤斤諸衛爲東西藩籬；一免京軍餘丁以資生業；一禁訐告王振餘黨以免枉濫。」詔悉從之。

淵又言法司斷獄多枉，于是刑部尚書俞士悦、都御史王文求罷，且言淵嘗私以事不聽，故見誣。上兩置之。【考異】江淵上書事見明史本傳，在是年六月。又，王文傳並記淵劾文及俞士悅事，亦在六月，蓋同時事也，今據增。

19 是夏，復命昌平侯楊洪鎮守宣府。

時宣府總兵官朱謙卒于鎮，復以命洪，並洪從子能、信充左、右參將。洪奏言：「臣既佩印充總兵官，而兄子能、信皆以都督同知僉事充參將，子俊亦以右都督督三千營，一門父子同握重兵，盛滿難居。乞賜臣休致，或調能等他鎮。」不許。居數月，以疾召還，又踰月卒。

洪久居宣府，御軍嚴肅，士馬精强，爲一時邊將冠。

20 秋，七月，戊申，普定、永寧、畢節諸苗復叛，詔梁珤留軍，會方瑛、王來等討之。

21 癸丑夜，京師地震，自北而南。

22 是月，進吏部侍郎何文淵爲本部尚書。

23 八月，壬申，南京地震。【考異】明史本紀但書是月南京地震事，證之五行志，「七月癸丑，京師地震，自北而南」，故三編、輯覽並系之七月目中，今據分書之。

24 辛巳，復永樂間午朝之制，從給事中葉盛請也。

25 九月，乙卯，詔：「邊事方寧，禁諸司毋得援奪情例起復。」

論曰：文臣起復，自二楊、蹇、夏開其端，歷永、洪、宣三朝，已成故事，而其時臺諫班中無一人能言其非者。于是正統以後，遂有京官營求奪情，而在外方面以下等官，往往部民耆老詣闕請留，輒聽起復還任。至景泰二年，始禁諸司起復，然未及京官也。故天順間，大學士李賢，以父憂奉詔起復，修撰羅倫劾之，首引宋仁宗欲以故事起復富弼，弼辭曰：「何必遵故事以遂前代之非，但當據禮經以行今日之是。」二語可謂詞嚴而義正矣。弇州謂自有羅一峰扶植綱常一疏，而奪情之風少息。然則仁、宣郅治之朝，若有能爲此言者，其挽回又當易易也。

26 是秋，定襄伯郭登以疾召還。

先是登以老疾乞休，舉石彪自代，且請令其子嵩宿衞。上以嵩爲散騎舍人，不聽登辭。是時邊患稍息，登悉心措置，思得公廉有爲者與俱，遂劾奏沈固廢事，而薦布政使年富。上遂命富以右副都御史巡撫大同，召固還。

27 浙、閩盜平。【考異】明史本紀不載，諸書或系之七月，或系之九月。按陶成之没在去年五月，據孫原貞傳，以元年斬陶得二，蓋在陶成敗没之後，今並系之是秋。

初，閩賊吴金八等流劫青田諸縣，詔副都御史軒輗會兵部侍郎孫原貞討平之。原貞復進兵擣處州賊巢，斬賊首陶得二，招撫三千六百餘人，追還被掠男女。

捷聞，璽書獎勵。原貞請奔喪，踰月還，分兵剿平餘寇，奏請析瑞安地增置泰順，析麗水、青田二縣地置雲和、宣平、景寧凡四邑皆建官置戍，盜患遂息。輗亦以防禦閩寇有功，至是皆進秩一等。

28 冬，十月，己丑，免山西被災稅糧凡一百八萬二千餘石。

29 是月，鎮守山西都御史羅通召還，仍贊京營軍務，命巡撫山西朱鑑兼領其事。

30 廣通王徽煠，陽宗王徽焟，以謀逆廢爲庶人。

徽煠、徽焟，岷王楩之庶子也。岷王𦳐，次子徽焲嗣位。徽煠有勇力，家人段友洪，以技術見寵，與致仕後軍都事干利賓，言徽煠有異相，當王天下，遂謀亂。作僞敕，分遣友洪及蒙能、陳添仔等，誘諸苗以銀印金幣，使發兵攻武岡，苗首楊文伯等不敢受。事覺，友洪爲徽焲所執。都御史李實以聞，詔徵徽煠入京師。會湖廣總督王來、保定伯總兵官梁珤復發徽焟通謀狀，亦徵入，並除爵，幽高牆。

時蒙能方率苗兵至武岡，聞事敗，叛入廣西，遂結生苗作亂。【考異】明史本紀不載，三編、輯覽系之是年十二月。按明史諸王傳記徽煠等謀逆事，書云：「時景泰二年十月也。」三編並據實録，蓋以十月事發，十二月論罪也。今仍據明史本傳，系之十月下。

31 十二月，庚寅，以禮部侍郎王一寧、祭酒蕭鎡兼翰林學士，直文淵閣，預機務。

32 是月，晉户部尚書陳循少保兼文淵閣大學士，工部尚書高穀少保兼東閣大學士。

初，徐珵創南遷議，爲内廷訕笑，久不遷。而珵急意進取，因自結于循，遺之玉帶，且用星術言「公帶將玉矣」。至是循果加少保，大喜，因屢薦之。而是時用人多決于少保于謙，珵屬謙門下士游説，求爲國子祭酒。謙爲言于上，上曰：「此議南遷徐珵耶？爲人傾危，將壞諸生心術。」珵不知，以爲謙之沮己也，益銜之。循因勸珵更名，自是遂名有貞。踰年，遷諭德。

33 托克托布哈與額森，名爲君臣，抱空質而已。布哈妻，額森姊也，額森欲立其姊子爲太子，托克托布哈不從。額森亦疑布哈通中國，將謀己，遂治兵相攻。布哈敗走，額森追殺之，執其妻子，遣使獻捷，且貢馬。

于謙上言：「額森雖悔過攄誠，而上皇之仇，至今未雪。今其君臣自相仇殺，是天授我復仇之機。臣請統京營軍馬，分往宣府、大同，以除邊患而雪國恥。」上不許。【考異】諸書或系之七月，或系之九、十月，今據明史本紀及三編。又，明史稿書是月壬辰。

34 是冬，下中書舍人何觀于獄，尋杖之。

觀上言：「大臣如王直、胡濙等，在正統時皆阿附權奸，釀成大患。今此輩老猾，不宜在左右。」又言「北虜之來朝者宜驅置于南方」等語。自正統中，劉球以忤王振冤死，中外莫敢言事者。上懲其失，即位以後，言路始開，凡前後上書者，無不優旨褒答。而一二中貴，見觀疏中有權奸語，以爲侵己，遂激上怒，下六科、十三道參議。

吏科給事中毛玉主奏稿，力詆「觀誣陷大臣，擅開邊釁，宜正其罪，以爲進言虚妄者戒」。給事中林聰、葉盛争之，曰：「朝廷大開言路，未嘗罪一言者。今雖怒觀，猶令我輩看議，蓋甚盛德也。君獨不見劉球乎？球之死，人孰不切齒于王振、馬順！今雷霆之下，萬一不測，則是我輩爲之，而使朝廷受不容直言之名。況諸君皆言官，獨不爲他日身計耶？」玉乃稍稍删易之。

奏上，會御史疏亦上，中有「觀考滿不遷，私憾吏部」語，遂下詔獄，杖觀，謫九溪衛經歷。【考異】杖何觀事，明史本紀及三編皆不載，憲章録系之十月，紀聞系之十二月。按水東日記言「是年之冬。」今據之。

35 是歲，巡撫南畿工部尚書周忱致仕。

忱秩滿，由户部侍郎進尚書，尋以江西人例不官户部，乃改工部，仍巡撫。

忱撫江南，經理財賦，耗羨充盈，于是益務廣大，修葺廨舍學校、先賢祠墓、橋梁、道路及崇飾寺觀，贈遺中朝官，資給過客，無少吝惜，胥吏漁蠹其中，亦不甚訾省，以是屢召人言。正統中，給事中李素等劾忱「妄意變更，專擅科斂」，已而奸民持其短長，輒以多徵耗米爲詞。上即位之初，户部請遣御史稽覈，踰年，遂召忱還。忱乃自陳：「臣未任事之先，諸郡税糧，無歲不逋。自臣莅任，設法剗弊，節省浮費，于是歲無逋租，更積贏羨。凡向之公用所須，科取諸民者，悉于餘米隨時支給。或振貸未還，遇赦宥免，或未估時值，低昂不一。緣奉宣宗皇帝及太上皇敕諭，許臣便宜行事，以此支用不復具聞，以致部民訐奏，户部遣官追徵。實臣出納不謹，請治臣罪。」上素知忱賢，大臣亦多保持之，但令致仕去。

然當時理財者，無出忱右。其治以愛民爲本，其所弛張變通，皆可爲後世法。諸府餘米，數多至不可校，公私饒足，施及外郡。頻年江北饑，都御史王竑從忱貸米三萬石，忱爲計至來年麥熟，以十萬石畀之。性機警，錢穀鉅萬，一屈指無遺算。

忱既被劾，上命李敏代之，敕無輕易忱法。然自是户部括所積餘米爲公賦，儲備蕭然。其後吴大饑，道殣相望，課逋如故，民益思忱不已，即生祠處處祀之。越二年卒，謚文襄。

明通鑑卷二十六

江西永寧知縣當塗夏　燮編輯

紀二十六 起玄黓涒灘（壬申），盡閼逢掩茂（甲戌），凡三年。

恭仁康定景皇帝

景泰三年（壬申、一四五二）

1 春，正月，上皇在南宮。

2 丙午，大祀南郊。

3 是月，晉都御史楊善、王文皆太子太保。善以迎上皇駕功改左，至是與文並加宮銜，爲將易儲也。

4 二月，乙酉，遣副都御史劉廣衡詣南京録囚。

5 京師久雨雪。學士江淵上言：「漢劉向曰：『凡雨，陰也，雪又雨之陰也。』仲春少陽用事，而寒氣脅之，占法謂人君刑法暴濫之象。陛下恩威溥洽，未嘗不赦過宥罪，竊恐有司奉行無狀，冤抑或有未伸。且向者下明詔，免景泰二年田租之三，今復移檄追徵，是朝廷自失大信于民。怨氣鬱結，良由此也。」上乃令法司申冤濫，並詰户部違詔事。

初，洪、永間，秋糧輸米有折收銀布者，夏稅輸麥有折收絲絹者，上即位，詔免二年稅糧十之三。時尚書金濂掌户部，檄有司但減米麥，其銀、布、絲、絹徵如故。至是淵言之，濂上書自辯。給事中李侃等，請追問有司奉何明文。濂恐事敗，乃言：「銀、布、絲、絹，詔書未載。今國家多用，若概免，國計何資？」于是科道交章劾濂，並發其爲生員時出妻及按福建不發母喪諸陰事。上欲宥之，而言者力爭不已，戊子，詔下濂都察院獄。三日，釋之，削太子太保，調工部。越月，吏部尚書何文淵，言「理財非濂不可」，遂復還户部。

6 是月，進江淵吏部侍郎，蕭鎡户部侍郎。

7 三月，甲午朔，有星孛于畢。

8 戊午，都督毛勝討湖廣巴馬苗，克二十餘寨，禽賊首吴奉先等一百四十人，斬首千餘級。

9 是月，遣刑部侍郎耿九疇巡撫陝西。

先是召王翺、陳鎰還，尋以九疇代之，又遣僉都御史王竑巡撫淮、揚、廬三府，徐、和二州，代九疇也。竑時奉詔督理漕運，遂就命之，並兼理兩淮鹽課。【考異】九疇巡撫陝西事，見明史本傳，在是年三月。諸書有系之二年之冬者，據其自江北召還牽連並記耳。證之陳鎰、王竑傳，竑巡撫江北，是代九疇也。九疇巡撫陝西，是代陳鎰，故鎰傳中有「三年春自陝召還」，正與九疇之代鎮陝西合，今分別書之。

10 初，王振之亂，馬順既誅，廷臣因極言官校緝事之弊，上切責其長，令所緝悉送法司，官校稍稍斂戢。及是上欲陰察外事，乃命指揮同知畢旺專司偵訪，自此錦衣衛官復漸用事。

11 夏，四月，賜文淵閣諸臣陳循、高穀白金各百兩，江淵、王一寧、蕭鎡、商輅半之。

上自即位後，久欲易皇太子，以己子見濟代之，而難于發言，遲迴久之。太監王誠、舒良爲上謀，先賜閣臣以緘其口，然猶未發也。

會廣西土目黃玹，以私怨戕其弟思明土知府瑺，並滅其家，巡撫李棠以聞，下有司捕玹父子下獄。玹懼，亟遣其黨千户袁洪至京師行賂，有教之上書迎合聖意者，乃倡易儲議以上。

其略曰：「太祖百戰以取天下，期傳之萬世。往年上皇輕身禦寇，駕陷北塞，寇至都門，幾危社稷，不有皇上，臣民何歸？今且踰二年，皇儲未建。臣惟人心易搖，多言難定，争奪一萌，禍亂不息。皇上即循遜讓之美，欲全天敘之倫，恐事機叵測，反復靡常。萬一羽翼長養，權勢轉移，委愛子于他人，寄空名于大寶，階除之下，變爲寇讎，肘腋之間，自相殘蹙，此時悔之晚矣。乞與親信文武大臣密定大計，以一中外之心，絕覬覦之望。」疏入，上曰：「萬里之外，乃有此忠臣。」趣下廷臣議，且令釋玹罪。

于是禮部尚書胡濙集群臣會議。衆相顧莫敢發言，惟都給事中李侃、林聰、御史陳英以爲不可。太監興安厲聲曰：「此事不容已。即以爲不可者，勿署名，毋得首鼠持兩端。」群臣皆唯唯。時文武諸臣議者九十一人，濙及陳循、王文首署名；吏部尚書王直有難色，循濡筆强之乃署。因上言：「陛下膺天明命，中興邦家。統緒之傳，宜歸皇子。黄玹奏是。」制曰：「可。」禮部速具儀擇日以聞。」即日，簡置東宫官，悉以文武廷臣兼之。于是王直、胡濙俱太子太師，陳循、高穀、于謙俱太子太傅，進儀銘兵部尚書，與俞士悦、王翺、何文淵俱太子太保，蕭鎡、王一寧太子少師，商輅以兵部侍郎兼右春坊大學士。勳臣自陳懋、石亨以下亦兼官有差。【考異】明史本紀但記廢太子、立皇子事于五月，證之宰輔表，陳循等加宫僚皆在四月，蓋先置東宫官，後立太子也。立太子在五月初二日，則置宫僚之在四月明矣。弇州謂「易儲之詔，兼官之命，同日並下。」今統系之四月之末，爲易儲張本。

論曰：史言陳循等賜白金在易儲之先，賜黄金在易儲之後。然則先賜者餌之也，後賜者酬之也。餌輕而酬重，景帝亦已顛倒矣。惟是白金百兩，不足以動市儈之心，豈足以饜閹臣之欲？而景帝悍然行之者，蓋循等之阿諛以爲容，逢迎以爲悦，帝之窺其隱者已久，故姑以此爲嘗試之端，使知上意所在耳。觀黄竑首建易儲之議，帝謂「萬里之外有此忠臣」，固已箝諸臣之口而奪之氣矣。由此言之，即無白金之賜，循等亦將乘間請之。何況廷臣集議之時，陳循、王文首請署名，則又安知異日之厚酬，非出自先期之密許哉！若夫大臣之將順，自仁、宣以來，相習已久。乃三楊、蹇、夏能彌縫於太平之世，而胡濙、王直卒敗露於晚蓋之年，亦其所遇之有幸不幸也。

12 五月，甲午，廢皇太子見深爲沂王，立皇子見濟爲皇太子。詔曰：「天佑下民作之君，實遺安于四海；父有天下傳之子，斯固本于萬年。」大赦天下。命百官朔望朝太子，賞諸親王、公主及邊鎮文武内外群臣有差。尋又賜諸閣臣陳循等黄金各五十兩。【考異】弇州考誤謂「陳循等六人賜白金在前，迨廢立事定，復賜閣臣黄金各五十兩。憲章録以爲賜金銀同在一時者非也。」今按明史陳循傳，言「先期賜循等白金百兩，比下詔，循等遂不敢諍，加兼官，踰月，復賜循等六人黄金五十兩。」「踰月」者，即五月廢立之日也。據此，則賜白金在易儲之先，賜黄金在易儲之後，三編次序亦是如此，皆據實録也。今分別書之。東宮公孤官皆兼支二俸。

時王直受加等金幣賞，頓足歎曰：「此何等事，乃爲一蠻酋所壞！吾輩愧死矣。」

同日，封上皇子見清榮王，見淳許王。

廢皇后汪氏，立太子母杭氏爲皇后。上之易太子也，獨汪后不可，曰：「如監國之稱何！」上不悅，后以太子杭氏生，請讓位，從之。

13 丙申，工部尚書石璞築沙灣隄成。

河自正統十三年經由沙灣決口入海，運道日益淺澀，上即位，敕山東、河南巡撫都御史洪英、王暹協力合治，積數月無功。時議者謂「沙灣以南地高，水不得南入運河，請別引水以灌運。」甚者言「沙灣水湍急，投以石鐵，沖浮若羽，非人力可爲，請設齋醮符咒以禳之。」上心甚憂念，命璞往治之，並加河神封號。璞至，濬渠自黑洋山至徐州以通漕，而沙灣決口如故，復遣中官黎賢、阮洛、御史彭誼助之，乃于沙灣築石隄以禦決河，開月河二，引水以益運河，且殺其決勢。至是河流漸微細，沙灣隄始成。

璞還朝，加太子太保。又于黑洋山、沙灣建河神二新廟，春秋致祭。

14 辛丑，詔河南流民復業者，計口給食五年。

15 乙巳，授顏希惠、孟希文並翰林院五經博士，子孫世襲。

先是，命禮部取顏、孟子孫長而賢者各一人至京師，至是召見，皆官之。未幾，以希惠非適子，乃改官其兄子議。

16 六月，乙亥，罷各省巡撫官入京議事。

初，巡撫之設，本無定員，有事則命之。宣德中，以關中、江南等處地大而要，命官更代，巡撫不復罷去。正統之末，南方盜起，北寇犯邊，于是內省偏隅偏置巡撫，以職兼兵事，多不便于武官，石亨等奏請罷之。而是時耿九疇以侍郎巡撫陝西，有言「侍郎出鎮，與巡按御史不相統，事多拘滯，又文移往來亦多窒礙難行」，遂以踰年復巡撫，並請改授憲職，凡出鎮者，皆授都御史或副都或僉都。著爲令。【考異】請罷巡撫官入京議事，明史本紀據實録書之。春明夢餘録言「石亨所奏，以其兼兵事，多不便于武官也。」按是年七月有詔：「洪英、孫原貞、薛希璉分行天下，考察官吏。」是時英巡撫山東，原貞巡撫浙江，希璉巡撫福建，以罷巡撫故改命也。然證之明史耿九疇傳，言「侍郎出鎮，與巡按御史不相統，事多窒礙。乃定自後大臣鎮守巡撫，皆授都御史。」據此，則始罷巡撫，繼因兵部定授憲職，遂仍設之。故明史職官志巡撫定遣都御史，在景泰四年，則是罷後尋復，而入京議事，亦巡撫之舊例，罷則俱罷，復則俱復也。今彙書之。

17 是月，大雨浹旬，河復決沙灣北岸，掣運河之水以東，近河地皆没。詔巡撫山東、河南都御史洪英等督有司修築，復遣中官黎賢、工部侍郎趙榮等往治之。

18 秋，七月，兩廣苗寇相尋，積年不靖，總兵董興、武毅，推委不任事。尚書于謙請以翁信、陳旺易之，而特遣一大臣督軍務，乃薦都御史王翱。

乙未，命翱總督兩廣軍務。——兩廣之設總督，自翱始也。翱至鎮，將吏讋服，推誠撫諭。于是蠻酋嚮化，寇盜亦平。

19 壬寅，禮部侍郎兼學士王一寧卒。一寧之入閣也，以中官王誠輩嘗受業，私相援引，遂致顯達。士論薄之。

20 是月，殺內監王瑤等。

時御用少監阮浪侍上皇于南宮，上皇賜浪鍍金繡袋及鍍金刀各一，浪以贈瑤。錦衣衛指揮盧忠者，憸人也，見瑤刀、袋異常製，醉瑤酒而竊之。遂令校尉李善上變，言「浪傳上皇命，以袋、刀結瑤，謀復位。」上怒，下浪、瑤詔獄，令忠證之。忠筮于術者仝寅，寅以大義折之，且曰：「此大凶兆，死不足贖。」忠懼，佯狂以冀免。內閣商輅及中官王誠言于上曰：「忠病風，無足信，不宜聽妄言傷大倫。」上意少解，乃並下忠獄，坐以他罪，謫廣西立功，瑤磔死。錮浪于獄，尋亦殺之。【考異】明史本紀不載，事見宦官傳。傳言「阮浪、王瑤俱磔死」，三編則云「錮浪于獄，瑤竟磔死」，蓋據實録所載，與明史異。若吾學編則于是年七月書云，「殺御用少監阮浪」，諸書則云「殺阮浪、王瑤等」。按浪乃侍上皇于南宮者，治此獄時，商輅及中官王誠諫景帝勿聽妄言傷大倫，乃并下盧忠獄，坐以他罪。據此，則殺瑤亦當坐以他罪，不涉上皇之事，蓋輅等請之也。不殺浪而錮之于獄，恐傷上皇之心，三編所記，似爲得之。惟英宗復辟，追贈阮浪。上念其爲己受慘禍，命儒臣立碑記之。然則浪之被殺，蓋斃之獄中耳。今據三編分别書之。

21 八月，甲子，熒惑晝見。

22 乙丑，振徐、兖水災。

23 戊辰，遣都御史洪英、尚書孫原貞、薛希璉等分行天下，考察官吏。時英等巡撫暫罷，故有是命。

24 丁丑，振兩畿水災州縣，免稅糧。

乙酉，振南畿、河南、山東流民。

25 九月，庚寅，學士江淵母喪起復，請奔喪治葬，事畢還京，許之。

初，侍講學士倪謙遭喪，淵薦爲講官，謙遂奪哀。至是御史周文言：「淵之引謙，正自爲今日地，請并治謙，以爲營求奪情者戒。」上以事既處分，不問。詔：「自今後有官吏遭喪者，皆令依例守制，毋得濫保。」

26 辛卯，以南京地震，兩淮大水，河決，命都御史王文巡視安輯。

乙未，振兩畿、山東、山西、福建、廣西、江西、遼東被災州縣。

27 初，副都御史朱鑑請罷内官監軍，不省。已而山東布政使裴綸言：「山東既有巡撫，又設内官鎮守，有司供應，以一科十，實爲擾民。請下廷議，凡内地已有巡撫者，鎮守内官悉召還。」疏入，中官激上怒，責綸陳狀，綸伏罪乃已。

時臨洮同知田暘，聽選知縣單宇，陝西舉人段堅，工部辦事吏徐鎮，俱上言「請召還監軍鎮守中官」，詔以爲「祖宗舊制不可更」，皆不納。

是月，南京軍匠餘丁華敏上言，極陳宦官之害。略曰：「近年以來，内官袁琦、唐受、喜寧、王振，專權害政，國事傾危。望陛下防微杜漸，總攬權綱，爲子孫萬世法。不然，恐禍稔蕭牆，曹節、侯覽之害，復見于今。臣雖賤陋，不勝痛哭流涕！謹以虐政害民十事，爲陛下痛切言之：内官家積金銀珠玉，動以萬計，原其所至，非内盜府藏，即下朘民膏，害一也；怙勢矜寵，占公侯邸舍，興作工役，勞擾軍民，害二也；家人外親，皆市井無賴，縱横豪悍，任意作奸，納粟補官，貴賤淆雜，害三也；建造佛寺，耗費不貲，營一己之私，破萬家之産，害四也；廣置田莊，不入糧税，寄户府縣，不受征徭，阡陌聯亘而民無立錐，害五也；家人中鹽，虚占引數，轉而售人，倍支巨萬，壞國家之法，奪商人之利，害六也；奏求塌房，邀接商旅，倚勢賒貨，恃强不償，行賈坐𢿌，莫敢誰何，害七也；賣放軍匠，俾辦月錢，致内府乏人，工役繁重，并力不足，害八也；家人貿置物料，所司畏懼，以一科十，虧官損民，害九也；監作所至，非法酷刑，軍匠塗炭，愁苦不堪，害十也。」事下禮部，寢不行。

時又有賈斌者，山西都司令史也，亦疏言宦官之害，引漢桓帝、唐文宗、宋徽、欽爲戒。輯忠義集四卷，採史傳所記直諫盡忠守節之士，而宦官恃寵蠹政可爲鑑戒者附焉。乞命工刊布。上雖報聞，仍飭禮部不必刊行。【考異】華敏上書，明史附聊讓傳，在景泰三年九月，三編統書于正統十四年朱鑑請罷内官監軍之下，蓋牽連並記也。今據明史本傳，並彙記朱鑑以後請罷内官鎮守、監軍之裴綸等，皆據列傳書之。

28 閏月，癸未，復開處州銀場，從浙民請也。【考異】明史食貨志，言「景帝嘗封閉，以盜礦者多，兵部尚書孫原貞請開浙江銀場，並開福建。」按是年開浙江處州銀場，明年三月復開福建建寧銀場，志所云者是也。惟據孫原貞傳，言「福建福州、建寧二府，舊有銀冶。因寇亂罷。朝議復開，原貞執不可，乃寢。」據此，則原貞乃請罷福建開礦之人，豈有先請開浙江銀場，遂及福建者？原貞本鎮守浙江。是年因暫罷巡撫，命分行福建，考察官吏，因留鎮焉。據本紀言「閏月福建盜起」，是原貞留鎮討賊也。明年開福建銀場，原貞執不可，正以盜賊甫平，恐復因開場起釁耳。然則志之所載，似失其實，且亦與原貞傳矛盾也。三編以爲浙民所請，蓋據實録，今從之。

29 是月，福建盜復起。

30 冬，十月，戊戌，召左都御史王文入直文淵閣，預機務，大學士高穀薦也。

時内閣陳循最任事，好剛自用，穀與循不相能。會王一寧卒，請增置閣員。穀以文强悍，思引與共政以敵之，遂舉文，循亦舉其鄉人蕭維楨。而文得中官王誠助，遂詔用文。

31 丙辰，命都督孫鏜、僉事石彪協守大同，都督同知衛潁、僉事楊能、張欽協守宣府，備北寇也。

32 是月，召巡撫山西副都御史朱鑑還，尋致仕。時詔遣大臣分行天下，黜陟有司。禮部侍郎鄒幹至山西，多所論劾。鑑請召幹還，幹因奏鑑徇護。上是幹言，召鑑還，佐院事。初，上易儲，鑑貽書大學士陳循，極言不可。且言「陛下于上皇，當避位以全大義。」循大駭。至是鑑至京師，遂不求用，家居二十餘年卒。

33 召總督尚書王來還。梁珤以來功大，乞加旌異，都給事中蘇霖駁之，乃止。來還，在道，以貴州苗復叛，敕回師討之。踰年事平，召爲南京工部尚書。

34 十一月，己未朔，日有食之。

35 戊辰，都督方瑛討貴州白石崖賊，俘斬二千五百人，招降四百六十寨。進左都督。

36 甲戌，安輯畿内及山東、山西逃民，復賦役五年。

37 是月，免山東及淮、徐等處水災税糧。

38 十二月，癸巳，始立團營，兵部尚書于謙定也。

初，京軍凡三大營：一曰五軍，太祖初制也；一曰三千，太宗得邊外降丁三千人，亦分五營，掌隨大駕；一曰神機，則征交阯所得火器，立營肄習，佐以馬隊者也。三大營同隸五軍都督府，其掌府者，治常行文書而已，非特命不預營事。自上皇之還，謙以和議終不可恃，必求所以自强者。顧營政久弛，三大營雖各有總兵，不相統壹，臨期調撥，兵將皆非所素習，猝遇敵軍，有所呼召，甚至彼已不知，姓名不記者。

于是始選三營軍十萬，分五營團操，名曰團營法。以五十人爲隊，隊有長，百人兩隊，有領隊官，千人有把總，五千人有都指揮。體統相維，兵將相識，量敵多寡以爲調法。行之一年，又請益兵五萬，並前五營爲十團營。每營置都督一人，都指揮三人，把總十五人，指揮三十人，每隊置管隊官二人。仍各統以武臣、内臣，而謙及石亨、内臣劉永誠、曹吉祥往來提督。其餘軍不在團營者，歸本營訓練，以衛京師，名曰「老營」。

至是營制既定，謙繪圖上進，悉依古法而變通之，京軍舊制爲之一變。詔如謙議，依法訓練。謙號令明審，目視，指屈，口奏，悉中機宜。亨雖大將，受成而已。【考異】據明史本紀，系之是年十二月癸巳，三編系之二年十二月。蓋二年立團營，三年復增定也。三編質實云，「按明兵志，『謙請于諸營選勝兵十萬，分十營團練』，于謙傳云，『擇精鋭十五萬人，分十營團練』，其説互殊。按明兵志，（此明兵志謂明時所修之兵志。）『景泰三年十二月癸巳，謙與石亨議選五軍神機三千營精鋭官軍十五萬，分爲十營。』則謙傳爲得實，而兵志誤也。」（此兵志，謂今修明史之兵志。）今按三編目中所記，謂「二年立團營，係以三營軍十萬分五營團操」，是每營二萬人也。又云，「明年十二月，（即三年十二月。）請益兵五萬，并前五營爲十團營」，是以十五萬兵分爲十營，每營一萬五千人也。置都督一人統一營，則十營置都督十人。又一營置都指揮三人，則二年之制所謂「五千人一都指揮」者也。又，一營置把總十五人，則二年之制所謂「千人一把總」者也。「指揮三十人」，則五百人一指揮也。「每隊置管隊官二人」，則百人爲二隊，凡隊長四人也。此與二年所定，大略相同，惟增兵五萬，分爲十營，此其異耳。三編所載營制，即本明時所修兵志之文，今據書之。

39 是月，免河南及永平被災秋糧。

40 衛喇特額森復遣使來賀明年正旦。尚書王直等復請遣使答之，詔兵部議。于謙言：「臣職司馬，知戰而已。行人之事，非所敢聞。」上是謙言，仍罷遣使議。

既而洗馬劉定之言：「北庭遣使，宜敕廷臣公議，不當但委之兵部。蓋和戰皆所以待敵，而兵部必不以和爲請，猶之巫醫皆所以治病，而巫者必不以藥爲言，各護其所短而欲見其所長也。」詔下群臣更議。給事中路璧奏言「遣使有五不可」，上遂從璧議，使卒不遣。

41 團營既立，上命于謙總其事。石亨自以才智非謙敵，又上所以任之者不如謙專，自是銜之。亨恃功驕縱，輒爲謙所裁抑，益恚甚，乃疏辭總兵，不許。

謙上言：「祖宗朝本無總督，近因邊事孔棘，命臣兼領，此一時之宜，非經久之法。即今敵情不定，將任宜專，臣見石亨屢奏辭職，以臣爲之軒輊也。乞解臣總督軍務，俾亨專任其事。」上亦不許。

初，額森寇京師，德勝門之捷，亨自以功不如謙而得世侯，内愧，乃疏薦謙子冕，請召赴京師，從之。冕既至，謙言：「國家多事，臣子義不得顧私恩。且亨位大將，不聞舉一幽隱，拔一行伍微賤以裨軍國，顧獨私臣子，如公議何！」卒辭之。

亨之不悅于謙，已非一日。而謙性剛，負才氣，遇有不如意事，輒拊膺嘆曰：「此一腔熱血，竟灑何地！」視諸選耎大僚勳戚，意頗輕之，以此自亨外，怨而訾之者益衆，賴上知謙深，得以自行其志。

而謙亦至性過人，憂國忘身。上皇之還，以謙從容數語，轉移上意，而口不言功。易儲之際，兼宮僚者命支二俸，而謙獨再辭，故金幣之賞亦不及焉。【考異】于謙之不諫易儲，論者疑之。弇州考誤謂「易儲之際，增置宮僚，王直、胡濙皆太子太師，謙所加不過太子太傅，又不預賞，以此決謙不與易儲之謀。」是固然矣。若三編所載御批，謂「謙在當時，實能公忠體國，若竟如諸人之阿順苟容，必無是理。觀賜金之獨不及謙，則安知非謙已有造膝之陳？景帝稔其意不可奪，故不復相屬耶？不然，景帝任謙方深，苟非有大拂其隱之嫌，何至天順復辟時，一聞鐘聲而有疑是于謙之問耶？」按此論最足雪忠肅之誣。今參觀前後，景帝之任謙，自易儲之後，寵遇少替，此可見矣。今附記于謙辭軍務之下。

方額森之入寇也，謙留宿直廬，不還私第。素病痰，疾作，上遣中官興安、舒良更番往視。聞其服用過薄，詔令上方製賜，至醯菜畢備，又親幸萬壽山伐取竹瀝以賜。或言寵謙太過，興安曰：「彼日夜分國憂，不問家計。即彼去，令朝廷何處更得此人？」其見重如此。然自易儲後，上之于謙，亦不無少替云。

42 是歲，鳳陽、淮安、徐州皆大水，饑民死者相枕藉。僉都御史王竑巡撫江北，奏聞，不待報，輒開倉振之。上聞奏，方憂甚。及得竑自劾疏，喜曰：「好都御史！不然，餓死我百姓矣。」

四年（癸酉、一四五三）

1 春，正月，上皇在南宮。

2 辛未，大祀南郊。

3 是月，上元節，詔市羊角爲燈，副都御史巡撫陝西耿九疇引宋蘇軾諫神宗買浙燈事以奏，詔罷之。

4 河復決新塞口之南，詔復加河神封號。

5 二月，戊子，湖廣五開、清浪諸苗叛，命梁珤會王來討平之。

6 乙未，皇太子冠。

7 庚戌，免江西去年被災秋糧。

8 是月，都御史王文自江淮還，晉吏部尚書兼學士。文以二品入内閣，閣體益崇。舊制重冢宰，雖内閣歷二三十年，不領吏部尚書，内閣之領吏部亦自文始也。【考異】景帝易儲置東宫官，惟楊善、王文二人先以正月加太子太保，故弇州有「王不預陞而于不與賞」之語。今按帝之易儲，自元年冬下金英于獄，上意已定，而先期密謀，實始于中官王誠。史言「文與誠前善」，又言「易儲之際，文率先承命」，然則不待白金之賜及黄(竑)〔玹〕之上書，而文已首倡此議矣。先之加太子太保以餌之，及奉使江淮，不一月即酬之以内閣，踰年至京師，又酬之以吏部尚書，文之所得多矣。而弇州以爲「不預陞」，毋乃懵懵。今觀文以内閣領吏部，此其明證。

9 廣西土目黄玹，奉敕馳驛至京師，召見便殿。上以玹有機謀勇略，遂擢前軍都督同知，並賜第居京師。

初，巡撫廣西李棠治玹獄，檄參政曾翬、副使劉仁宅捕玹父子。玹使人持千金賄于道，且擁精兵脅之，翬等佯諾，遂誘執玹並其子下獄。甫按治而玹得釋赴召，且命出其子于獄，翬等太息而已。棠以不得竟玹獄，鬱鬱，累疏謝病，歸，不攜嶺表一物，以清節著聞。

10 三月，戊寅，開建寧銀場。

時浙江銀場既開，户部以閩地相連，請併開，從之，命少監戴細保提督場事。

11 是月，召都御史王翱還。

時御史練綱偕同官上言：「吏部推選不公，任情高下，請置尚書何文淵、右侍郎項文曜于理。尚書王直，左侍郎俞山，素行本端，爲文曜等所罔，均宜按問。」上雖不罪文淵等，頗以綱言爲直。命綱舉堪勝吏部者，綱薦王翱、年富、薛瑄三人。時翱鎮兩廣，遂召之。【考異】王翱召還，以何文淵被劾，練綱薦可任吏部者三人，故有召還之敕。其實文淵下獄及翱授尚書，皆在六月也，諸書並系之三月者，牽連並記耳。明史本紀系文淵下獄于六月，證之文淵本傳，言其「初爲綱所劾，上宥之。至六月，再被林聰劾，始下獄。既釋，始令致仕而去。」今分別書之。

12 淮、徐洊饑，僉都御史王竑振之。

是時山東、河南饑民亦相率就食，竑以徐州廣運倉有餘積，欲盡發之，典守中官不可。竑曰：「民旦夕且爲盜。若不吾從，脱有變，當先斬若，然後自請死耳。」中官憚竑威名，不得已從之。竑乃自劾專擅罪，因言：「廣運所儲，僅支三月，請令死罪以下入粟自贖。」從之，復命侍郎鄒幹齎帑金馳赴，聽竑便宜。

竑乃躬自巡行散振，不足則令沿淮上下商舟，量其大小，出米作粥以食饑民。又勸富民出米麥穀粟，參以銀錢絹布，分給被災之家。凡前後全活二百一十餘萬人，賦牛種及招撫復業者七萬九千餘户，流民安輯者萬六百餘家。病者給藥，死者具櫘，鬻子女者贖而還之，還籍者予道里費。民忘其饑，頌聲大作，歌曰：「生我者父母，活我者巡撫。」尚書金濂、大學士陳循等僉稱其功。

13 太監興安，自金英廢後，益專用事，佞佛甚于王振。又見振建大興隆寺，請乘輿臨幸，思有以敵之，乃請别建大隆福寺，費數十萬。

是月，寺成，上命尅期臨幸。河東鹽運判官楊浩切諫，謂：「陛下即位之初，首幸太學，海内之士，聞風景嚮。今又棄儒術而崇佛教，非所以垂範後世也。」郎中章綸，亦上言：「佛者，夷狄之法，非聖人之道。以萬乘之尊，臨非聖之地，史官書之，傳之萬世，實累聖德。」上乃止。

自王振佞佛，歲一度僧，大作佛事，數年以來，京城内外，建寺二百餘區，以故釋教益熾。選人單宇，待銓京師，上書言：「前代人君，尊奉佛氏，卒致禍亂。近男女出家累百千萬，不耕不織，蠶食民間。營搆寺宇，徧滿京邑，所費不貲。請撤木石以建軍營，銷銅鐵以鑄兵仗，罷遣僧尼，歸之民俗，庶皇風清穆，異教不行。」疏入，爲廷議所格，出知外任。

而國學生姚顯亦上言：「曩者修治大興隆寺，窮極壯麗。又奉僧楊某爲上師，儀從佯王者，藐萬乘若弟子。一旦上皇北狩，曾不能前赴衛喇特化諭額森。佛之不足護國，彰彰矣。」

自上即位以來，廷臣諫事佛者甚衆，上卒不能從。【考異】明史本紀不載，三編系之三年六月，據始建也。其目云：「明年三月成，上尅期臨幸，章綸、楊浩諫乃止。」證之明史單宇傳，亦云「是年三月寺成」，蓋明史、三編皆據實録也，今統系之是年三月下，並彙記前後諫事佛諸人，皆據列傳書之。

14 是春，吏科給事中林聰左遷春坊司直郎，以易儲異論也。學士商輅，言「聰敢言，不宜置之散地」，尋復之。

聰上言：「國家舊制，冒喪有禁，匿喪有罰。近年虜事寧謐，在外方面等官，已有定例不許起復；而在京官員或有奪情者，恐遂成故事。其流弊將必至貪戀名爵，不顧廉恥，以奪情爲幸事，視父母如路人。子道既虧，臣節安在！乞行改正。」上嘉納之。

15 夏，四月，戊子，築沙灣新決口，復塞之。

16 徐、淮饑甚。學士王文巡視還，請移南京倉粟振徐州，從之。

17 己酉，詔：「天下生員納米徐州、東昌、臨清以振災民者，許入國子監讀書。」初，定制八百石，後減五百石，最後減至三百石行之。禮部胡濙等，言：「權宜之制，實壞士習。」未幾遂罷。

初，洪武中，監生與薦舉人材參用，故其時太學生有布衣登大僚者。迨科目行而薦舉廢，于是監生亦漸輕。至是納粟例開，不久即止，然其後或遇歲荒，或因邊警，或大興工作，率援前例行之。而軍民子弟，亦得援生員例入監，謂之「民生」，亦謂之「俊秀」，或竟謂之「例監」，而監生日益輕矣。

18 時户部以邊儲不足，又奏請令罷退官非贓罪者，輸米二十石，給之誥敕。都給事中劉煒等言：「考退之官，多有罷軟酷虐，荒溺酒色，廉恥不立者，非止贓罪已也。賜之誥敕，以何爲詞？若褒其納米，則是朝廷誥敕止直米二十石，何以示天下後世？此由尚書金濂不識大體，有此謬舉。」上爲立已之。

19 五月，丁巳，出徐、淮倉粟振饑民。

20 己巳，學士王文丁母憂，詔奪哀起復。尋請奔喪，許之。正統初，文以陝西按察使遭父憂，命奔喪起視事，至是凡再奪情云。

21 甲戌，徐州復大水，以改撥支運及鹽課振之，又截留山東應運米九十二萬石以備振濟。

丁丑，發淮安倉振鳳陽。

22 乙酉，大雷雨，又決沙灣北岸，掣運河水入鹽河，漕舟盡阻。

時河南水患方甚，太僕少卿黄士儁言：「河分兩派，一自滎澤南流入項城，一自新鄉八柳樹入張秋會通河，並經六七州縣，約二千餘里。民皆蕩析離居，而有司猶徵其稅，乞敕所司覆視免徵。」

巡撫河南御史張瀾又言：「原武東岸嘗開二河，合黑洋山舊河道，引水通徐、吕二洪以濟漕運。今二河淤塞，恐徐、吕乏水，必妨漕事。黑洋山北河流稍迂迴，請因決口改挑一河，以接舊道，灌徐、吕。」

上皆從之。

23 是月，巡按山西御史左鼎上言：「自衛喇特變作，于今五年，貂蟬盈座，悉屬公侯；鞍馬塞塗，莫非將帥；民財歲耗，國帑日虚。以天下之大，土地兵甲之衆，曾不能一振揚威武，則軍政仍未立也。昔太祖定律，至太宗暫許有罪者贖，蓋權宜也。乃法吏拘牽，沿爲成例，官吏受枉法財，悉得減贖。骫骳如此，復何顧憚哉！國初建官有常，近始因事增設。主事每司二人，今有增至十人者矣；御史六十人，今則百餘人矣。甚至一部有兩尚書，侍郎亦倍常額，都御史以數十計，此京官之冗也。外則增設撫民管屯官，如河南參議益二而爲四，僉事益三而爲七，此外官之冗也。天下布、按二司，不過每司十餘人，乃歲遣御史巡視，復遣大臣巡撫鎮守。夫今之巡撫鎮守，即曩之方面御史也。爲方面御史，則合衆人之長而不足，爲巡撫鎮守，則任一人之智而有餘，有是理邪？至御史遷轉太驟，當以六年爲率，令其通達政事，然後可以治人。巡按所係尤重，毋使初任之員，漫然嘗試。其餘百執事，亦宜慎擇而久任之。」疏上，上頗嘉納。

未幾，復言：「國家承平數十年，公私之積未充，一遇軍興，抑配橫徵，鬻官市爵，率行衰世苟且之政，此司邦計者過也。臣請痛抑末技，嚴禁游惰，斥異端使歸南畝，裁冗員以省（縻）〔糜〕費，開屯田以實邊，料士伍而紓饟。寺觀營造，供佛飯僧，以及不急之工，無益之費，悉行停罷，專以務農重粟爲本，而躬行節儉以先之，然後可阜民而裕國也。倘忽不加務，任掊克聚斂之臣，行朝三暮四之政，民力已盡而征發無已，民財已竭而賦斂日增。苟紓目前之急，不恤意外之虞，臣竊懼焉！」章下户部，尚書金濂請解職，不許。

時給事中敢言者推林聰、葉盛，凡六科聯署建請，多聰、盛爲首。御史則鼎與練綱卓有聲譽，鼎善爲章奏，綱有才辯，急功名，廷臣皆畏其口。一時京師語曰：「左鼎手，練綱口。」自公卿以下，鮮不被其彈劾者。【考異】左鼎上書，據明史本傳在四年。下文云：「踰月，以災異偕同官劾大臣，遂論何文淵等。」今按文淵下獄致仕，皆在六月，傳以爲「踰月」，是鼎以五月上書明矣。明鑑亦系之四年五月下，今從之。

24 六月，壬辰，下吏部尚書何文淵等于獄，尋釋之。

時災異見，給事中林聰等劾文淵憸邪。左庶子周旋疏言其枉，聰並劾旋。給事中曹凱復廷爭之，遂與旋俱下獄。

先是御史左鼎以災異偕同官陳救弊恤民七事，末言：「大臣不乏奸回，宜黜罷其尤，用清政本。」聰請明諭鼎等指實劾奏，于是鼎、聰等乃共論文淵，並及刑部尚書俞士悅、工部侍郎張敏、通政使李錫不職狀。上乃罷錫，令文淵致仕，以王翺爲吏部尚書。

25 辛亥，瘞土木、大同、紫荆關暴骸。

26 秋，七月，庚辰，罷諸不急工役。

27 是月，上以沙灣屢決，復命尚書石璞往治之。璞乃鑿一河，長三里，以避決口，上下通運河，而決口亦築壩截之，令新河、運河俱可行舟，以濟漕運。【考異】石璞再往治河，明史本紀不載，事見璞傳。證之七卿表，璞以七月出治沙灣河。諸書有系之五月者，因沙灣之決，牽連並記耳。三編系璞前次治河于三年，因並記四年再治事，今分別書之。

28 以羅通爲右都御史，蕭維楨爲左都御史。未幾，維楨以丁憂去。

29 八月，己丑，振河南饑。

時濟寧亦饑，上遣侍郎沈翼齎帑金三萬兩往振，翼散給僅五千兩，餘以歸京庫。僉都御史王竑劾「翼奉使無狀，請仍易米備振」，從之。

30 甲午，衞喇特額森自立爲可汗。

初，額森既殺托克托布哈，遂乘勝迫脅諸部，東至建州、烏梁海，西及赤斤、哈密，遂自稱汗，以其次子爲太師。

31 九月，都御史陳鎰致仕卒。

鎰性寬恕，少風裁，回院後，譽望損于在陝時。卒，贈太保，謚僖敏。

32 冬，十月，庚寅，詔天下鎮守、巡撫官督課農桑。

33 甲午，以徐有貞爲僉都御史，命治沙灣決河。

沙灣屢塞屢決，上甚憂之。前後治河者皆無功，石璞所鑿新河雖成，上恐不能久，令璞且留處置，而命廷臣舉一人以專治沙灣。于是陳循等共薦有貞，上亦忘其爲珵也，遂以諭德驟膺遷擢，于是復起用。

34 戊戌，額森遣使致書，自稱大元特克紳達罕——「達罕」者，華言可汗也。舊作田盛大可汗。——末署添元元年。

詔廷臣議報書所稱。給事中林聰以爲「但敕諭來使，不必報書」，安遠侯柳溥以爲「宜仍稱太師」，郎中章綸以爲「可稱衞喇特王」，而府部大臣則僉言「稱汗者，從其俗也」。詔乃報書稱衞喇特汗。

35 十一月，辛未，皇太子見濟薨，諡曰懷獻。

36 十二月，乙未，免山東被災税糧。

37 乙巳，賚邊軍。

38 是月，衛喇特諸酋遣人貢馬，尋寇遼東，官軍擊却之。

39 是歲，倭入貢，至臨清，掠居民貨，有指揮往詰，毆幾死。所司請執治，上恐失遠人心，不許。

時倭人貢物外，所攜私物增十倍。禮官言：「宣德間，估時值給錢鈔，或折支布帛，爲數無多，然已大獲利。今若仍舊制，當給錢二十一萬七千，銀價如之，宜大減其直。」給銀三萬四千七百有奇，使臣不悦。詔增錢萬，猶以爲少，求增賜物。詔增布帛千五百匹，終怏怏去。

五年（甲戌、一四五四）

1 春，正月，上皇在南宫。

2 戊午，黄河清，自龍門至于芮城。

3 甲子，大祀南郊。

4 壬申，罷福州、建寧銀場，從鎮守尚書孫原貞之請也。原貞言：「寇盜方平，且臣覆視各銀場，親臨各坑，見坑路深遠，礦脈微細，亦有堅石深泉之處，實難開煎。伏望仍前封閉，俟歲豐民富時徐議其事。」乃罷之。

5 甲戌，遣平江侯陳豫，學士江淵撫輯山東、河南及兩淮被災軍民。

時江北洊饑，山東、河南亦饑，值大寒，人畜多凍死。巡撫都御史王竑屢以爲言，故有是命。

6 二月，王竑上書言：「比年饑饉洊臻，人民重困。頃冬春之交，雪深數尺。淮河抵海，冰凍四十餘里，人畜僵死萬餘。弱者鬻妻子，强者肆劫奪，衣食路絶，流離載塗。陛下端居九重，大臣安處廊廟，無由得見，使目擊其狀，未有不爲之流涕者也。

陛下嗣位以來，非不敬天愛民，而天變民窮特甚者，臣竊恐聖德雖修而未至，大倫雖正而未篤，賢才雖用而未收其效，邪佞雖屏而未盡其類，仁愛施而實惠未溥，財用省而上供未節，刑罰寬而冤獄未伸，工役停而匠力未息，法制頒而奉行或有更張，賦税免而有司或仍牽制。有一于此，皆足以干和召變。

伏望陛下修厥德以新厥治，欽天命，法祖宗，正倫理，篤恩義，戒逸樂，絶異端，斯修德有其誠矣。進忠良，遠邪佞，公賞罰，寬賦役，節財用，戒聚斂，却貢獻，罷工役，斯圖治有其實矣。如是而災變不息，未之有也。」

上褒納之。乙巳，敕內外臣工同加修省，並求直言。【考異】據明史本紀：「二月乙巳，以雨暘不時，詔廷臣修省。」按是年江北洊饑，山東、河南亦饑。證之王竑傳，蓋竑時撫江北上書，因有修省之詔，今據增。

7 是月，禮部會試。

初，詔會試遵永樂間例，不限額，不分地。上即位之二年，辛未會試，禮部方奉行，而給事中李侃爭之，言「部臣欲專以文詞多取南人」，刑部侍郎羅綺亦以爲言。下禮部，覆奏：「臣等所奏詔書，非私請也。」上命遵詔書，不從侃議。

去年，給事中徐廷璋復請依正統間例，從之。至是，禮部奏請裁定，于是復分南、北、中卷。南卷應天及蘇、松諸府，浙江，江西，福建，湖廣，廣東；北卷順天，山東，河南，山西，陝西；中卷四川，廣西，雲南，貴州及鳳陽、廬州二府，滁、徐、和三州。自是遂著爲令。【考異】明史本紀不載，三編統系于「景泰元年詔明年會試毋拘額數」之下。據明史選舉志，李侃所奏在二年，而廷璋復奏在五年會試之前。典彙系之四年八月，今彙書于五年會試下。

8 三月，壬子，賜孫賢等進士及第、出身有差。

9 辛酉，命學士江淵振淮北饑。

淵前後條上軍民便宜十數事，並請築淮安月城以護常盈倉，廣徐州東城以護廣運倉，悉議行。

10 命學士王文撫卹南畿。

先是正統以來，蘇、松、常、鎮四府糧，四石折白銀一兩，民以爲便。後户部復徵米，令輸徐、淮，率三石而致一石，有破家者。至是文以便宜停之，又振饑民凡三百六十餘萬。

時年饑多盜，文捕長洲盜許道師等二百人，欲張其功，坐以謀逆，大理卿薛瑄力辨其誣。給事中王鎮乞會廷臣勘實，得爲盜者十六人，置之法，餘得釋。

越三月還，進少保兼東閣大學士。

11 甲子，廣東瀧水猺作亂。

時王翺召還，以副都御史馬昂總督兩廣，至是破瀧水賊，俘其酋送京師，誅之。

12 庚辰，緬甸執麓川思機發送京師。

初，緬人得思機發，仍挾爲奇貨。上即位之元年，總兵官沐璘奏請緩之，聽其自獻爲便，從之。至是緬人索舊地，左參將胡誌等許以銀戛等處地方與之，乃送機發及其妻孥六人至金沙江。總兵官毛勝以聞。尋遣誌等檻送至京，誅之。

勝以平貴州苗功，封南寧伯，鎮金齒。

13 是月，户部侍郎孟鑑言：「國子生二千餘人，俱仰給官廩，有名無實。請留年深者千餘人，餘悉放歸。」從之。

14 給事中林聰，以災異偕同官條上八事，雜引五行諸書，累數千言。大略以「絶玩好，謹嗜慾爲崇德之本，而修人事在進賢退奸。武清侯石亨、指揮鄭倫，身享厚禄，而多奏求田地，百户唐興，多至一千二百餘頃，宜爲限制。」餘如「罷齋醮，汰僧道，慎刑獄，禁私役軍士，省輸班工匠」，皆深中時弊。上頗多采納。【考異】林聰以災異上八事，見明史本傳中，在五年三月，今據之。

15 都督黄竑以易儲議得上眷，奏求霸州、武清縣地。都給事中劉煒偕同官抗章言：「竑本蠻獠，遽蒙重任，怙寵妄干，乞地六七十里，豈盡無主者！乞正其罪。」上宥竑，遣户部主事黄岡謝昺往勘。還奏，果民産，户部再請罪竑，上卒不問。

16 夏，四月，壬午朔，日有食之。

17 四川草塘苗黄龍、韋保作亂，自稱平天大王，剽掠播州西坪、黄灘等處，詔左都督方瑛討之。

瑛與巡撫蔣琳會川兵進剿，辛卯，克之，賊魁皆就縛。尋分兵克中湖山及三百灘諸苗寨，禽其酋，斬首七千餘。捷聞，詔封南和伯。

瑛爲將，嚴紀律，信賞罰，臨陣勇敢，善撫士，士皆樂爲用，以故數有功。廷臣言宜委以禁旅。尋召還，同石亨督京營軍務。

18 是月，以刑部侍郎張鳳爲户部尚書，時金濂卒，代之也。

19 懷獻太子之薨也，中外屬望沂王，欲乘此復東宮，無敢發者。御史鍾同，與禮部郎中章綸語及沂邸皆泣下，因約疏請復儲。五月，同上疏論時政，遂及復儲事。

其略曰：「近得賊諜，言額森偵京師及臨清虛實，期初秋大舉深入，直下河南，臣聞之不勝寒心！而廟堂大臣，皆恬不介意。臣草茅時，聞寺人搆惡，戕戮直臣劉球，遂致廷臣箝口。假使當時犯顔有人，必能諫止上皇之行，何至有蒙塵之禍？陛下赫然中興，耡奸黨，旌忠直，命六師禦敵于郊，不戰而三軍之氣自倍。臣謂陛下方且鞭撻，坐致太平，奈何邊氣甫息，創夷未復，而侈心遽生，失天下望！伏願取鑒前車，厚自奮厲，毋徇貨色，毋甘嬉遊，親庶政以總威權，敦倫理以厚風俗，辨邪正以專委任，嚴賞罰以樹風聲，去浮費，罷冗員，禁僧道之蠹民，擇賢將以訓士。然後親率群臣，謝過郊廟，如成湯之六事自責，太宗之十漸即改，庶幾天意可回，國勢可振。」

又言：「父有天下，固當傳之于子。乃者太子薨逝，足知天命有在。臣竊以爲上皇之子即陛下之子，沂王天資厚重，足令宗社有託。伏願擴天地之量，敦友于之仁，蠲吉具儀，建復儲位，實祖宗無疆之庥！」

又言：「陛下命將帥各陳方略，經旬踰時，互相委責。及石亨、柳溥有言，又不過庸人孺子之計。平時尚爾，一旦有急，將何策制之？夫禦敵之方，莫先用賢。陛下求賢若渴，而大臣顧排抑之，所舉者率多親舊富厚之家，即長材屈抑，孰肯爲言！廷臣欺謾若此，臣所以拊膺流涕，爲今日妨賢病國者醜也。」

疏入，上不懌，下廷臣集議。寧陽侯陳懋、吏部尚書王直等請納同言，因引罪求罷，上慰留之。

越二日，綸亦抗疏陳修德弭災十四事。其大者，謂：「内官不可干外政，佞臣不可假事權，後宮不可盛聲色。」又言：「孝弟者百行之本，願陛下退朝後，朝謁兩宮皇太后，修問安視膳之儀。上皇君臨天下十有四年，是天下之父也；陛下親受册封，是上皇之臣也；上皇傳位陛下，是以天下讓也；陛下奉爲太上皇，是天下之至尊也。陛下與上皇雖殊形體，實同一人。伏讀奉迎還宮之詔曰：『禮惟加而無替，義以卑而奉尊。』望陛下允蹈斯言，或朔望，或節旦，率群臣朝見，以展友于之情，極尊崇之道。更請復汪后于中宮，正天下之母儀，還沂王于儲位，定天下之大本，如此則和氣充盈，災沴自弭。」

上得疏，益大怒。時日已暝，宮門閉，傳旨自門隙中出，立執同等。

甲子，同及綸俱下錦衣衛獄，搒掠慘酷，逼引主使及交通南宮狀，瀕死無一語。會大風揚沙，天地晝晦，獄得稍緩，令錮之。

20 初，額森入寇，朝廷仍遣使撫諭烏梁海，而三衛受額森指數，以非時入貢，遣使往來，伺察中國。既而額森虐使三衛，復逼徙朵顏所部于黃河穆納舊作母納。地，三衛皆不堪，復陰輸衛喇特情于中國。

是月，三衛請近邊屯駐，因乞居大寧廢城，尚書于謙以爲不可，詔不許。

21 六月，戊子，録囚。

22 秋，七月，癸酉，振南畿水災。

時學士江淵分振淮北、淮安，糧運在塗者，淵悉追還備振，漕卒乘機侵耗。事聞，遣御史按實，召淵還，論劾，當削籍。廷臣以淵守便宜，不當罪，遂宥之。

23 是月，南京大理少卿廖莊上疏曰：「臣曩在朝，見上皇遣使册封陛下，每遇慶節，必令群臣朝謁東廡，群臣感歎，謂上皇兄弟友愛如此。今上皇在南宮，願陛下時時朝謁，或講論家法，或商榷治道。歲時令節，俾群臣朝見，以慰上皇之心。」又言：「太子者，天下之本。上皇之子，陛下之猶子也，宜令親儒臣，習書策，以待皇嗣之生，使天下臣民，曉然知陛下有公天下之心，豈不美歟！蓋天下者，太祖、太宗之天下，仁宗、宣宗繼體守成者此天下也，上皇北征亦爲此天下也。今陛下撫而有之，宜念祖宗創業之艱難，思所以繫屬天下之人心，即弭災召祥之道，莫過于此。」疏入，不報。

時上皇在南宮，左右數爲離間。及懷獻太子薨，群小恐沂王復立，讒構愈甚，賴鍾同、章綸與莊先後力言，皆得罪，然上頗感悟。【考異】廖莊上書，明史本紀系之六年八月下，蓋因廷杖牽連並記耳。證之明史莊傳，言「是年七月上書不報，明年以母憂赴京領勘合，上憶前疏，命廷杖，並封杖杖章綸、鍾同于獄中。」是莊上書在五年七月，廷杖在六年八月也。三編亦類敘于六年八月下，質實云：「明實録莊上書在五年七月」。今分書之。

24 兵部尚書儀銘卒。

銘以潛邸舊恩，不次遷擢，然陳善進諫，頗有父風。是年，蘇州、淮安諸郡積雪，民凍餓死者相枕。沙灣之築，役山東、河南九萬人，責民間鐵器萬具。銘從容請于上，多所寬恤。因災異，言「消弭在敬天法祖，省刑薄斂，節用愛人」，録皇明祖訓以進，深見獎納。卒，謚忠襄。

25 起復左都御史蕭維楨，仍故官。

26 八月，丁酉，復詔天下巡撫官赴京議事。

27 是月，減兩京課鈔。

時以鈔法不行，令兩京市肆園場稅悉納鈔，户部按月征之。商民以爲病，或閉户不敢市易，拔園蔬伐果木以避之。給事中陳嘉猷言：「兩京根本重地，不宜當歲歉之時，興擾民之政。縱使鈔法通行，而民已不聊生矣。」乃詔蔬果等暫免納鈔。

28 九月，壬戌，免蘇、松、常、揚、杭、嘉、湖七府漕糧凡二百餘萬石，别運淮、徐、臨、德四倉糧以補之。

29 福建官臺山民作亂。

時練綱爲巡按御史，捕其渠魁而釋其脅從，遂與諸司忤。福建按察使楊珏劾綱縱盜，而廷臣當事者亦多忌綱。召還，謫邠州判官。

30 冬，十月，庚辰，命副都御史劉廣衡巡撫浙江、福建，專司討賊事。

31 十一月，戊午，罷蘇、松、常、鎮四府織造採辦。

32 十二月，免南畿、浙江被災税糧。

33 是月，御史黄溥等劾給事中林聰。

聰以敢言著，自劾何文淵等後，諸司皆凜凜，而吏部尤甚，凡聰所言，無不奉行者。内閣及諸御史，亦並以聰好論建，弗善也。

先是御史白仲賢以久次擢廣東按察使，聰言「仲賢奔競，不當超擢」，乃改鎮江知府。兵部主事吳誠夤緣得吏部，聰亦劾之，遂改工部。至是聰甥陳和爲教官，欲得近地便養，聰爲言于吏部。于是溥等遂劾聰「專選法，挾制吏部」，並訐其「前劾仲賢，爲私其鄉人參政方員，欲奪仲賢官予之。與吳誠有怨，輒劾誠」。因並劾尚書王直，「阿聰不舉發」。

章下廷議。大學士王文尤惡聰，文致其罪，欲論斬，尚書高穀、胡濙不肯署。穀上書論救。濙稱疾數日不朝，上遣中官興安問疾，濙曰：「老臣本無疾。聞欲殺林聰，殊驚悸耳。」上亦自知聰，遂得釋，左遷國子監學正。

34 是冬，前南京御史尚褫，因災異上書陳數事。中言：「忠直之士冒死陳言，而執政者格以條例，輕則報罷，重則中傷，是言路雖開猶未開也。釋教盛行，煽誘聾俗，由掌邦禮者畏中官勢，以此度僧日益多。宜盡勒歸農以省冗費。」

章下禮部。時褫以劾周銓同下獄，尋論謫。至是疏既下，尚書胡濙惡其刺己，遂格不行，量移豐城知縣。

35 浙、閩之亂，尚書孫原貞兼鎮兩省，其年冬，疏言：「四方屯軍，宜簡精鋭實伍，餘悉歸農，以省冗食。今歲漕數百萬石，道路之費不貲。如浙江糧，軍兑運米，石加耗米七斗，民自運米，石加八斗，其餘計水程遠近加耗。是田不加多而征斂實倍，欲民無困，不可得也。況今太倉無十數年之積，脱遇水旱，其何以濟？宜量入爲出，俟倉儲既裕，漸減歲漕數，而民困可蘇也。」

又言：「臣昔官河南，稽諸逃民籍，凡二十餘萬户，悉轉徙南陽、唐、鄧、襄、樊間，群聚爲生，安保其不爲盜？宜及今年豐，遣近臣循行，督有司籍爲編户，給田業，課農桑，立社學、鄉約、義倉，使敦本務業。生計既定，徐議賦役，庶無他日患。」時不能盡用。越十年，鄖陽盜起，果如原貞言。

36 是歲，額森爲知院阿喇所殺。

額森自立爲汗，恃其强，日益驕恣，荒于酒色。阿喇以己當遷太師，求于額森曰：「主人衣新衣，幸以故衣賜臣。」額森不許，阿喇怒。額森亦忌阿喇，欲討之，恐不勝，乃自遣其子守西番，召阿喇二子從，先鴆殺其次子。阿喇懼，詐言三衛盜馬，請召還其長子合擊之。額森先使賽堪、達通舊作賽刊、大同。二王與俱，臨行，觴焉，中途，阿喇長子亦中鴆死。阿喇憤甚，紿二王前渡，自在後，勒部落兵三萬攻額森，數其三罪，曰：「漢兒血在汝身上，托克托布哈王血在汝身上，烏梁海血亦在汝身上。天道好還，血在我矣。」額森無以應，約明日與戰。退而與巴延特穆爾等議。

帳中有阿喇故部曲三人，事額森久，額森不之疑，因共趨帳中，拔所佩劍刺額森，殺之，並殺巴延等。賽堪王聞變，領七千人躡之。既，知額森死，棄衆去，爲其下所殺。達通王領其人馬西奔。

踰年，韃靼部長保喇舊作孛來。復殺阿喇，奪額森母妻，并其玉璽，求托克托布哈子穆爾格爾舊作麻兒可兒。立之，號「小王子」。

自是額森諸子分散，衛喇特遂衰；而保喇與其屬瑪拉噶舊作毛里孩。等雄視部中，韃靼勢復振云。【考異】明史本紀系額森被殺于是年之末，三編系之十月。證之明史瓦剌傳，言額森被殺在六年，因遣貢牽連並記耳。若諸書所記，謂額森被殺在天順間，弇州北虜志系之天順四年，皆因野史致誤。明史、三編據英宗實録，今從之，仍依本紀書于是年之末。

明通鑑卷二十七

江西永寧知縣當塗夏燮編輯

紀二十七起旃蒙大淵獻（乙亥），盡彊圉赤奮若（丁丑），凡三年。

恭仁康定景皇帝

景泰六年（乙亥、一四五五）

1 春，正月，上皇在南宮。

2 戊午，大祀南郊。

3 是月，以江淵爲工部尚書，令視部事，淵遂出閣。

時閣臣不相協，而陳循、王文尤刻私。淵好議論，每爲同官所抑，意忽忽不樂。會兵部尚書于謙以病在告，詔推一人協理部事，淵欲得之。循等佯推淵，而密令商輅草奏，示以「石兵江工」四字，淵在旁，不知也。比詔下，調工部尚書石璞于兵部，而以淵代璞，淵大失望。【考異】明史七卿表言「淵以内閣起復」，誤也。證之宰輔表，淵丁母憂起復入閣在四年四月，是年則以工部尚書視事出閣也。今據本傳。

4 自是月癸酉至于丁丑凡五日，雨木冰。【考異】明史五行志不載。三編書于是年正月目云，「自癸酉至丁丑凡五日」，據實録也，今從之。

5 二月，壬午，遣太監王誠同法司刑科録囚。

時中外繫囚有至十餘年者，上以災變，有是命，由是得減免者甚衆。

刑部郎中夏時正言：「通番劫盜諸獄，以待會讞淹引時月，因多瘐死，請令所司斷決。」詔從之，遂推行天下，著爲令。尋又命大理少卿李茂等録南京、浙江囚。

6 夏，四月，丙子朔，日有食之。

7 辛巳，敕户、兵二部及兩畿、山東、河南、浙江、湖廣撫按三司官條寛卹事，及罷不急諸務。

8 是月，韃靼小王子穆爾格爾遣使貢馬駝。禮部言「迤北未有君長，請量減賞賜」，詔從舊給之以慰其心。【考異】諸書皆系韃靼貢馬于天順間，今據三編改入是年四月，據實録也。明史韃靼傳，亦云「六年遣貢」。

9 五月，畿内旱，蝗蝻延蔓。淮安、揚州、鳳陽皆大旱。

己巳，上親禱雨于南郊。

10 是月，予太監王誠姪敏、舒良弟玉、張永兄琮、郝義姪安、王勤姪質俱世襲錦衣衛職。

11 六月，乙亥，以宋儒朱子九世孫挺爲翰林院世襲五經博士。

挺世居福建建安縣之紫霞洲，至是命主朱子祀。挺爲人醇謹，言動有則。

12 癸未，河決開封。

13 閏月，兩畿、湖廣水，遣官省視振卹。【考異】是年閏六月。明史紀凡無事者不書月分，故六年六月乙亥下即書「七月乙亥」。又，五行志兩書「閏六月」于景泰六年，是閏在六月明矣。吾學編作「閏五月」，誤也。朱挺世襲，傅氏明書系之閏六月，三編改入六月，又系振兩畿、湖廣饑于閏六月，皆據英宗實録，今從之。

14 秋，七月，乙亥，徐有貞治沙灣決口成。

有貞至張秋，上治河三策：一置水門，一開支河，一濬運河。議既定，督漕都御史王竑，以「漕渠淤淺滯運，請亟塞決口」，上敕有貞如竑言。有貞守便宜，言：「臨清河淺舊矣，非因決口未塞也。漕臣但知塞決口爲急，不知秋冬雖塞，來春必復決，徒勞無益，臣不敢邀近功。」詔從其言。

有貞乃踰濟、汶，沿衛、沁，循大河，道濮、范，相度地形水勢，上言：「河自雍而豫，出險固而之夷斥，水勢既肆，由豫而兖，土益疎，水益肆，而沙灣之東所謂大洪口者，適當其衝，於是決焉，而奪濟、汶入海之路以去，諸水從之而洩，隄以潰，渠以淤，澇則溢，旱則涸，漕道由此阻。然驟而堰之，則潰者益潰，淤者益淤。今請先疏其水，水勢平乃治其決，決止乃濬其淤。」

于是設渠以疏之，起張秋金隄之首，引而西南百里，踰范暨濮，又上而西北經澶淵以接河、沁，内倚古金隄以爲固，外恃梁山泊以爲泄，又置上下二閘以節宣之。凡河流之旁出不順者，築九堰以障之。堰各長萬丈，崇三十有六尺，厚什之，栅木絡竹，實之石而鍵以鐵。至是工成，凡役夫五萬八千有奇，閱五百五十餘日。賜其渠名曰廣濟。自是河水不東衝沙灣，而更北出以濟漕，乃濬漕渠，北至臨清，南抵濟寧，建閘于東昌者凡八，用王景制水門法以平水道。而山東之阿、鄄、曹、鄆間，田出沮洳者百數十萬頃，水患亦息。

先是有貞倡河決宜疏不宜塞之議，廷臣皆難之。上遣中使就問，有貞乃出二壺，而穿其一爲五竅，注水其中，則五竅者先涸。中使還，白于上，乃決用有貞策。

及工將竣，江淵請遣中官偕文武大臣督京軍五萬人往助役，有貞言：「京軍一出，日費不貲。今泄口已合，決隄已堅，但用沿河民夫，自足集事。」乃止。

自沙灣之決垂十年，至有貞治之，決口乃塞。然亦會黄河南趨徐、吕，東流之勢漸殺，故有貞用是奏功云。

15 辛巳，刑科給事中徐正請間言事。【考異】徐正請間言事，諸書皆系之五年。證之明史廖莊傳，言「六年七月辛巳，徐正請間言遣沂王之國事。」傳中紀日分者絶少，此云辛巳，蓋本之實録，今據之。上亟召入，乃言：「上皇臨御歲久，沂王嘗位儲副，天下臣民仰戴。宜遷置所封之地以絶人望。別選親王子育之宫中。」上驚愕，大怒，立叱出之。欲正其罪，慮駭衆，乃命謫遠任。已，復得其淫穢事，謫戍鐵嶺衞。時上雖怒復儲議，而于上皇未嘗不眷眷也。

無何，有高平者，謂「城南樹木多，恐生叵測，請盡伐之。」從之。值盛暑，上皇嘗倚樹憩息，至是見之，大駭。于是離間復行。【考異】明史廖莊傳，但書「徐正請間言事」，而諸書所記，則並及御史高平請伐南城樹木，書云：「英宗復辟，正、平皆伏誅。」重修三編據之，記于杖廖莊等目中。然則是時從中離間之御史尚有高平，皆以天順初伏誅，與明史莊傳異。今按高平爲御史，史所不見，故三編質實云：「高平里籍未詳。」今參核前後，疑即太監高平也。三編天順元年五月書云：「柳州千户盧忠、太監高平伏誅。」證之明史宦官傳，言「上皇賜阮浪袋、刀，浪以贈王瑶，指揮盧忠醉瑶而竊之，以告尚衣監高平。平令校尉李善上變。」據此，則殺阮浪、王瑶，係盧忠與高平同謀，故天順元年五月並磔之也。蓋高平前一年謀殺王瑶等，次年復請伐南城樹木，兩事實一人。野史不考，誤連徐正書之，而以爲御史高平。明史廖莊傳亦疑御史無高平，故但書徐正事而删却高平，三編但書天順元年殺盧忠、高平事，亦未詳考宦官傳也。今于徐正言事下，並書高平請伐南城樹木事，爲後年誅正、平等張本，不書「御史」，亦不書「太監」，以示存疑。餘俱詳考證中。

16 庚寅，以南畿屢災及太白常晝見，敕諸臣修省。【考異】明史本紀書「七月庚寅，以南京屢災，敕群臣修省。」三編則于七月書「太白晝見。」考明史天文志，是月不書太白晝見事。然三編所據皆實録月日，而明史志中言「景泰間，太白常晝見」，與三編目中語合，今並記之。

于是御史倪敬偕同官盛昶、杜宥、黄讓、羅俊、汪清等上言：「府庫之財不宜無故而予，遊觀之事不宜非時而行。曩以齋僧，屢出帑金易米，不知櫛風沐雨之邊卒，趨事急公之貧民，又何以濟之？近聞造龍舟，作燕室，營繕日增，嬉游不少，非所以養聖躬也。章綸、鍾同，直言見忤，幽錮踰年，非所以昭聖德也。願罷桑門之供，輟宴佚之娱，止興作之役，寬直臣之囚。」上得疏不懌，下之禮部，部臣稱其忠愛。上雖報聞，意終不懌。未幾，詔都御史蕭維楨考察其屬，遂希指罷黜敬等，凡十六人。

時又有御史王鑑者，嘗于左順門面斥中官非禮。中官怒甚，因考察，屬維楨並去之，維楨不可而止。【考異】倪敬等上書，三編系于太白晝見之下，蓋以災異應詔言事也。證之明史敬傳，書六年七月下，言「帝雖報聞，意終不懌，詔都御史蕭維楨考察，罷黜御史凡十六人，敬預焉。」明史稿書考察御史事于八月乙巳，即維楨考察敬等事也。今並系之七月下。又，「十六人」，諸書作「十二人」。

17 八月，庚申，杖南京大理少卿廖莊于廷，並杖郎中章綸、御史鍾同于獄。

時莊以母喪赴京，闕給勘合，朝見東角門，上憶莊前疏，立命廷杖八十。左右言「事由鍾同等倡之」，上愈怒，乃封巨梃令杖同、綸于獄。同竟死獄中，綸長繫如故。

同，永豐人。父復，以宣德中進士官修撰，與劉球善，球上封事，約與俱，復妻勸止之。球聞之曰：「奈何謀及婦人！」遂獨上之，竟死。無何，復亦病死，妻深悔之，每哭輒曰：「早知不祿，曷若與劉君同死！」同幼聞母言，即感奮思成父志。嘗入吉安忠節祠，見所祀歐陽修、楊邦乂諸人，歎曰：「死不入此，非夫也！」方復儲之上疏也，策馬出，馬伏地不肯起，同叱曰：「吾不畏死，爾奚爲者！」馬猶盤辟再四乃行，同死，馬長號數聲亦死。天順復辟，贈大理左丞。錄其子啓入監，尋授咸寧知縣。啓請父遺骸歸葬，詔給舟車器費。成化中，追謚恭愍，從祀忠節祠，與球聯位，竟如同初志。

方同等下獄時，有禮部郎孟玘者，亦疏言復儲事，竟不罪。

而進士楊集上書于謙曰：「奸人黄玹獻議易儲，不過爲免死計耳，公等遽成之。公國家柱石，獨不思所以善後乎？今同等又下獄矣，脱諸人死杖下，而公等坐享崇高，如清議何？」謙以書示王文，文曰：「書生不知忌諱，要爲有膽，宜進一官處之。」乃以集知安州。

莊既杖，謫定羌驛丞。

18 是月，濬京師城河，備雨潦也。

19 九月，乙亥，振蘇、松饑民米麥凡一百餘萬石。

20 冬，十月，戊午，免陝西被災稅糧。

21 十一月，乙亥，命南和伯方瑛爲平蠻將軍，充總兵官，討湖廣叛苗。

初，廣通王徽煠既廢，其黨蒙能竄入苗中爲亂，詐作妖書，糾生苗三萬餘，攻龍里、新化、銅鼓諸城，能自稱蒙王，官兵屢剿不能克。

瑛之召還也，貴州巡撫蔣琳奏「瑛前守貴州邊境，苗、蠻畏服，乞遣還」，上不許。至是湖廣苗叛，復命瑛率京軍討之，而使御史張鵬偵其後。還，奏「瑛所過秋豪不犯」，上聞之大喜。【考異】明史本紀，是年十二月但書「方瑛討湖廣叛蠻」，而證之瑛傳及諸王傳，則以廣通王廢後，其黨竄入苗中煽亂也。三編據書于是年十一月目中，今從之。

22 十二月，己巳，免南畿被災稅糧。

23 是歲，南畿、山東、山西、河南、陝西、江西、湖廣府三十三，州、衞十五皆旱。

七年（丙子、一四五六）

1 春，正月，上皇在南宮。

2 己卯，命兵部尚書石璞總督湖廣軍務，與方瑛合討叛苗。

3 壬午，大祀南郊。

4 二月，庚申，皇后杭氏崩。甲子，營壽陵。

5 三月，戊寅，免雲南被災稅糧。

6 辛巳，天鼓鳴。是夜無雲，西南方有聲如雷。

7 夏，四月，乙卯，麓川思任發子思卜發，遣使貢象馬方物，奏稱：「臣父兄犯法，時臣幼無知，乞賜矜宥。」朝議許之，賜敕誡諭，並賚卜發錦幣及其使鈔幣有差。

8 壬戌，彗星北見于（胄）〔胃〕，長二尺，指西南。

9 五月，癸酉，彗星漸長丈餘。

戊寅，以星變及水旱災異，敕內外群臣修省。

10 戊子，彗星西北見于柳，長九尺餘，掃軒轅星。

11 辛卯，以宋儒程頤十七世孫克仁，周敦頤十二世孫冕俱世襲翰林院五經博士。

程氏世居嵩縣之六渾。周氏本道州人，周子葬母江州，子孫因家廬山蓮花峰下。至是命克仁、冕子孫世奉祀事。【考異】明史本紀于六年六月，記朱子裔孫挺世襲。七年五月，記周子裔孫冕世襲。證之明史儒林傳，七年五月，尚有程子裔孫克仁與冕同賜世襲，是本紀七年漏去克仁也。三編統系之六年六月朱子裔孫挺世襲下，目云：「復以宋儒程頤十七代孫克仁、周敦頤十二代孫冕俱爲五經博士，世襲。」蓋運兩年所賜世襲牽連並記，故質實云：「克仁、冕之授博士，在景泰七年五月」，此據實録也。惟明史克仁傳書于景泰六年，則因朱挺連及之，故冕傳仍作七年。

12 甲午，彗星見于張，長七尺餘，掃太微北，西南行。

13 是月，以福建僉事呂昌奏，增祀黄榦、蔡沈、劉爚、真德秀于朱子祠。【考異】呂昌奏宋儒黄榦等從祀朱子祠，亦見三編六年質實中。據實録在是年五月，今從之。

14 初，詔儒臣修寰宇通志，至是成，上之。大學士高穀晋少保，陳循以下皆加兼官。商輅初擬進兵部尚書，爲王文所抑，乃兼太常寺卿贊善兼檢討。錢溥擬陞諭德兼侍讀，輅謂「溥已越衆陞二級，不宜復陞兼官」，于是溥以諭德兼編修。溥不悦，作老禿婦傳以譏輅，輅亦不與校也。

15 六月，壬寅，彗星入太微垣，長尺餘，漸没。

16 庚申，葬肅孝皇后。

17 是月，河決開封、河南、彰德，田廬皆被淹没，大雨故也。

18 秋，七月，兩畿、山東、河南，自夏至秋，大雨不止，諸水並溢，高地丈餘。是時山東河隄多壞，惟徐有貞所築如故，事竣還朝，召見奬勞，尋進左副都御史。

19 以工匠蒯祥、陸祥爲工部侍郎。

時營建數起，工役繁興。蒯以木匠，陸以石匠，俱援軍功例累擢太僕少卿，至是遂爲卿貳，仍命督工匠。時稱「匠官」云。

明鑑曰：傳曰：「不軌不物，謂之亂政。」蒯祥等木石之工耳，列之卿貳，可乎？昔李輔國以閑廄小兒參決國事，王叔文以弈棋待詔議政中書，皆爲後世指摘，然猶追論其出身之始也。未有正當執役事上之日，寵以顯位，且即令督其所事，若景泰之紕繆者。其後嘉靖以雷維學爲工部尚書，絶與此類。重土木而輕官爵，紊朝班而隳綱維，奚以勵士大夫之品節哉！

20 八月，上以官多擾民，敕吏部等議裁冗員，于是省參政三，參議二，副使五，僉事二，同知以下一百五十餘員。

21 是科順天鄉試，翰林劉儼、黃諫爲考官。榜揭，大學士陳循子瑛、王文子倫皆被黜。循等乃以私憾搆儼等，劾其「校閲不公，請如洪武間治劉三吾等罪及重開科考試例」，蓋欲殺之也。詔禮部會大學士高穀復閲。取中之徐泰等，有優于瑛、倫者，有相等者，亦有不及者，惟第六名林挺硃卷無評語，亦無私弊，應以疎忽論。

穀因言于上曰：「大臣子弟與寒士競進已不可，況又不安于義命，欲以此搆考官乎？」上欲兩全之，九月，賜瑛、倫俱爲舉人，准來年一體會試。其已中之舉人惟黜林挺，餘毋庸議。

于是六科給事中請論循、文罪。而張寧上疏，謂：「宋范質爲相，其從子求奏遷秩，質作詩戒之；韓億之子維舉進士，以父執政不就廷試，方之陳循、王文，賢不肖何如也？況應試者千八百有奇，而中式者百三十五人。倘一概援例干進，豈不壞科目之制乎？請治循等，仍將瑛、倫照不中發回原籍。」

是時穀亦請致仕，上慰留之。卒曲宥循等不問。文爲穀所引，而自入閣後，反與循比。穀持正不阿，屢爲循、文所擠，請解機務，不許。由是閣臣卒不相協，而以論救林聰、劉儼二事，人皆右穀而病文云。

22 詔追謚宋丞相文天祥曰忠烈，侍郎謝枋得曰文節，從僉都御史巡撫江西韓雍之請也。【考異】追謚文、謝事，見明史韓雍傳。三編據實録系之是年之九月，今從之。雍代楊寧撫江西，歲饑，奏免秋糧，劾奏寧王奠培不法事。奠培事見後卷，蓋奠壏訐之也。時雍年甫三十，赫然有才望，其所規畫措置，皆得士民心。

23 冬，十月，癸卯，振江西饑。

24 十一月，丁卯，以監察御史陳述薦江西處士吴與弼，詔巡撫都御史韓雍禮聘送京師。與弼年十九見伊洛淵源圖，慨然嚮慕，遂罷舉子業，盡讀四子、五經及洛、閩諸録，不下樓者數年。家貧躬耕，非其義一介不取。四方來學者，約己分，少飲食，教誨不倦。正統之末，御史涂謙、撫州知府王宇、山西僉事何自學先後薦，俱不出。嘗嘆曰：「宦官、釋氏不除而欲天下治平，難矣！」至是述請禮聘，俾侍經筵或備成均教士之選，故有是命。然與弼竟不至。【考異】據明史儒林傳，初聘吴與弼在景泰七年，蓋聘而未至，系陳述所薦。若天順元年，則石亨、李賢薦也。弇州考誤以爲「十一月丁卯」，今據之，丁卯蓋是年十一月朔也。

25 十二月，己亥，方瑛大破湖廣叛苗。

先是賊渠蒙能攻平溪衛，都指揮鄭泰等擊却之，能中火鎗死。瑛遂進兵沅州，連破鬼板等一百十餘寨，遂與尚書石璞會兵于天柱。

26 甲寅，彗星復見于畢，長五寸，東南行，漸長，越九日没。【考異】是年四月彗見，至六月没，見明史天文志，三編據書之。惟十二月甲寅彗星復見，亦見天文志，今據增。

27 戊午，振畿内、山東、河南水災，並蠲逋賦及本年被災税糧。

28 癸亥，上不豫，詔罷明年元旦朝賀。

29 是歲，湖廣、浙江及南畿、江西、山西府十七旱，以水旱免天下税糧，計米麥二百四十五萬四千二百餘石。

八年(丁丑、一四五七)

1 春,正月,丙寅朔,上皇在南宮。【考異】憲章録、皇史紀聞皆書「天順元年」,不書「景泰八年」。三編質實云:「景泰八年爲英宗天順元年。按是年正月壬午,英宗復辟,丙戌改元天順。今依朱子綱目書唐中宗及分注睿宗例,大書景泰八年,而以天順元年分注其下。」今按明代本年改元只英宗一人,而其事又在正月壬午,則十七日也。今不没去景泰八年,而書壬午英宗復辟之事于其下,並以天順元年與景泰八年同卷,自正月丙戌改元爲始,則月分、日分明白易見。惟據本紀,景帝崩在二月,故于天順元年二月癸丑書「郕王薨」,蓋在廢後貶稱,如親王例也。今仍書「帝崩于西宮」,而系于壬午之下云「踰月,癸丑,帝崩于西宮」,以正其生前之名。至天順元年二月,則但書貶祭葬事而已。

2 戊辰,免江西被災税糧。

3 丁丑,上輿疾宿南郊齋宫。

4 上疾日甚而儲位未定,中外憂懼。百官問安左順門,太監興安出,謂曰:「公等皆朝廷股肱耳目,不能爲社稷計,徒日日問安何益!」衆嘿然。——安之意,蓋謂宜早請建儲也。諸臣會于朝,議請復立沂王爲太子,惟大學士王文、陳循議不合。文曰:「今只請立東宮,安知上意誰屬?」循不言。學士蕭鎡曰:「沂王既退,不可再也。」乃以「早建元良」請。時都御史蕭維禎舉筆曰:「我請更一字。」乃更「建」爲「擇」,笑曰:「吾帶亦欲更也。」己卯,諸臣疏進,諭曰:「朕偶有寒疾,十七日當早朝,所請不允。」

已而上將郊，召武清侯石亨至榻前，命攝行祀事。亨見上疾甚，退，與都督張軏、左都御史楊善及太監曹吉祥謀，謂：「立太子不如復上皇可邀功賞」，軏、吉祥等然之，乃謀之太常卿許彬，彬曰：「此不世功也。彬老矣，無能爲。徐元玉善奇策，盍與圖之！」——元玉，有貞字也。——亨、軏遂夜至有貞家，有貞大喜曰：「須令南城知此意。」軏曰：「已陰達之矣。」有貞曰：「必得審報乃可。」亨、軏遂去。

辛巳，王直、胡濙、于謙會諸大臣、臺諫，請復立沂王，推商輅主草，大略謂：「陛下宣宗章皇帝之子，當立章皇帝子孫。」疏成，期以日暮奏，未入而奪門之變起。【考異】明史本紀但書己卯請建太子事。而辛巳再請，惟見王直傳中，言「奏未上而奪門事起」，則壬午之前一日明矣。諸書言奪門在十七日，是年正月丙寅朔，壬午十七日，辛巳則十六日也。奪門在十六日之夜，故仍于辛巳下書之。

是日夜，石亨、張軏與曹吉祥矯稱皇太后制，復會有貞所。軏曰：「報得矣，計將安出？」有貞乃升屋步乾象，亟下，曰：「時在今夕，不可失。」因密語定計，倉皇出。有貞焚香祝天，與家人訣，曰：「事成社稷利，不成門族，禍歸人不歸，鬼矣。」時方有邊警，有貞豫令軏詭言備非常，勒兵入大內。亨掌門鑰，夜四鼓，開長安門納之，既入復閉，以遏外兵。值天色晦冥，軏等惶惑。有貞趣行，軏顧曰：「事濟否？」有貞大言曰：「必濟！」進薄南宮城，城門錮，毀牆入，見上皇于燭下。上皇問故，衆俯伏，合聲請登位。乃麾兵士進轝，皆驚戰莫能舉，有貞率諸人助挽以行。忽天色明霽，星月開朗，上皇顧問，各以職官姓名對。至東華門，門者拒弗納，上皇曰：「我太上皇也。」遂入。至奉天門，升座，有貞等常服謁賀，呼萬歲。時以明日有旨視朝，群臣咸待漏闕下，忽聞殿中呼譟聲，方驚愕。須臾，鳴鐘鼓，諸門畢啓，有貞出，號于衆曰：「太上皇帝復位矣，趣入賀！」壬午，上皇召諸臣入朝，諭曰：「卿等以景泰皇帝有疾，迎朕復位，其各任事如故。」

方上皇復辟，帝方病臥，聞鐘聲，問左右爲誰。既知爲上皇，連聲曰：「好，好！」踰月，癸丑，帝崩于西宮。

英宗睿皇帝後紀

天順元年（丁丑、一四五七）

1 春，正月，丙戌，上告即位于宗廟陵寢。詔：「大赦天下。改景泰八年爲天順元年。」——詔中「攘位」「幽閉」之語，皆徐有貞所撰也。

先是上即位，即日命有貞以原官兼學士，入內閣預機務，明日，加兵部尚書。尋論奪門功，封石亨忠國公，張軏太平侯，軏兄輗文安伯，楊善興濟伯，曹吉祥嗣子欽都督同知。

2 丁亥，殺少保兵部尚書于謙、大學士王文，籍其家。

先是廷臣會議請立沂王，文與陳循懼忤景帝意，遂易以「請擇」語，一時中外譌傳，謂文與中官王誠等謀召取襄世子。及石亨等議迎復，徐有貞恐其中變，乃詭詞激亨曰：「于謙、王文已遣人迎襄世子矣。」又曰：「上已知君謀，將于十七日早朝執君。」亨大懼，謀遂決。有貞以南遷及求薦事切齒于謙，而亨總十營兵，爲謙所制不得逞，亦銜之。上甫復辟，即日下謙、文于獄。

于是有貞與亨等嗾言官劾「謙、文謀迎外藩入繼大統」，命鞫于廷。文抗辯曰：「召襄王須用金牌信符，遣人必有馬牌，内府、兵部可驗也。」詞氣俱壯。謙笑曰：「亨等意耳，辯何益！」都御史蕭維禎曰：「事出朝廷，不承亦難免。」遂文致其詞，竟以「意欲」二字傅會成獄，坐謀逆律，當置極刑。奏上，上猶豫未忍，曰：「于謙實有功。」有貞曰：「不殺于謙，此舉爲無名。」上意遂決。時薛瑄方召至，力言于上，乃減一等，斬于市。

文之死，人皆知其冤，徒以倡易儲議爲時論所不與，無惜之者。【考異】弇州考誤誤信天順日録之語，以爲「迎立襄王，文實有是謀，而史因追雪于謙，遂並王毅愍（文諡也。）之謀掩之，遂得與肅愍同贈諡」，（謙初諡肅愍，後改忠肅。）不知迎立襄王，直是「莫須有」三字，明史文傳極稱其冤，而所采天順日録語極有斟酌。傳中言「文之死，人皆知其誣。以素刻忮，且迎駕復儲之議不協輿論，故冤死而民不思」云云。此論平允，可謂良史之筆。若王弇州謂其實有迎立之謀，而反諱其易儲之不預，未免是非顛倒。

而謙以定社稷功，爲舉朝所嫉。及奪門事起，一時希旨取寵者又藉以爲口實，至有遂溪教諭吾豫奏請族謙，並誅其所薦舉文武大臣，都議持之而止。籍没之日，家無餘貲，惟正室扃鑰甚固，啓視，則上賜蟒衣劍器也。臨刑入市，陰霾四合，天下冤之。皇太后初不知謙死，比聞，嗟嘆累日。

時有錦衣指揮多喇舊作朶兒。者，本出曹吉祥部下，以酒酹謙死所，慟哭。吉祥怒，抶之，明日，復酹奠如故。

都督同知陳逵，感謙忠義，收遺骸殯之。踰年，謙壻千户朱驥歸其喪，葬之杭州。逵故舉將才，出李時勉門下者也。

3 詔謫戍陳循、江淵、俞士悦于鐵嶺，斥商輅、蕭鎡等爲民，皆徐有貞主之也。

有貞既入閣，欲盡攬事權，遂佐石亨輩撼去諸閣臣。循雖素有德于有貞，亦弗恤也。上之即位也，至便殿，復召高穀及輅入，温旨諭之，命草復位詔。亨密語輅，赦文不須別具條款，輅曰：「舊制也，不敢易。」亨不悦。至是與有貞嗾言官劾循等朋奸，遂並及輅，下之獄。輅上書自愬，言：「復儲疏在禮部，可覆驗。」蓋王直等疏雖未上，稿猶留禮部侍郎姚夔所，故略以此請。而亨等持之，遂不省。

淵既謫，進工部侍郎趙榮爲本部尚書。

4 己丑，復論奪門功，封孫鏜懷寧伯，董興海寧伯。擢欽天監正湯序禮部右侍郎。一時官舍旂軍晉級者凡三千餘人。

5 辛卯，以石亨言，罷巡撫提督軍務。

亨在景帝時，屢以文臣不宜節制武臣爲言，至是卒罷之。

時王竑巡撫江北，遂改浙江參政。亨與張軏、曹吉祥輩復追論竑擊殺馬順事，詔除名編管江夏。居半歲，上于宮中得竑疏，見「正倫理，篤恩義」語，感悟，顧左右曰：「竑所奏，多爲朕也。」命遷河州。尋遣官送歸田里，敕有司善視之。

6 壬辰，榜于謙黨人示天下，千户白琦請之也。

7 方額森之寇京師也，謙薦擢職方郎中吴寧爲本部侍郎，佐謙治軍事。寇騎充斥，寧立雨中指麾兵士，從容鎮靜。寇既退，朝廷議仍召勤王兵，寧曰：「今畿民猶日數驚，相率南徙，若再召外兵，是益之驚也。莫若告捷四方，人心自定。」因具奏行之。景泰改元，以疾乞歸，後不復出。嘗爲謙擇壻，得朱驥。驥以世襲武職，謙頗輕之，寧曰：「公他日當得其力。」後驥卒歸謙喪，寧言果驗。然驥卒坐謙姻親謫戍。

又有王偉者，亦以謙薦擢兵部侍郎，自以爲謙所引，恐嫉謙者目己爲朋附，嘗密奏謙誤，冀以自解。景帝出其奏示謙，謙叩頭謝，退，謂偉曰：「我有失，君何不面規我，乃至爾耶！」偉大慚沮。然竟坐謙黨罷歸，越十餘年乃復官，請毁白琦所鏤板，遂告病歸。榜中所示，並中官王誠之黨，及郕府舊僚皆預焉。

8 甲午，殺昌平侯楊俊。

初，俊守永寧、懷來，聞額森欲奉上皇還，密戒將士無輕納。至是上復位，張軏與俊不協，言于朝，遂徵俊還，下詔獄，坐誅。

9 是月，以太常寺卿許彬、大理寺卿薛瑄爲禮部侍郎兼翰林學士，入内閣預機務。【考異】許彬、薛瑄入閣，皆同時事。明史稿記許彬入閣于壬午，薛瑄入閣于甲申，明史則統系之壬午下，今並系之正月之末。

10 吏部尚書王直、禮部尚書胡濙以老請致仕，許之，並賜金帛給傳歸。

直在翰林二十餘年，稽古、代言、編纂、記注之事，多出其手。長吏部凡十四年，年益高，名德日益重。上之還也，直最有力焉；景帝易儲，雖同受金幣之賜，非其本意也；請復沂王之疏雖未及上，上亦雅知之，故不及于譴。

濙在禮部久，凡表賀祥瑞，皆以官當首署名，一時頗病其逢迎。然立朝垂六十年，節儉寛厚，喜怒不形于色。易儲議起，不免依違其間；而以屢請朝賀南宮，不忘忠愛，故上亦優容之。

二人既歸，直年八十有四，濙年八十有九，皆得享歸田之樂，以令名終。

11 二月，乙未朔，廢景泰帝仍爲郕王，遷之西内。尋貶所生母皇太后吴氏復爲宣廟賢妃，廢后汪氏復爲郕王妃，削孝肅皇后杭氏謚號，改懷獻太子爲懷獻世子，皆稱皇太后制行之。

時湯序請革除景泰年號，不許。

12 庚子，大學士高穀致仕。

穀見循、文等皆誅竄，遂謝病。上以穀長者，語廷臣曰：「穀在内閣，議迎駕及南内事，嘗左右朕。其賜金帛襲衣，給驛舟以歸。」

穀既去位，杜門謝客。有問景泰、天順間事，悉不答。越三年卒。後贈太保，謚文義。

13 癸卯，以吏部侍郎李賢兼翰林學士，入内閣預機務。

時賢在吏部，王直既去，掌部事者爲尚書王翺，石亨惡之，言于上曰：「翺老矣，可令致仕。」翺聞之，遂上疏乞休，許之。亨語賢曰：「翺已休致，君當代之矣。」賢曰：「朝廷不可無老成人。況翺雖老，精力未衰，以賢輔之可也。賢安敢當此重任！」于是亨復言于上，遂留翰。未幾，賢復以徐有貞薦，遂與有貞同預閣務。

14 初，上之北狩也，廷議推舉將材，尚書于謙獨薦遼東指揮僉事范廣，充左副總兵，爲石亨副，積功累遷至總兵官，督兵居庸關外。及團營既立，謙復薦廣副亨提督團營軍馬。而亨所爲多不法，其部曲復貪縱，廣數以爲言，亨銜之，譖罷廣止領毅勇一營。廣又與張軏不相能，徒以謙在，未發也。及上復位，亨、軏等恃奪門功，遂誣廣附于謙，謀立外藩，下之獄。廣詞氣不屈，卒搆以謀逆，與謙同罪，遂斬于市，

廣性剛果，每臨陣，身先士卒，未嘗敗衄，一時諸將盡出其下，以故爲儕輩所忌。

謙與廣相繼死，團營亦尋罷。

15 戊申，廣西總兵官柳溥奏破廣西蠻。

先是潯州大藤峽山寇糾合荔浦等處賊劫掠縣治，殺虜居民，至是剿平之。尋召溥還。

16 癸丑，詔郕王喪葬悉依親王例。毁所營壽陵，葬之西山，謚曰戾。

以其後宮唐氏等殉葬。初議欲并及汪后，學（主）〔士〕李賢曰：「妃已幽廢，兩女幼，尤可憫。」乃止。

17 戊午，南和伯方瑛，尚書石璞，率左副總兵陳友等進擊湖廣天堂諸寨，復大破之，克寨二百七十，擒僞侯以下一百二十人。

捷聞，召璞還，瑛留鎮貴州、湖廣。

18 壬戌，免南畿被災税糧。

19 是月，贈鍾同官，同贈官見前。釋章綸于獄，召廖莊還。擢綸禮部右侍郎，莊大理左少卿。

上釋綸，命内侍檢前疏不得，内侍從旁誦數語，上嗟嘆再三。

20 召副都御史軒輗爲刑部尚書，巡撫陝西。

副都御史耿九疇以議事至京師，上顧侍臣曰：「九疇，廉正人也。」時改蕭維禎于南京，又以迎駕忤旨，追奪李實職爲民，事見景泰元年。乃留九疇爲右都御史，擢國子學正林聰爲僉都御史。

21 贈少監阮浪，命儒臣立碑記其事。

22 王驥既致仕，見石亨、徐有貞等驟貴，自謂復辟曾預謀而賞不及，因上章自訟，言：「臣子祥入南城，爲諸將所擠，墮地幾死。今論功不預，疑有蔽之者。」上不得已，乃官祥指揮僉事。命驥仍兵部尚書，理部事。數月，致仕去。

23 改張鳳于南京。踰月，以沈固代爲户部尚書。

24 三月，己巳，復立沂王見深爲皇太子。封皇子見潾爲德王，見澍秀王，見澤崇王，見浚吉王。

初，景帝將易儲，語太監金英曰：「七月初二日，東宮生日也。」英叩頭曰：「東宮生日是十一月初二日。」帝憮然。蓋帝所言者見濟，而英所言今皇太子也。或曰：「景帝之怒英以此。」

汪后之諫易儲也，太子雅知之，至是請于上，遷居舊王府，得盡攜宮中所有而出。與太子母周貴妃相得甚歡，歲時入宮敘家人禮。性剛執，一日，上憶有繫腰玉玲瓏，索之，太監劉桓言在汪妃所，命往取。妃投諸井，對使者曰：「無之。」已而告人曰：「七年天子，不堪消受此數片玉耶！」後有言「妃出所攜巨萬計」，上命檢取之，立盡。【考異】按金英「東宮生日」之語，弇州考誤辨之。謂「英以景泰元年，上怒英發其結黨市恩及縱家人中鹽事，遂下獄論斬，詔禁錮。英家幾籍矣，豈『東宮生日』之語，在英未下獄之前耶？或景帝之怒由此，但其時帝方即位，殊未萌易儲之念，不應有東宮之說。英之赦出必在三年間，當時儲位已定，帝何必復言東宮生日？英尚在危疑間，豈敢作此對耶？」按景帝監國，憲宗方三歲，而證之懷獻太子傳，見濟似長于憲宗，故景泰三年立爲太子，四年二月冠。明制，太子冠在十五歲，又蚤者十二歲，然則景帝監國，見濟已離就傅之年不遠，金英生日之對，必係改元前後事，弇州未核前後一詳考耳。今彙敘於立憲宗爲太子之下，餘詳考證中。

25 癸酉，封徐有貞武功伯。

方有貞以錄奪門功入閣，加尚書，意猶未慊，語石亨曰：「願得冠側注從兄後。」至是亨爲言于上，遂得封。

太監興安，見有貞等俱邀封賞，言于上曰：「當日若附和南遷，不知置陛下于何地，又安有奪門功邪？」上嘿然。時上以謀立外藩事，盡磔景帝所用太監王誠、舒良等，于是給事御史爭劾「安預逆謀，宜同罪」，上宥之。是時中官坐誅者甚衆，安僅獲免云。

26 乙亥，大賚文武軍民。

27 庚辰，賜黎淳等進士及第、出身有差。

28 上之北狩也，巴延特穆爾敬護尤至，心感之。至是復位，即遣都督馬政等使迆北，賜巴延妻金幣。韃靼保喇遮政等，執之，而遣使入賀，且請獻玉璽。敕之曰：「璽已非真，即真亦秦不祥物，獻否惟爾。但勿留我使以速爾禍。」保喇不受命，遂寇延綏，都督李懋等敗没。事聞，上命忠國公石亨爲征虜副將軍討之。

時石彪召還，復以爲游擊將軍，率兵備大同。

29 丁亥，振山東饑民。

30 是月，下大同巡撫年富于獄。

初，富以景泰二年撫大同，提督軍務。時經喪敗之後，法弛弊滋，富一意拊循，奏免秋賦，罷諸州縣税課局，停太原民轉餉大同。

武清侯石亨等令家人領官庫銀帛，糴米入邊，多所乾没，富首請按治，詔宥亨等，抵家人罪。亨所遣卒越關抵大同，富復劾亨專擅，亨輸罪。已，又劾參將石彪罪，彪銜之。至是富以罷巡撫歸，未幾，彪修前憾，遂劾富，亨左右之，下富詔獄。上以問學士李賢，賢稱富能祛弊。上曰：「此必彪爲富抑，不得逞其私耳。」賢曰：「誠如聖諭，宜早雪之。」上乃諭錦衣衛門達從公鞫實，事果無驗。尋釋之，令致仕去。

31 初，袁彬從上在迤北，周旋左右，寒暑飲食，未嘗一刻離。一年之間，上視彬猶骨肉也。及從上還，景帝僅授彬錦衣，試百户，至是上復辟，擢指揮僉事，尋進同知。上眷彬甚，所奏請無不從，内閣商輅既罷，彬乞得其居第；既，又以湫隘，乞官爲别建，上亦報從。彬娶妻，命外戚貴人主之，賜予優渥。時召入曲宴，敘患難時事，歡洽如曩時。

哈銘亦以舊恩擢千户，賜姓楊。

32 夏，四月，甲午朔，以災異數見，齋戒露禱于上帝，並命廷臣條軍民利病以聞。

是時北畿、山東並饑，發塋墓、斫道樹殆盡，父子或相食。上甚憂之，命侍郎周瑄振北畿，僉都御史林聰振山東。上恐巡歷不能周徧，復遣侍郎黄仕儁繼往。

聰屢請發帑，徐有貞曰：「發帑振濟，徒爲里書乾没耳。」李賢曰：「慮乾没而不貸，坐視民困，是因噎廢食也。」上卒從賢言。

33 乙未，免浙江被災税糧凡五十四萬有奇。

34 丁酉，方瑛討蒙能餘黨，凡克銅鼓、藕洞一百九十五寨。覃洞、上隆諸苗震慴，各斬其渠來獻。

35 丁未，録囚。

36 乙卯，保喇寇寧夏，參將种興戰死。

37 是月，襄王瞻墡來朝。【考異】明史本紀不載，而于天順四年四月壬子書其來朝。證之諸王傳，「王以元年來朝，四年再朝」，本紀不書元年之朝，蓋漏脱耳，三編據實録增入，今從之。

王在諸藩中，最長且賢。方上北狩時，衆望頗屬之，皇太后命取襄國金符入宮，不果召。景帝未立時，王上書「請立皇長子，令郕王監國，募勇智士迎車駕。」踰年，上還京師，居南内，王又上書景帝，謂：「宜朝夕問安，率群臣朔望朝見。」及上復辟，石亨等誣于謙、王文以迎立襄王爲詞，上頗疑王。久之，從宮中得王所上二書，復檢襄國金符仍在太后閣中，乃賜書召王，比二書于金縢。

至是王入朝，禮待優隆。一日，宴便殿，避席請曰：「臣過汴，汴父老遮道言『按察使王槩賢，以誣逮詔獄』，願皇上加意。」上立出槩，命爲大理卿。詔設襄陽護衛，命有司爲王營壽藏。及歸，上親送至午門外，握手泣别。王逡巡再拜，上曰：「叔父欲何言？」王頓首曰：「萬方望治如饑渴，願省刑薄斂。」上拱謝曰：「敬受教。」目送王出端門，乃還。

38 何文淵卒。

文淵已致仕，上即位，削前所兼官。而是時有謂景帝易儲詔中「父有天下傳之子」語出文淵，或傳朝命逮捕，文淵懼而自縊。

時文淵子喬新，官南京禮部主事，奔喪歸里。里人故侍郎揭稽，嘗受業文淵，而與喬新兄弟不協，遂奏：「文淵之死實諸子迫之自經，又逼嫁父所愛妾。」喬新亦訐「稽爲巡撫時嘗薦黄玹，且代草易儲疏」，皆被逮。比對簿，文淵妾斷指爲諸郎訟冤，獄得少解。上亦以事經赦後，釋不問。【考異】通紀、紀聞皆系之三月。據弇州考誤，謂「文淵以四月卒」，今從之。惟文淵係自盡，據弇州言，「卒後爲人所奏，差官驗之，果然。」證之何喬新傳，當時揭稽奏文淵乃諸子逼之自經，野史遂沿其誤，啓棺復驗，即此案訐訟之顛末也。今據喬新傳。

39 五月，辛未，命安遠侯柳溥備邊宣府、大同。

時寇遣千騎屯大同邊外，窺偏頭關，命溥會石亨等合擊之。

40 丙戌，彗星見于危，芒長五寸，指西南。

41 初，景帝不豫，廷臣請立東宮，不許。御史楊瑄，與同官錢璡、樊英等約疏争，會奪門事起乃已。及是瑄印馬畿内，至河間，民遮訴曹吉祥、石亨奪其田，瑄以聞，並列二人怙寵專權狀。上以語閣臣李賢、徐有貞曰：「真御史也！」遂遣官按覈，而令吏部識瑄名，將擢用。吉祥聞之懼，訴于上，請罪之，不許。

會星變，掌道御史張鵬、周斌等將劾亨、吉祥諸違法事，約十三道交章論奏。先一日，亨西征方歸，給事中王鉉遂洩之于亨。亨與吉祥泣訴于上，誣「鵬爲已誅內監張永從子，結黨排陷，欲爲永報讎」。明日，疏入，上大怒，收鵬及瑄，御文華殿，悉召諸御史，擲彈章俾自讀，斌且讀且對，神色自若。至「冒功濫職」語，上詰之曰：「彼率將士迎駕，朝廷論功行賞，何云冒濫？」斌曰：「此輩皆貪天功。當時迎駕止數百人，光祿賜酒饌，名數具在。今超遷至數千人，非冒濫而何？」上嘿然，竟下瑄、鵬及諸御史于獄。

42 是月，磔太監高平及千户盧忠，坐阮浪、王瑶獄也。

詔捕黃竑、徐正。竑聞，自殺，命發棺戮其尸。竑子震亦爲都督韓雍捕誅之。正亦伏誅。【考異】明史廖莊傳記徐正事，則云「英宗復辟，于謙、王文以謀立外藩誅死，其事遂不白」云。據此，則正以被謫後免誅也。然明人紀載，皆云「徐正、高平皆以英宗復辟伏誅。」弇州考誤多據國史以糾野史，而于記何文淵自經一事，云「文淵以天順元年四月卒，黃竑、徐正以五月伏誅」，則弇州固有所據矣。三編類書于六年杖廖莊目中，亦云「正、平皆伏誅。」三編所記，多據實録，與弇州所據國史合，今並磔高平、盧忠彙書之。

43 六月，癸巳朔，彗星見室，長丈餘，由尾至東壁，犯天大將軍卷舌第三星，井宿水位南第二星。

44 甲午，下右都御史耿九疇、左副都御史羅綺于錦衣衛獄。時楊瑄等下吏榜掠，詰主使者，無所引，于是石亨等以爲九疇、綺實主使之，遂並坐。九疇既罷，以刑部侍郎馬昂代爲都御史，尋出撫山西。踰月，復以副都御史寇深爲都御史。

45 己亥，下徐有貞、李賢于錦衣衛獄。

初，有貞既譖黜諸閣臣，得盡攬事權，中外側目。而有貞愈益發舒，進見無時。初爲曹、石所引，既得志，則思自異于曹、石。又陰窺上于二人不能無厭色，乃稍稍裁抑之，且微言其貪横狀，上亦爲之動。

楊瑄之劾亨、吉祥也，上以問有貞及李賢，皆對如瑄奏，遂詔奬瑄。亨、吉祥大怨恨，日夜謀搆有貞。上方眷有貞，時屏人密語，吉祥令小豎竊聽得之，故泄之于上，上驚問曰：「安所受此語？」對曰：「受之有貞。」且曰：「某日語某事，外間無弗聞。」上由是始疏有貞。

會張鵬等獄起，亨、吉祥謂内閣實主之，遂並及賢，至是同至上前，具陳迎駕奪門功，因訴曰：「今内閣專權，欲先除臣等。不然，諸御史安敢爾！」相與悲哭不已。上心動，乃諭言官劾「有貞、賢圖擅威權，排斥勳舊」，遂並下獄。于是瑄及鵬皆論死，餘遣戍。

亨等復譖諸言官，上諭吏部：「簡給事、御史年踰三十者留之。」一時給事中何玘、御史吳禎等凡三十六人皆調外，臺諫爲之一空。【考異】三編質實云，「給事御史調外三十六人。」按明史楊瑄傳，「給事中何玘等十三人爲州判官，御史吳禎等二十三人爲知縣。尋以災變得不調，皆復原官。」

46 是日，大風震雷，拔木發屋。須臾，大雨雹，壞奉天門鴟吻。上敕群臣修省。而亨、吉祥家大木俱折，二人亦懼。欽天監湯序（木）〔本〕亨黨，亦言「上天示警，宜恤刑獄」。于是上感悟，獄得稍稍解。

庚子，徐有貞、李賢等皆出獄。謫有貞廣東參政，賢福建參政，九疇江西布政使，綺廣西參政，楊瑄、張鵬免死戍遼東。十三道御史，自鵬外，周斌、盛顒、費廣、張寬、王鑑、趙文博、彭烈、張奎、李人儀、邵銅、鄭冕、陶復，凡十二人，皆謫知縣。其前請調外之何玘、吳禎等，皆令復職。

47 以通政司參議兼侍講呂原入閣預機務，尋晉學士。

原内端外和，石亨、曹吉祥等皆敬之。一日，原朝會，衣青袍，亨笑曰：「行爲先生易之。」原不答。

48 壬寅，禮部侍郎兼學士薛瑄致仕。

瑄在内閣數月，見曹、石用事，嘆曰：「君子見幾而作，寧俟終日！」遂以老乞休去。

49 薛瑄既去，上謀代者。尚書王翺薦翰林修撰岳正，召見文華殿。正長身，美鬚髯，上遥見色喜。既入，上問年幾何？家安在？何年進士？正具以對。上連稱善，曰：「爾畿縣人，年正强仕，又吾所取士。今用爾内閣，其盡力輔朕。」正頓首受命，趨出，石亨、張軏遇之左順門，愕然曰：「何自至此！」比入，上曰：「朕今日自擇一閣臣。」問爲誰，以正告，兩人陽賀。上曰：「但官小耳。當與吏部左侍郎兼學士。」兩人曰：「陛下既得人，俟稱職，加秩未晚。」上嘿然。癸卯，命正以原官入閣預機務。

50 李賢謫外，未行，上謂尚書王翺曰：「賢非有貞比，宜可用。」翺亦薦之，請以爲南京吏部，——蓋欲使之遠亨等也。上曰：「宜留之左右。」甲辰，復賢吏部侍郎。

51 乙巳，巡撫貴州副都御史蔣琳，坐于謙黨棄市。

52 是月，游擊將軍石彪備大同，與參將張鵬等哨磨兒山，遇寇千餘騎來襲，彪率壯士衝擊，斬巴圖王舊作把秃。以下百二十人，追至三山墩，又斬七十二人。

捷聞，時寇勢日熾，石亨無功而還，上憂形于色，恭順侯吴瑾侍，進曰：「使于謙在，當不令寇至此。」上爲默然。——瑾，永誠之孫，克忠子也。

53 秋，七月，乙丑，復下徐有貞于獄。

有貞既出，而石亨等憾未已，必欲殺之，令人投匿名書指斥乘輿，因奏：「有貞怨望，使其客馬士權者爲之。」遂追執有貞于通州，並士權下詔獄。時錦衣衛都指揮門達承亨等意，痛加榜治。士權瀕死者數四，終無所言。

54 丙寅夜，承天門災。

丁卯，上躬禱于南郊。

戊辰，下詔罪己，敕群臣修省。

55 庚午，復命李賢入閣，進吏部尚書，兼翰林學士。

時石亨知上嚮用賢，怒，然無可如何，乃佯與交懽。賢亦深自匿，非宣召不入，而上益親賢，顧問無虛日。保喇近塞獵，亨言「傳國璽在彼，可掩而取」，上色動。賢言「釁不可啓，璽不足寶」，事遂寢，亨益惡之。

上亦厭亨、吉祥驕橫，屏人語賢曰：「此輩干政，四方奏事者先造其門，爲之奈何？」賢曰：「陛下惟獨斷，則趨附者自息。」上曰：「不用其言，能毋怫然？」賢曰：「願陛下制之以漸。」然是時亨等勢猶熾，賢亦有所顧忌，不敢盡言。

56 出內閣許彬爲南京禮部侍郎。

彬性坦率，門下多浮薄士，及輔政，欲謝客，客競騰謗，且爲石亨所忌，竟不安其位。甫行，復貶陝西參政。旋乞休去。

57 辛未，石亨、曹吉祥搆修撰岳正，謫爲欽州同知。

正負氣敢言，驟蒙上遇，益感激思自效。或爲匿名書列曹吉祥罪狀，吉祥怒，請出榜購之，使正撰榜格。正與吕原入見曰：「爲政有體，盜賊責兵部，奸宄責法司，豈有天子出榜購募者！且事緩之則自露，急之則愈匿。」上是其言，遂不問。

石彪遣使獻大同之捷，下内閣問狀。使者言：「捕斬無算，不能悉致，皆梟林木間。」正按地圖詰之曰：「此地皆沙漠，汝梟置何所？」其人語塞。

時亨、吉祥恣甚，正言：「二人權太重，恐久不可制，臣請以計間之。」上許焉。正出，見吉祥曰：「忠國公常令杜清來此，何爲者？」吉祥曰：「辱石公愛，致誠款耳。」正曰：「不然。彼使伺公所爲耳。」因勸吉祥辭兵柄，復詣亨諭令自戢。亨、吉祥揣知正意，因詣上，免冠泣請死，上内愧，慰諭之。召正，責漏言，正對曰：「臣觀二家必以謀叛滅門，臣欲全上恩，故令其自爲計耳。」二人聞之，益怒。

會承天門災，上命正草罪己詔，因歷數弊政無所避。亨、吉祥遂搆蜚語，謂正賣直訕上，上怒，故有是謫。于時正在閣僅二十八日耳。

初，陳汝言以附亨等謀奪門，亨薦之，遂代王驥爲兵部尚書，益相比爲奸。正以災異，極言「亨將謀不軌。陳汝言小人，宜亟去」，上不省。

至是正謫外道瀞縣，以母老留旬日。汝言令巡校言狀，且言正嘗奪公主田。尋逮正繫詔獄，杖百，戍肅州。行至涿，夜宿傳舍，手拳急，氣奔且死。涿人楊四醉卒酒，脱正拳，刳其中，且厚賂卒，乃得至戍所云。

58 癸酉，以災眚肆赦。

時徐有貞在獄，亨等慮赦後將釋，乃言于上曰：「有貞自撰武功伯券，詞云『纘禹成功』，又自擇封邑武功。禹受禪爲帝，武功，曹操始封也。有貞志圖非望。」上出以示法司，命鞫于廷，馬士權大呼曰：「豈有自撰誥券露其逆謀理邪！」及獄具，刑部侍郎劉廣衡等奏「有貞詐爲制文，竊弄國柄，罪當棄市」，上以犯在赦前，免死。癸未，放有貞于金齒。

有貞出獄，拊士權背曰：「子義士也。他日一女相託。」後有貞自金齒歸，士權往候之，竟不及婚事。士權辭去，終身不言其事。人以是薄有貞而益重士權云。

59 戊子，以平苗功，晋方瑛南和侯，陳友武平伯。又論大同功，封石彪定遠伯。

60 辛卯，大賚諸邊軍士。

61 是月，刑部尚書軒輗致仕。輗在刑部數月，見曹、石怙權侵官，乃引疾乞歸。上召見，問曰：「昔浙江廉使考滿歸，行李僅一篋，乃卿耶？」輗頓首謝。上猶欲用之，知不可強，乃賜白金慰遣歸。踰月，以刑部侍郎劉廣衡進尚書代之。

62 楊瑄、張鵬既謫戍，行至半道，遇赦還。或謂瑄等：「宜詣曹、石謝。」二人卒不往，遂復謫南丹。

63 八月，甲午，以彗星頻月見，至是尚有餘芒，乃躬禱于上帝。

64 九月，甲子，以太常少卿彭時兼翰林學士，入閣預機務。時以請終制忤景帝指，遂不用。至是徐有貞得罪，許彬、岳正相繼罷，上坐文華殿，召見時曰：「汝非朕所擢狀元乎？」時頓首。明日，遂復入閣。自三楊後，閣臣進退禮甚輕，惟時與岳正二人爲上所親擢者。

而上方嚮用李賢，數召獨對。賢雅重時，退必咨之，時引義争可否，或至失色，賢初小忤，久亦服其諒直，曰：「彭公真君子也！」

65 上復位，欲仿先朝故事，出廷臣爲知府。是月，以御史林鶚爲鎮江知府，河東運判楊浩爲順德知府。陛辭，召至文華殿，諭所以擢用意，賜宴及道里費。

鶚以邑子林挺預薦，陳循等疑鶚有私，逮挺考訊，久之，事得白。鶚感上遇，涖任，革（知）〔弊〕舉廢，治甚有聲。

浩以諫止景帝幸隆福寺，名震京師，至是遂被擢用。

66 冬，十月，丁酉，賜王振祭葬，立祠。

初，振既族誅，有言其在衞喇特爲敵用者，上大怒，謂「振之死難，朕所親見。」追責言者過實，皆貶竄。

或曰：「土木之難，振侍上側，有護衞樊忠者，從帝旁以所持箠箠死振，曰：『臣爲天下殺此賊！』遂突圍，殺數十人，死之。」

然振之死于土木，上猶追念不已，復其官，刻香木爲振形，招魂以葬，建祠祀之，賜額曰「旌忠」。

67 壬寅，徵江西處士吴與弼。

時石亨擅權，欲引賢者爲己重，乃謀于閣臣李賢，屬草疏薦之，上乃命賢草敕，加束帛，遣行人曹隆齎禮幣往。與弼以朝廷厚意，當赴闕謝恩，遂行。

68 丙辰，釋建庶人文圭。

初，文圭被幽方二歲，至是五十七歲矣。上復位，念其無罪久繫，欲釋之，以問學士李賢，賢對曰：「此堯、舜之用心也。天地祖宗，實式憑之！」上意遂決。即日，白皇太后，太后許之。左右或以爲不可，上曰：「有天命者，任自爲之。」乃遣中官牛玉至鳳陽，造房屋，出文圭及其庶母以下家屬五六十人，皆安置鳳陽，聽婚娶出入自便，給閽者二十人，婢妾十數人。文圭初出，見牛馬亦不識，未幾卒。

69 是月，己亥，彗星復見于角，長五寸餘，指北，犯角北星及平道東星。

70 十一月，甲戌，廣西田州苗叛。

叛目呂趙，僞稱「敵國大將軍」，張旂幟，鳴鉦鼓，率衆劫掠南丹州，又據向武州。時武進伯朱英鎮廣西，以聞，詔英會思恩府土官岑瑛討之。

71 己丑，免山東被災稅糧。

72 十二月，壬辰，復論奪門功，封曹吉祥養子欽爲昭武伯。

時吉祥以司禮監總督三大營，又請官其從子鉉、鐸、鐈等，皆爲都督，門下廝養冒官者多至千百人。

73 辛丑，保喇寇甘、涼，命安遠侯柳溥佩平虜大將軍印，充總兵官，率都督過興、都督同知雷通備邊禦之，又命宣城伯衛穎爲平羌將軍，鎮甘肅。

74 上爲石亨營第宅。是冬，上一日登翔鳳樓，見其新第極偉麗，顧問恭順侯吴瑾曰：

「此何人居？」瑾佯對曰：「此必王府。」上笑曰：「非也。」因顧內臣，言「亨之横，無人敢發其奸者」，由是益銜之。

明通鑑卷二十八

紀二十八 起著雍攝提格（戊寅），盡重光大荒落（辛巳）。凡四年。

江西永寧知縣當塗夏燮編輯

英宗睿皇帝後紀

天順二年（戊寅、一四五八）

1 春，正月，辛酉，兵部尚書陳汝言有罪下獄。【考異】通紀系汝言下獄于元年之冬，蓋以其贓敗事發，牽連並記耳。明史本紀系之二年正月辛酉，證之七卿年表同，今據之。

汝言以諂附石亨被薦，會于謙誅，王驥管部事，數月解任，乃以汝言代之，至是以贓敗。籍其家，財物累巨萬，上召亨等入視，愀然曰：「于謙被遇景泰朝，死無餘貲。汝言未一年，何多也？」亨俛首不能對。汝言遂伏誅。

初，謙既死，皇太后始知之，嗟歎累日，徐爲上言謙匡濟國難之功及迎立外藩之誣，上亦悔之。至是始益悟謙冤而惡亨等。

2 乙丑，享太廟。

3 甲戌，大祀南郊。

4 己卯，上皇太后尊號曰「聖烈慈壽皇太后」。

先是上郊天後，顧謂學士李賢曰：「朕居南宮七年，危疑之際，實賴太后憂勤保護。罔極之恩，欲報無由，可依前代尊上徽號，何如？」賢頓首曰：「陛下舉此，莫大之孝也！」即命賢擬徽號進，詔告天下。

初，天順改元，太后兄繼宗，以奪門功進侯爵，諸弟官都指揮僉事者，俱改錦衣衛，尋又命繼宗督五軍營戎務兼掌都督府事。左右又有爲其弟紹宗求官者，上召李賢謂曰：「孫氏一門，長封侯，次皆顯秩，子孫二十餘人悉得官，足矣。今又請，以爲慰太后心。不知初官其子弟時，請于太后，數請始允，不懌者累日，曰：『何功于國，濫授此秩！物盛必衰，一旦有罪，吾不能庇矣。』太后意固如此。」賢稽首頌太后盛德，因從容言：「祖宗以來，外戚不典軍政。」上曰：「初，內侍言『京營軍非皇舅無可屬』，太后至今實悔之。」賢曰：「侯幸淳謹，但後此不得爲故事耳。」上曰：「然。」

已而錦衣逯杲奏「英國公張懋、太平侯張瑾及繼宗、紹宗，並侵官地，立私莊」，命各首實，宥其罪，還其地于官。

5 辛巳，頒優老之政。

6 是月，禮部請皇太子出閣讀書，上命李賢擬講讀官進。並詢以先讀何書，賢以尚書、大學對。

7 初，景泰間，京師崇信佛教，每三年度僧數萬。上謂李賢曰：「僧徒豈可如此泛濫！」敕：「今後僧徒每十年一度，著爲令。」

8 二月，戊申，開雲南、福建、浙江銀場，司禮太監福安請之也。安奏：「雲南、福建、浙江等處，舊有銀礦，採辦煎銷，上納京庫，近年或採或止。今國用不足，宜如舊制遣官開場煎辦。」又請「于雲南等處分遣內官收買黃金、珍珠、寶石」，從之。

9 是月，保喇寇涼州，柳溥堅壁不出，官軍敗績。

10 改馬昂爲兵部尚書。

11 閏月，己巳，日無光，旋赤如赭。

12 己卯，詔瘞土木暴骸。

13 是月，籍前副都御史羅綺。

綺自上年下獄，謫爲廣東參政，未赴。至是其鄉人告「綺在家，有磁州同知龍約自京還，與綺言天子仍寵宦官，刻香木爲王振形事，相與訕笑，以爲朝廷失政，致吾輩降黜。」上聞奏大怒，詔捕綺下吏，坐死。籍其家，陳所籍財賄于文華門示衆。家屬戍邊，婦女發浣衣局。【考異】羅綺以居家訕笑朝政下吏事，諸書皆不載。證之明史本傳，特書于下獄之明年閏二月，今據增。

14 三月，張軏卒。

軏以奪門功封侯，納賄亂政，亞于石亨。于謙、王文、范廣之死，軏有力焉。

或曰：「廣既死，軏一日遇諸途，爲拱揖狀。問之左右，曰：『范廣過也。』歸家，發病死。」【考異】諸書系之是年三月，書「張賜卒」，而以爲軏之更名。弇州考誤辨之，謂「軏爲河間王第四子，英宗每呼之爲張四，世遂譌『四』爲『賜』耳。」按明史，軏並無更名事，今仍據傳書之。

15 夏，四月，乙丑，皇太子出閣講讀。

上語廷臣曰：「東宮講讀，宜在文華殿。朕欲移居武英殿，但早晚朝見太后不便。」乃以左廊居東宮。

16 辛未，復設巡撫官。

先是上語李賢曰：「朕初復位，奉迎諸人皆以巡撫官不便，一旦革去。軍官縱肆，士卒疲弛，文武官不相制之過也。宜爲朕舉才能者復任之。」

賢因請曰：「遼東、宣府、大同、延綏、寧夏、甘肅，需人最急。」上令賢與王翱、馬昂等議，乃以太僕卿程信之遼東，山東布政王宇之宣府，僉都御史李秉之大同，監察御史徐瑄之延綏，山西布政陳翼之寧夏，陝西布政芮釗之甘肅，仍以京官巡撫地方如舊制。

尋又召前山西參政葉盛至京，擢僉都御史，巡撫廣東。盛乞終制，不允。

17 是月，吏部侍郎孫弘聞喪。

弘以知縣考滿赴京，爲石亨鄉里營求京官，又以奉迎有功擢工部侍郎，即調吏部。上頗鄙其人，而以亨故，又恐其謀奪情，即令守制。

召李賢曰：「吏部乃天下人物權衡，侍郎即尚書之次，非他部比。必得其人，卿以爲誰可？」賢薦鄒幹、姚夔，更稱「夔表裏相稱，有大臣量」，乃以夔爲吏部侍郎。【考異】夔任吏侍，據傳在天順二年，證之天順日録，爲二年四月。紀聞夔與陸瑜任刑尚同列之三年，證之七卿表，瑜亦以是年十月任刑尚，非三年也。今分書之。

18 五月，處士吳與弼至京師。上謂李賢曰：「與弼當授何職？」對曰：「今東宮講讀，正宜老成儒者輔導之，授以宮僚爲宜。」上曰：「然。」壬寅，召與弼入見，即日召吏部，授爲左諭德。與弼辭曰：「臣草茅賤士，本無高行，陛下采聽虛聲。又不幸有犬馬疾，匍匐京師。今年且六十八矣，實不堪供職。」上曰：「宮僚優閒，不必辭。」賜文綺酒牢，遣中官送館次。謂賢曰：「此老非迂闊者，務令就職。」時上眷良厚，而與弼疏辭再三，不許。乃請以白衣就邸舍假讀祕閣書，上曰：「欲觀祕書，宜勉受職。」令賢諭意。

與弼留京師二月，遂以疾篤請。賢復叩其所以不受之故，謂「敕書崇重，聘以伊、傅禮，意當大用，而以宮僚無事，慮不得即行其志，故不受。」賢爲言于上，「請曲從放還，始終恩禮，以光曠舉」，上然之，賜敕慰勞，賚以銀幣，復遣行人送還，令有司月給米二石。與弼歸，表謝，陳「崇聖志、廣聖學」等事。【考異】康齋辭宮僚遣歸事，明史儒林傳多據天順日録，而録中亦無貶語，但言其以授職宮僚，未能待以伊、傅之禮，以爲固執而已。薛氏憲章録則指其跋石亨族譜及與弟訟囚首公庭事，皆本之尹直瑣綴録。黄氏明儒學案亦疑其不實，今悉删之。

19 是月，嚴自宮之禁。

初，石亨等收留自宮之人，至是乃自首；其大名等府、金吾等衛軍民人等，皆相繼自首。乃詔：「凡自宮自首者，皆宥其罪，發南海子藝蔬。」

20 六月，己卯，雷震大祀殿鴟吻。

21 秋，七月，癸卯，授定遠伯石彪爲平夷將軍，充總兵官，禦寇寧夏。彪先偕高陽伯李文赴延綏備邊，尋以疾召還，遂有是命。

22 八月，戊辰，保喇寇鎮番。

23 是月，詔修一統志。

諭李賢、彭時等曰：「朕欲覽天下輿圖之廣，我太祖、太宗嘗（邵）〔命〕儒臣纂輯，未竟厥緒。景泰間雖有成書，繁簡失當。卿等尚折衷精要，繼成初志。」于是命賢等爲總裁官。書成，凡九十卷。

24 九月，右副都御史林聰奉詔捕江淮鹽盜，以便宜禽戮渠魁數人，餘悉解散。並奏籍指揮之受盜賄者。未幾，以母憂起復，再辭，不許。

25 冬，十月，己未，太白晝見。

26 甲子，上校獵南海子，親御弓矢，命勳戚武將以次馳射，獲輒獻之。既畢，賜酒饌，更以所獲分賜侍臣。

一時鷹坊司内臣奏乞出外採獵，上不許。固請，乃曰：「不許擾害州縣！」及出，所獲獐鹿兔雉多出州縣，斂之民間，遣人預進。上令人密訪某州若干，某縣若干，皆得其數，俟其歸，各杖而黜之。

27 壬午，命武平伯陳友爲征夷將軍，充總兵官，勦寇寧夏。

28 是月，李賢請罷錦衣官校刺事。

時上慮廷臣黨比，欲知外事，多倚錦衣官校爲耳目。由是指揮門達、逯杲俱得幸，而杲更强鷙，上尤委任之。杲遣校尉偵事四出，所至官吏震恐，多進聲伎貨賄以求免，雖親藩亦然。無賄者輒被逮，每逮一人必破數大家。四方奸民，詐稱校尉乘傳，縱横無所忌。賢請撤還，上不許，于是其勢益張。

29 刑部尚書劉廣衡罷，擢布政使陸瑜代之。

30 十一月，甲寅，免山東濟南、東昌、兖州、青州四府被災税糧凡五十一萬一千三百餘石。

31 是月，罷冬至宴。

上謂李賢曰：「節固當宴，但殺牲畜太多。尚有正旦、慶成，一歲四宴，朕欲減之，如何？」賢對曰：「大禮之行，初不在此。陛下減之亦是。」由是每歲二宴，至于正旦亦或不宴。唯慶成一宴，歲以爲常。【考異】罷冬至宴，諸書皆不載。憲章録系之十一月，蓋本天順日録也，今從之。

32 保喇寇延綏。

時楊信充總兵官鎮延綏，都督僉事張欽副之，禦敵于青陽溝，大捷，欽復敗之于野馬澗等處。

捷聞，封信彰武伯，欽進都督同知，鎮守如故。【考異】諸書多記楊信敗北寇于明年正月。證之明史本傳，信封彰武伯在二年，以青陽溝之捷也。憲章録但記張欽破寇事，法傳録並系之是年十一月，惟「青陽溝」作「柴溝」。今據明史本傳。

33 十二月，戊午，柳溥以失律罷歸。

34 是冬，令百官祈雪。

35 是歲，日本王源義政以前使臣獲罪天朝，欲入貢謝罪，不敢自達，乃移書朝鮮，令轉請之，詔令擇老成識大體者充使。而倭仍不時入寇，貢使亦不至。

三年（己卯、一四五九）

1 春，正月，甲申朔，有大星如蛇，入危宿。

2 乙未，大祀南郊。

3 甲辰，保喇復犯安邊營，總兵官石彪、楊信擊敗之。

先是保喇屢犯寧夏、延綏等處，皆敗之。至是復以二萬騎入寇，彪與信連戰皆捷，斬其平章郭勒齊。舊作鬼力赤，此又一人。追出塞，轉戰六十餘里，復大敗之，生禽四十餘人，斬首五百餘級，獲馬駝牛羊二萬餘，爲西北戰功第一。都督僉事周賢、都指揮李鑑俱没于陣。

4 是月晦，兩廣猺賊起，慶遠同知葉禎募健兒與戰，生縶其酋。其黨憤，悉衆攻城，禎子公榮戰不克，死之。禎自率三百人趨赴，道遇賊山下，鏖戰，手刃一賊，身被數鎗，與從子官慶及三百人俱殲焉。

嶺南無雪，是夜，大雷電，雪深尺許，賊解圍去，諸村寨獲全。事聞，贈廣西參議，命守臣立廟祀之。【考異】葉禎事見明史本傳，而諸書皆不載。今按傳記其事，特大書云，「時天順三年正月晦也」，又記是夜嶺南大雪事。不知三編何以佚之，今據增。

5 二月，丁卯，遣御史呂洪同内官往廣東雷州、廉州採珠，從太監福安奏也。

6 是月，上幸太監曹吉祥宅。吉祥以奪門功得上寵，至是邀上幸其宅。

時有百户李成者，善謔，稱「沙狐狸」，隨扈北有功，擅入内府求陞職。上怒，命錦衣衛鞫之。指揮僉事哈銘與額森特穆爾舊作也先帖木兒，此又一人。謀脱成罪，伺上幸吉祥宅，乃報額森特穆爾先期往候。比至，奏言「成有功，乞宥之。」上問知事由哈銘，復命錦衣衛監禁。久之，録奏罪囚，乃降銘千户，調發貴州衛差操。

7 夏，四月，壬子，巡撫兩廣僉都御史葉盛大破瀧水猺，生禽猺鳳弟吉。

時兩廣盜蠭起，所至破城殺將，諸將怯不敢戰，率殺平民冒功，民之從賊者益衆。盛以蠻出没不常，請「自今攻劫城池者始以聞，餘止類奏」。疏上，兵部駁不行。

8 己巳，南和侯方瑛平貴州苗。

初，東苗千把豬等，僭號稱王，攻都勻等衛，詔瑛與贊理軍務都御史白圭合川、湖、雲、貴軍四道擊之。瑛、圭兵進青崖，總兵李貴進牛皮箐，參將劉玉進谷種，參將李震進鬼山，所向皆捷。至是合兵攻石門山，賊退踞六美山翁受河。諸軍大進，生禽千把豬，送京師磔之。凡先後克六百餘寨，邊方悉定。

9 石彪以安邊功進爵爲侯。

彪本以戰功起家，不藉父兄蔭。然一門二公侯，勢盛而驕，多行不義，馴至于敗。【考異】明書系石彪下獄於正月，憲章録系之二月，皆誤也。證之功臣年表，彪以四月己巳進封侯，蓋以正月安邊之捷也。是時彪雖以功進爵，而與亨内外握兵柄，上已疑之，故欲以封侯召還，使奉朝請，非逮也。彪之下獄在是年之八月，誅在明年二月，明史本紀所記亨、彪前後事，證之弇州史乘考誤所據國史，其年月日悉符，今據之。

10 五月，庚子，詔都督劉深充總兵官，會兩廣守臣討廣西流賊。【考異】此據明史稿增。惟本紀敘于四月己巳下，四月無庚子，蓋脱「五月」字。

11 六月，辛酉，復命巡撫官以八月集京師議事。尋諭户部：「移文各巡撫，以地遠近分年赴京，著爲令。」

12 秋，七月，召石彪還。

彪與石亨内外爲援，上頗疑之，欲以封爵使奉朝請。而彪謀鎮大同，令千户楊斌等保奏，上覺其詐，收斌等，拷訊得實，趣彪疾馳入京。

13 八月，庚戌，下石彪錦衣衛獄，令門達鞫之，得其繡蟒龍衣及違式寢牀諸不法事，罪當死。遂籍彪家，並逮其黨七十六人。彪事既發，言官將于朝班劾之，有泄于彪者，上聞之，大怒。己未，「禁文武大臣往來，其給事御史及錦衣官，不得與文武大臣交通。違者依洪武間鐵榜例治罪。」

14 乙亥，免湖廣被災秋糧。

15 是秋，建安老人賀煬上書論時事，言：「今銓授縣令，多年老監生，洎滿九載，年已七十，苟且貪污，何以爲治？宜擇年富有才能者；其下僚及山林抱德之士，亦當推舉。」又言：「朝廷建學立師，將以陶鎔士類。而師儒鮮積學，草野小夫，夤緣津要，初解免園之册，已廁鶚薦之群。待次循資，濫升太學，侵尋老耄，倖博一官，但圖身家之謀，無復功名之念。及今不嚴甄選，人材日陋，士習日非矣。」

上善其言，下所司行之。【考異】賀煬上書事，見明史張昭傳。傳言是年之秋，今據之。

16 冬，十月，己未，上獵南苑。

17 庚午，石亨以罪罷。

先是亨聞彪下詔獄，懼，請罪，上慰諭之；亨請盡削弟姪官，放歸田里，亦不許。及法司再鞫彪，言「彪初爲大同游擊，以代王增禄爲己功，王至跪謝，自是數款彪，出歌妓行酒。彪凌侮親王，罪亦當死。」因交章劾「亨招權納賄，肆行無忌，私與術士鄒叔彝等講論天文，妄談休咎。」上乃命錮彪于獄，罷亨閒住，絶朝參。

亨既得罪，時方議革奪門功，上以問李賢，賢曰：「迎駕則可，奪門豈可示後！天位乃陛下固有，奪即非順。時亦幸成功耳，萬一事機先露，亨等不足惜，未審置陛下何地？」上悟曰：「然。」賢曰：「若景泰果不起，群臣表請復位，此輩雖欲陞賞，以何爲功？老臣耆舊，依然在職，何至有殺戮降黜事，致干天象？招權納賄，何自而起？國家太平氣象，豈不益盛！易曰：『開國承家，小人勿用』，正謂此也。」上深然之。乃詔：「自今章奏勿用『奪門』字。諸冒功得官者，許自首更正。」凡罷黜四千餘人。

18 是月，命法司會廷臣霜降後録重囚，謂之「朝審」。遂爲定制。【考異】明史本紀，「每歲霜降録重囚」，明史稿則云「霜降前」，憲章録則云「霜降後」。證之刑法志，亦作「後」，從之。

19 十一月，癸巳，振湖廣饑，免其税糧。

20 是月，南和侯方瑛卒於鎮所。

瑛在湖廣、貴州，前後克寨幾二千，俘斬四萬餘，平苗之功，前此無與比者。至是卒，年四十五。上聞，震悼，賜謚忠襄。瑛天資英邁，通古兵法，嘗上練兵方略及陣圖，老將多稱之。時都督僉事李震，從瑛平東苗有功，至是即以震充總兵官，代鎮貴州、湖廣。【考異】方瑛卒在是年，見本傳。證之功臣表，在三年十一月，今據增。

四年（庚辰、一四六〇）

1 春，正月，丁亥，大祀南郊。

2 癸卯，下石亨錦衣衛獄。亨既罷，中官逯杲等奏：「亨怨望逾甚，與其從孫後日造妖言。且蓄養無賴，專伺朝廷動靜，不軌迹已著。」廷臣皆言不可輕宥，乃下亨詔獄。坐謀叛律應斬，籍其家。【考異】明史本紀，「正月癸卯，石亨有罪，下獄瘐死。」「二月丁卯，石彪棄市。」按亨死獄中，弇州考誤以爲二月癸亥，又四日丁卯誅石彪。明史稿分書之，下獄在正月癸卯，籍家在甲辰，亨死在二月癸亥，彪誅在丁卯，今據之。

初，上以復辟德亨，亨復薦千户盧旺、彦敬爲指揮，使侍上側，自是干請無虚日。亨每見上，出必張大其言，在亨門下者，得亨語即揚于衆，以爲聲勢。一時朝臣奔走恐後，以貨之多寡爲授職美惡，入之先後爲得官遲早。時有「朱三千，龍八百」之謡，謂郎中朱銓、龍文輩俱以賄被擢也。

杲本亨所擢，密受上旨，往往伺亨所爲以報。會彪謀鎮大同，爲天下精兵處，權傾人主。群疑其有異志，遂及于禍。【考異】三編質實云：「按明史紀事本末，瞽人童先者，出妖書曰，『惟有石人不動』，勸亨舉事。亨謂其黨曰：『大同士馬甲天下，吾撫之素厚。今石彪在彼，可恃也。異日彪佩鎮朔將軍印，專制大同，北塞紫荊關，東據臨清，決高郵隄以絶餉道，京師可不戰而困。』及保喇寇延綏，帝命亨往禦之。童先又力勸亨，亨曰：『爲此不難。但天下都司除代未周，待周，爲之未晚也。』先曰：『時者難得而易失。』亨不聽。會彪敗，罷亨，而亨謀漸急，事益露。其家人上告變，逮治之。據此，則亨不軌之謀，乃其家人所發，而明史亨傳以爲杲奏，存考。」按傳言「蓄養無賴，專伺朝廷動靜」，則當時必有發其陰事者。抑或杲具爰書時，使人告變，以爲不軌之左證。第野史所記，半出傳聞，而國史紀聞所載，尤多蕪雜，今仍參石亨本傳及三編，餘悉删之。

3 是月，天下朝覲官至京師，詔「出榜禁約，不許交通京官，餽送土物，亦不許下人挾讎告害。」

上又語李賢曰：「黜陟之典，亦宜舉行。」封曰：「此祖宗舊制。」時吏部、都察院黜不職者數百人，旌其才行超卓政績顯著者布政以下賈銓等十人，賜禮部筵宴並衣服楮幣遣之。

4 二月，壬子，廣西獞賊陷梧州。

5 癸亥，石亨瘐死獄中。法司請戮其屍，梟首示衆，上以李賢言，命瘞之。

6 丁卯，石彪棄市，後亦伏誅。

後中天順元年進士，助亨籌畫。時有都督杜清，出亨門下，後造妖言，有「土木掌兵權」語，——蓋言「杜」也。事覺，流金齒。

亨之敗也，有錦衣指揮劉敬坐飯亨直房，用朋黨律論死。時韓雍爲右僉都御史，佐寇深理院事，語深曰：「朋黨，謂阿比亂朝政也。以一飯當之，豈律意！且亨盛時，大臣朝夕趨門不坐，獨坐敬何也？」深嘆服，出之。

雍以景泰二年爲右僉都御史，巡撫江西，劾奏寧王兄弟相訐事，一時王府官皆得罪，軍民連逮者甚衆，寧王銜之。天順初，罷天下巡撫官，改山西副使。寧王因挾前憾，劾其擅乘肩輿諸事，下獄，釋之。尋起故官，佐理刑部。未幾，復命巡撫宣府、大同。

7 是月，擢布政蕭晅爲禮部尚書，又召致仕副都御史年富爲户部尚書。

時沈固罷，上以户部難其人，李賢薦「年富執法不撓，可居此職」，上然之。左右有不悦富者，謂賢「不宜再舉」。一日，上召賢曰：「户部之缺，恐非年富不可。」賢因述其不悦于衆，上曰：「富之執法，正宜居此。國計所關，豈顧私情！」遂召用之。

晅以吏部考察薦，故有是擢。【考異】蕭晅、年富擢召事，紀聞系之三年十二月，憲（意）〔章〕録在是年正月，蓋以晅考察在十人之列，因牽連並書召年富事也。證之明史年表，二人皆以二月間任，今系之是月下。

8 命皇子德王、秀王等出閣讀書。

9 陝西慶陽隕石，大者四五斤，小者二三斤，擊死人以萬計，又有傳石能言可駭。【考異】明史五行志不載。紀聞系之是月，二申野録同，今據之。

10 三月，庚辰，賜王一夔等進士及第、出身有差。——一夔，前推官王得仁子也。

11 乙酉，大雨雪，越月乃止。【考異】此據明史五行志，三編彙記之于四月。

12 戊戌，免南畿被災秋糧。

13 是月，召耿九疇爲南京刑部尚書，軒輗爲左都御史，總理南京糧儲。石亨既死，上每念二人廉正不易得，故相繼召用之。

14 夏，四月，己酉，分遣内臣盧永等督浙江、雲南、福建、四川銀課。浙、閩課額，大略如舊；雲南十萬兩有奇，四川萬三千有奇。總新舊額十八萬三千有奇。

15 壬子，襄王瞻墡來朝，上命百官朝王于邸，詔王詣天壽山謁三陵。及辭歸，禮送加隆，且敕王歲時與諸子得出城遊獵，蓋異數也。
16 五月，壬午，免畿内、浙江被災秋糧。
17 己亥，罷中官督蘇、杭織造。
18 六月，癸亥，免湖廣被災税糧。
19 秋，七月，乙亥朔，日有食之。
20 辛卯，自五月雨至是月，淮水決，没軍民田廬，遣使加意振卹，並所決城壖以次修築。
21 甲午，鎮守廣東太監覃記，誣奏廉州知府李遜縱民竊珠，徵遜下獄。遜悉發記杖人
至死及强斂民財物狀，上怒，令錮記，復遜職。
22 是月，徵天下逋逃工匠(九)〔凡〕三萬八千四百餘名，命吏部遣官二十員分往督捕。
23 下工部侍郎翁世資于獄。
初，蘇、杭等府織染局歲造上供，皆有定數。至是上遣内使增造綵緞七千匹，世資請
減之，上怒，下獄，尋貶衡州知府。
24 八月，戊午，上親諭户部免天下災田税糧。
25 甲子，韃靼保喇與瑪拉噶等分三道自大同威遠西擁衆南行，總兵官李文及宣府總兵
官楊能禦之。文等畏其鋒，不敢出。癸酉，寇大舉直抵雁門，掠忻、代、朔諸州，烽火徹京

師。居民驚走，擁入禁城，不能止。

李賢言于上曰：「宜出軍紫荊、倒馬二關。非欲與之對敵，一則安撫人民，一則使彼知懼，不敢深入。」會兵部奏請遣將統京軍赴大同，上曰：「緩不及事，徒勞士馬，惟駐關之策可行也。」于是遣都督顏彪領兵赴紫荊關，馮宗領兵赴倒馬關。寇知有備，尋引去。

26 九月，庚辰，保喇復犯大同右衛。

27 庚寅，命撫寧伯朱永、都督白玉、鮑政率京軍巡宣府邊。——永，謙之子也。

28 甲午，免江西被災秋糧。

29 冬，十月，甲子，上御西苑，閲京營將領騎射。令三營管操侯伯都督以下皆騎射，以三矢爲率，上親按籍記中矢多寡，賜鈔有差。

30 戊辰，幸南海子。

31 十一月，丁酉，復閲隨操武臣騎射于西苑。

32 是月，改蕭晅于南京，以南吏部侍郎石瑁爲禮部尚書。

33 閏月，丁巳，以月食失占，下禮部侍郎掌欽天監事湯序于獄。

上謂李賢曰：「月食人所共知，欽天監失于推算，以致救護不行。」因言：「序掌監事，遇有災異，多隱蔽不言，天文吉事，却詳書以進。朝廷正欲知災異以見上天垂戒，庶知修省。今序如此，豈爲臣盡忠之道！」賢封曰：「自古聖帝明王，皆畏天變，聖意實同。序罪可誅也。」尋貶序秩。【考異】明史本紀不載。史稿書「閏十一月丁巳」，蓋望後一日。天順日録書「閏十一月十六日」，是也。紀聞作「閏十月丁巳」，證之明史天文志，是年閏在十一月，蓋轉寫脱去「一」字耳。

34 己未，上幸鄭村壩，閱甲仗車馬。

35 十二月，戊寅，以巡撫直隸副都御史崔恭爲吏部侍郎。上以王翺年老，欲早得一人習練其事，翺與李賢合薦恭，上以爲得人。因與賢論人才高下，上曰：「若徐有貞，才學亦難得，當時有何大罪，祇爲石亨輩所害耳。」即日，傳旨釋有貞爲民。

有貞既歸，猶冀復召，時時仰觀天象，謂將星在吳，益自負，常以鐵鞭自隨，數起舞。及聞韓雍征兩廣有功，乃擲鞭太息曰：「孺子亦應天象耶！」——雍，同里人也。——有貞既不用，放浪山水間，十餘年而卒。【考異】崔恭授吏侍，據天順日録在十二月六日，「訪其人于李賢等，明日，恭以薦授吏部侍郎」。是月壬申朔，六日爲丁丑，又明日爲戊寅。至釋徐有貞，同在是時，而明史本紀不載。三編據實録系之是年十二月，與天順日録合，今類書之。

36 是歲，朝鮮與鄰部毛憐衛仇殺，詔禮科給事中張寧同都指揮武忠往解之。寧詞義慷慨，而忠驍健，張兩弓折之，射雁一發墜。朝鮮人大驚服，竟解其仇而還。中官覃包邀寧相見，不往。尋擢都給事中。【考異】事見明史張寧傳。證之朝鮮傳，在天順四年，今增。

五年（辛巳、一四六一）

1 春，正月，庚戌，大祀南郊。

2 二月，己卯，免山東被災稅糧凡二十四萬餘石。

3 甲午，保喇寇莊浪，詔都督馮宗率兵討之。

4 丙申，鎮守廣東中官阮隨奏：「大藤峽猺賊出沒兩廣，累年爲患；雖常會兵勦捕，而地里遼遠，又兩廣軍馬不相統屬，宜大舉以創之。」乃命都督僉事顏彪佩征夷將軍印，充總兵官，調南京、江西及直隸、九江等衞官軍一萬隸之。

5 是月，巡撫廣東葉盛奏：「廣東珠池經二次採取，今珠螺稀嫩，須暫停緩，方得長大。況雷、廉等府州縣夫、蜑，累被廣西流賊劫殺，必須大兵寧靖人力寬甦之日，方可採撈。」上命户部議行。

6 三月，壬子，免蘇、松、常、鎮四府被災稅糧凡五十三萬餘石。

7 甲寅，湖廣、貴州總兵官李震勦城步猺、獞，攻橫水、城溪、莫宜、中平諸寨，皆克之。長驅至廣西西延，會總兵官過興軍克十八團諸猺，前後俘斬數千人。

8 是春，以劉孜爲右副都御史，巡撫江南十府。孜以吏部考察，舉治行卓異，遂自山東按察使陞任左布政，至是命撫南畿。蘇、松財賦，自前撫臣周忱立法，後多紛更。孜至，首訪忱善政遺蹟，斟酌行之，民以爲便。

9 夏，四月，癸巳，保喇寇邊，入平虜城，誘指揮許顒等入伏死之。邊報日亟，乃詔兵部侍郎白圭督陝西諸軍討之。【考異】是年白圭凡兩命，此係督師七月之命，則贊馮宗軍務也。諸書多混，今分記之。

10 是月，上與閣臣李賢言：「今府庫錢糧，入少出多；且軍官俸一季關銀十四萬兩，何以爲繼？」賢對曰：「自古國家惟怕冗食，今一衛官有二千餘員者。」上令賢與吏、户、兵三部議之。「在京軍官老弱殘疾者，令兵部以次調外，却以軍補其闕，以省冗費。」上曰：「此時恐難行。」賢曰：「宜安静行之，如無事然，使其不覺可也。」上頷之。

賢又言：「今日軍官，有增無減。自古賞功之典，雖金書鐵券，誓以永存，然其子孫不一再傳而犯法，即除其國；或能立功，又與其爵。豈有累犯罪惡而不行革黜者！若再因循久遠，天下官多軍少，民困歲供，此不可不深慮也。」上曰：「此事誠可慮，然亦當徐爲之。」【考異】語見天順日録，書于五年四月，今據增。

11 五月，丙午，保喇犯宣府。

12 丁未，免河南被災税糧凡二十六萬石有奇。

13 是月，殺弋陽王奠壏。——王，寧獻王之庶孫也。

初，有錦衣衛指揮緝王烝母事，上遣人按問不實。復令奠壏兄寧王奠培具實以聞，奠培奏無其事。而是時中官逯杲，聽詗事者言，以爲實。迨上遣駙馬都尉薛桓與杲再按，會奠培奏亦至。上以責杲，杲懼，仍執如初，遂賜奠壏母子自盡，焚其尸。是日，雷雨大作，平地水深數尺，衆咸冤之。【考異】據天順日録系之五年二月，蓋據事發按問之月也。三編系殺奠壏于五月，據其見殺之月分，本之實録。其目中所記，皆與明史諸王傳合，今據書之。

14 下南雄知府劉實于獄。

實居官三十餘年，廉介愛民。中官過郡多邀索，弗與，遂折辱之，郡民大呼，擁實去，中官慚忿，誣以罪，逮下詔獄，瘐死。郡人哀而祠之。——實，江西安福人。【考異】據明史本傳，實以天順四年知南雄府，因記其忤中官下獄事。三編系之是年五月，據實録也。通紀系之景泰六年三月，證之本傳，實彼時以順天府治中召修宋元通鑑，至天順初還原任，四年擢知南雄府，是其下獄之在五年明矣。今據三編書之。

15 六月，丙子，保喇寇河西，官軍敗績，關中震恐。

壬午，復命兵部尚書馬昂總督軍務，懷寧伯孫鏜充總兵官，率京營軍禦之。未行而曹吉祥之亂作。

16 戊戌夜，彗星見東方，芒長三尺許，尾指西南。

17 是月，以天下水災，又值邊警，會昌侯孫繼宗、吏部尚書王翺等，請行寬卹之政以蘇民困，上有難色，不得已令條其不便于民者十數事，詔行之。

18 秋，七月，己亥朔，東方有黑氣，須臾蔽天。

19 庚子，太監曹吉祥及其從子欽反。

石亨之敗也，吉祥内不自安，漸蓄異謀。家故多藏甲，日犒諸達官，金錢穀帛恣所取，皆願盡力，結爲死黨。

千户馮益，曾于景泰間請徙上皇于沂州，復辟後，以吉祥庇得不誅，因客欽所。欽問曰：「古有宦官子弟爲天子者乎？」益曰：「君家魏武其人也。」欽大喜。

欽有家人百户曹福來者，得罪逃去，奏行捕治，欽乃别遣人尋獲，至家私掠死，爲言官所劾。上令逯杲按之，且降敕徧諭群臣：「毋自專干憲典。」欽驚曰：「前降敕遂捕石將軍，今復爾，殆矣！」反謀遂決。使其黨掌欽天監湯序擇以是月二日昧爽，欽自外擁兵入廢帝，而吉祥以禁兵爲内應。

謀既定，欽召諸達官夜飲。時懷寧伯孫鏜奉詔西征，將陛辭，是夜，與恭順伯吴瑾俱宿朝房。達官馬亮恐事敗，逸出，走告瑾，瑾趨告鏜，從長安右門隙投疏入。二人皆武臣，拙于書，惟曰「曹欽反，曹欽反」。上得奏，急縶吉祥于內，而敕皇城及京城九門（門）〔閉〕勿啓。

欽以亮逸，知事泄，中夜，馳往逯杲家殺杲；斫傷閣臣李賢于東朝房，以杲頭示賢曰：「杲激我也。」逼賢草奏釋己罪。無何，又執尚書王翺，賢乃就翺所索紙佯草疏，乃獲免。欽又殺都御史寇深于西朝房。

遂率衆攻東、西長安門，不得入，縱火。守衛者拆河壖磚石塞諸門，賊往來叫呼門外。鏜遣二子亟召西征軍，擊欽于東長安門，且大呼曰：「有獄賊反！」西征軍奔集至二千人，鏜曰：「不見長安門火耶？曹欽反，能殺賊者必得重賞！」欽先攻東安門不克，瑾將五六騎覘賊，道遇欽，力戰死。欽復縱火，門燬，門內聚薪益之，火大熾，賊不得入。天漸曙，欽黨稍稍散。鏜勒兵逐欽，鏜子軏，斫欽中膊。欽走突安定諸門，門盡閉，歸家拒戰。會大雨如注，鏜督諸軍奮呼入，欽投井死。其家無大小盡誅之。

20 壬寅，撫諭京城內外。

癸卯，磔吉祥于市，夷其族。

丙午，磔吉祥黨湯序、馮益、陳守忠、丁順等，皆籍其家。

額森特穆爾舊譯見前。以事覺，逃至通州，被獲，械送京師，均伏誅。

21 丁未，免南畿、應天等府被災稅糧凡五十九萬七千七百石有奇。

22 庚戌，以禽逆賊詔示天下，大赦，求直言。

時李賢上言：「曹賊就誅，此非小變。宜詔天下，一切不急之務悉皆停罷，與民休息。」又言：「自古治朝未有不開言路者，或設敢諫之鼓誹謗之木以導之；或舉旌獎賞勞陞用之典以勸之；猶慮其緘默自保，或設不言之刑以懼之。聖帝明王，其惓惓求言若此者，唯恐不得聞其失也。惟姦邪之臣，惡其攻己，必欲塞之以肆其非。由是覆宗絶嗣，陷於大戮而不悟矣。」上曰：「此吉祥、石亨、張軏輩實爲之，宜列之詔中，咸使聞知。」

23 丁巳，河溢開封。城中水深丈餘，官舍民居漂没者過半；周王及諸守土官，皆乘舟筏避于城外，軍民死者不可數計。詔侍郎薛遠往視。

24 戊午，上以孫鏜不行，邊報益警，乃以馮宗充總兵官，禦保喇。又以李賢薦，起副都御史王竑于家，與兵部侍郎白圭參贊軍務。【考異】據明史白圭本傳，「是年，保喇寇莊浪，與都御史王竑贊都督馮宗軍務。」竑傳亦云：「都督馮宗出師，用李賢薦起竑故官，與兵部侍郎白圭參贊軍務。」據此，則圭與竑同參贊馮宗軍務。明史統系之七月，三編據之，皆本實録。明書以爲白圭班師，誤也。

25 辛酉，保喇上書乞和。

26 丙寅，彗星自前月晦見，至是凡二十九日始滅。

27 是月，追封吴瑾涼國公，謚武壯。贈寇深少保，謚莊愍。【考異】明史吴允誠傳，「瑾謚忠壯」，功臣表又作「武壯」，三編作「武莊」，疑「莊」爲「壯」之誤也。

進孫鏜爵爲侯。又以馬亮告反，授都督。【考異】諸書皆作「完者秃亮」。按亮以達官客曹欽家，完者其番名也。三編、明史皆作「馬亮」，今從之。

28 以李賓爲右都御史。

寇深之遇害也，上以此職非輕，難其人，李賢請令六部共舉。已，舉三人，以南京刑部尚書蕭維禎居首。賢請用之，上曰：「此人曾經吉祥力薦，必其黨與，非端士也。」上以大理卿李賓年雖少，久典刑名，復詢之王翺等，遂有是命。

29 八月，壬申，寇犯永昌。甲戌，又犯甘州。

30 甲申，加李賢、王翺皆太子少保。

時上敕吏部曰：「學士李賢爲賊傷，乃能力疾辦事，忠勤可嘉，宜進秩酬之。」賢等固辭，不許。【考異】事見天順日録，云「八月十六日」。是月己巳朔，今據書之。

31 是月，保喇寇西番，遂入涼州，守將都督毛忠禦之。鏖戰一日夜，矢盡力疲，寇來益衆；忠意氣彌厲，拊循將士，復殊死鬥，寇卒不能勝。會宣城伯衛穎援至，寇解去，忠竟全師還。

32 上既擢李賓，而大理寺卿未除。一日，與李賢論人才，因及工部尚書趙榮，賢曰：「此人可取。且如曹賊反時，文臣皆畏縮不敢前，獨榮被甲走馬呼于軍曰：『好漢皆來從我！曹家亂臣賊子，當共剿殺。我輩忠臣義士勿避也！』于是從者數十百人。」上聞，嘆曰：「此忠臣也！」乃命榮以工尚兼大理卿，食兩俸。【考異】明史七卿表，李賓任右都在七月，趙榮兼大理在八月，今據表分書之。趙榮事見明史本傳，紀聞作「劉榮」，誤。

33 岳正之在戍也，上每念及，輒曰：「岳正到好，只是大膽。」至是曹、石敗，上思其言，乃放還爲民。正自爲像贊，述上語，以爲之死靡憾。人謂其果于自信云。

34 賜兵部尚書馬昂玉帶及繡金麒麟服。昂初附曹吉祥，嘗薦曹欽，得管大營禁兵，至是以誅欽有功，因得掩其薦欽之罪。自是寵待特厚，賜賚無虚日。

35 九月，壬戌，巳時，京師地震，有聲起自西南方，至東南方止。

36 冬，十月，壬申，以西邊用兵，令河南、山西、陝西士民納馬者予冠帶。

37 保喇之乞和也，上遣都指揮詹昇，竇顯等賫璽書往諭降。自是凡三乞和，皆許之。辛卯，昇等至塞外，保喇聽命，遣使來貢，受約，又請改大同舊貢道而由陝西蘭縣入，朝議許之。

初，韃靼入寇，或在遼東、宣府、大同，或在寧夏、莊浪、甘肅，去來無常，爲患不久。景泰初，始犯延綏，然部落少，不敢深入。嗣後有韃靼部下阿勒楚爾者，舊作阿羅出。率其屬潛居河套，遂逼近西邊，出没爲患。

河套，古朔方地，唐張仁愿築三受降城處也。地在黄河南，自寧夏至偏頭關，延袤二千餘里。其外爲東勝州，在受降城之東。明初置衞控之，厥後以曠絶内徙，虜始渡河犯邊。于是保喇與小王子及瑪拉噶等舊譯見前卷。先後繼至，掠我邊人以爲嚮導。自請改道陝西，每歲入貢而寇掠如故。河套之患始此。【考異】河套事，通紀系之五年冬。證之明史韃靼傳，言入河套在天順間，而受約入貢及請改道陝西皆在五年，此即虜入河套之張本。今並系之請降入貢下。

38 十一月，丁酉朔，日有食之。【考異】諸書多系日食于九月之朔，明書以九月之朔爲戊戌。明史、三編據實録爲十一月丁酉日食，今從之。

39 丙辰，上召閣臣李賢于文華殿，語曰：「曹吉祥非無功，一旦犯法，誅殛無遺。且朕在南城時，若輩如何？一旦得志，却又忘之。朕今復位五年矣，未嘗一日忘在南城時。是以每日視朝，朝母后畢即親政務，覽章奏。至于飲食未嘗揀擇去取，衣服亦俱從便。」

賢曰：「如此節儉，益見盛德。若朝廷節儉，天下百姓，自然富庶可期。」上曰：「願卿勉輔朕躬，君臣一德。」【考異】語見天順日録，云「十一月二十日」，是月丁酉朔，今據之。

40 壬戌，幸南海子。

41 十二月，癸巳，太白晝見。

42 是冬，命李震專鎮湖廣。以李安充總兵官，鎮貴州。

43 是歲，四川松潘蠻叛。

松潘地雜番、苗，舊設參將一人，事權輕。會守臣告警，朝議設副總兵，以都督同知許貴充總兵官鎮守。未抵鎮而山都掌蠻叛，詔便道先討之。貴分兩哨，直抵其巢，連破四十餘寨，斬首千一百級，生擒八百餘人，餘賊遠遁。貴亦感嵐氣，未至松潘卒。上爲輟朝一日，賜賻及祭葬如制。【考異】事見明史許貴本傳。傳云，「天順五年」，今系之是年之末。

明通鑑卷二十九

紀二十九起玄黓敦牂（壬午），盡閼逢涒灘（甲申），凡三年。

江西永寧知縣當塗**夏　燮**編輯

英宗睿皇帝後紀

天順六年（壬午、一四六二）

1 春，正月，丁未，大祀南郊。

2 戊申，保喇遣使入貢。時白圭、王竑巡視西邊，圭遇寇于固原川，竑遇寇于紅崖川，皆破之。保喇尋入貢謝罪。

時保喇與穆爾格爾舊譯見前卷。相仇殺，會穆爾格爾死，衆共立其兄蒙古勒克埒青吉思，舊作馬古可兒吉思。亦號「小王子」。自是韃靼部長益各專擅，延綏邊事日棘矣。

3 二月，癸酉，以書諭保喇，令自後仍從大同入貢。

4 丙戌，建東安、東上二門。

5 是月，遣學士錢溥、給事中王豫封黎灝爲安南國王。灝，麟次子也。初，黎麟死，子濬立，爲庶兄琮所弒，以濬游湖溺死聞。朝廷不知，方遣人弔祭，而琮已爲國人所誅，立濬弟灝。灝既立，連遣使朝貢請封。上命廣西守臣覈實，奏請從之，尋有是命。【考異】明書系封安南國王于是年二月。證之安南傳，年月悉同，今參列傳書之。

6 三月，癸丑，召馮宗、白圭還，王竑仍留鎮西邊。【考異】明史本紀書「召馮宗等還」。證之王竑傳，是月，「白圭召還，竑仍留鎮」，是馮宗、白圭同日召還也，今據之。

7 是月，陝西管糧通政司參議尹旻奏：「寇退河開，軍馬衆多，人民供輸困極，請罷兵。」朝議慮有後警，難之。李賢上言：「兵可暫不可久，暫則壯，久則老。且寇在邊，安能保其不來侵犯！若慮其復來，更無退兵之時。今陝西人民困極，宜如旻言，暫退軍馬以紓供億。莫若令彼處官軍且耕且守，調去軍馬俱令暫回，祇留文武官各一員提督城堡、軍糧，庶爲允當。」上以賢言是，命廷議從之。

8 夏，四月，壬申，免河南、開封等五府所屬四十州縣去年被災稅糧凡二十八萬四千餘石。

9 是月朔，奉天門奏事，禮部尚書石瑁，以授敕失儀請致仕，許之。既念瑁爲人篤實，復命王翺、李賢議留。其年十二月，卒于任。

10 五月，庚子，征蠻將軍顔彪討大藤峽猺賊，克之。

先是大藤之亂，兩廣猺、獞蠭起，廣西殘毁殆徧。彪至，會兩廣巡撫葉盛攻破七百餘寨，遂駐軍大藤峽，進擊龍山，直抵梧、潯，所向皆捷。而彪多濫殺冒功，謗者並以咎盛，于是復命吴禎撫廣西，而盛專撫廣東。【考異】明史本紀書顔彪討平兩廣諸猺。三編則但書破廣西猺賊，目中所載，即大藤峽賊也。證之葉盛傳「是時進兵皆在廣西。因濫殺冒功，並以咎盛。乃調盛專撫廣東。」至三編所記「剿捕不盡，盗不久即發」，則所謂「討平」者，亦奏報語耳。今據三編。

薛應旂曰：何喬新言葉盛巡撫兩廣，合兵剿賊，屬廣東參議朱英督察奸弊。參將范信以兵會剿大藤峽，信利擄掠，馳至横、廉間，誣宋泰、永平等鄉居民皆賊，屠戮殆盡，又欲并進城等鄉屠之以爲功。英力争其非辜，且遣間使請盛亟班師，諸鄉民始免屠戮。由此觀之，當時所謂破賊寨八百，禽斬數萬，平民之殃及者不知凡幾矣。盛被殺降之謗，殆亦有由。故曰，兵者聖王不得已而用之者也。

11 己未，免陝西被災秋糧。

12 是月，禁內外一切酷虐刑具。

13 六月，戊辰，淮王祁銓來朝。

14 己丑，太白晝見。

15 是夏，湖廣總兵官李震，率師由錦田、江華抵雲川、貴嶺、橫江諸寨，破猺賊，俘斬二千八百餘人。

16 秋，七月，淮安海溢，溺死鹽丁一千三百餘人，命免兩淮鹽課三十萬引。

17 八月，庚午，太白、歲星同晝見。

18 是月，學士呂原以母喪歸，詔葬畢起復。原請終制，不許。【考異】原丁母憂，明史本紀不載，明史稿系之十月。按原以十一月卒，見明史宰輔表。證之原傳，「原乞終制，不許，乃之景州，啓父兄殯歸葬，舟中哀毀羸瘠。抵家，甫襄事而卒。」據此，則原之卒，去憂歸不止踰月也。通紀、憲章録俱系原丁憂于八月，今據之。

19 九月，乙未，皇太后孫氏崩。

20 是月，廣錦衣衛獄。

初，逯杲給事門達左右，達倚爲腹心，及杲得志，達反爲之用。至是杲已死，達欲踵其所爲，益布旗校于四方，告訐者日盛。尋以囚多，獄舍不能容，請城西武庫隙地增置之。

21 冬，十月，戊辰，上大行皇太后尊謚曰孝恭皇后。【考異】明史后妃傳，上尊謚系之九月下，因太后之崩牽連並記耳。證之明書綸涣志，則詔書中云「十月初七日」。是月壬戌朔，則上尊謚在戊辰也。今據之。

22 十一月，甲午，葬孝恭章皇后于景陵。【考異】明史稿，葬孝恭皇后系之十月丙戌。按三編亦系之十一月，與明史本紀同。二書皆據實録，今從之。

23 是月，保喇要劫三衛寇邊，寧夏兵擊走之。自是每藉入貢之名，往來塞下，殆無虚日。

24 翰林學士吕原卒。

初，原與岳正劾曹、石致上怒，上以原素恭謹，罷正，特留之。至是以母喪歸葬，哀毁羸瘠，甫襄事而卒。贈禮部左侍郎，謚文懿。

25 是冬，召王竑還。

26 是歲，山西巡撫李侃，以考察屬吏，奏罷布政使王允、李正芳以下百六十人。並自劾請罷，詔不許。其年冬，以母喪歸，軍民擁泣，至不得行。服除，遂不出，家居十餘年。

27 兩廣之亂，陶魯時以父蔭授新會縣丞。時新會土寇蜂起，魯以孤城守禦，賊來，輒擊敗之。會秩滿，巡撫葉盛上其績，就遷知縣。尋以破賊功進廣州同知，仍知縣事。【考異】李侃、陶魯事，見明史本傳，今增入是年之末。

七年（癸未、一四六三）

1 春，正月，丙午，大祀南郊。

2 丙辰，湖廣洪江苗叛，詔湖廣、貴州諸將會師討之。【考異】明史本紀書討洪江苗于是年閏七月戊寅，明史稿系之正月丙辰，蓋一據其奏叛之月日，一據其討平之月日也。今據史稿，並湖廣、貴州會討牽連記之。湖廣、貴州，時則總兵官李震、李安也。

3 是月，以姚夔爲禮部尚書。【考異】諸書皆系之二月，今據明史七卿表，夔以正月（在）〔任〕。又，通紀作「吏尚」，亦誤也。夔調吏部在成化六年，明史本傳可證也。今據表、傳。

4 二月，壬戌，以詹事陳文爲禮部侍郎兼翰林學士，入閣。

呂原之卒也，上問李賢：「孰可代者？」賢以詹事柯潛對。出，告王翺，翺曰：「陳文以次當及，奈何抑之？」明日，賢入對，如翺言。文既入閣，數撓賢以自異，曰：「吾非若所薦也。」

5 戊辰，會試，貢院火。御史焦顯扃其門，燒殺舉子九十餘人。詔以八月補行會試。

6 是月晦，夜半，空中有聲。李賢奏：「無形有聲，謂之鼓妖。上不恤民，則有此異。」乃命賢條寬恤事宜以進。

7 三月，壬寅，詔行寬恤之政。

時李賢復請罷江南所進緞匹及中官採辦，止各邊守臣進貢等事，不從。尋詔停各處銀場。【考異】明史本紀書「三月壬寅旱」。證之明書所載寬恤詔文，有「畿内去冬少雪，今春缺雨」云云，故實録書旱，明史據之。其實以鼓妖事，李賢奏請寬恤，明史五行志所載，與天順日録同，此爲詔行寬恤之張本。以鼓妖五行之異，不便見之詔書，故云旱耳。

8 是月，進兵部侍郎白圭爲工部尚書。

9 福建上杭賊起，巡按御史伍驥討平之。

先是賊擾上杭，都指揮僉事丁泉，汶上人，善捍禦，賊屢攻城，皆却之。已而賊轉熾，驥聞，立馳入汀州，調援兵四集。驥單騎詣賊壘，賊不意御史猝至，皆擐甲露刃。驥從容立馬，諭以禍福，賊感其至誠，有泣下者。一時歸附之衆，凡一千七百餘户，給以牛種，俾復故業。惟賊首李宗政負固不服，遂與泉深入，破之。泉力戰遇害。驥弔死恤傷，激以忠義，復與賊戰，連破十八寨，俘斬八百餘人，四境悉平。

而驥冒瘴厲成疾，班師至上杭卒。軍民哀之如父母，旦夕臨者數千人，争出財立祠。成化初，以知縣蕭弘請，詔與泉並祀，賜祠名「褒忠」。【考異】伍驥平上杭賊事，見明史本傳，在天順七年。明書系之三月，今據增。

10 是春，復命副都御史王竑巡撫淮揚，兼督漕務。淮揚士民聞竑再至，歡呼迎拜，數百里不絕。

11 夏，四月，壬午，逮宣大巡按御史李蕃下獄。時錦衣門達，遣偵事者四出。蕃以擅撻軍職逮治，荷校于長安左門，數日卒。

12 丙戌，復遣中官督蘇、杭織造。

13 五月，己丑朔，日有食之。

14 甲寅，遼東巡按御史楊璡，亦以擅撻軍職逮治。

15 六月，丁卯，復逮巡按山西御史韓祺，荷校于長安門，數日卒。

16 秋，七月，庚戌，免陝西被災稅糧凡九十一萬石。

17 閏月，甲戌，追上宣宗故后胡氏尊謚曰恭讓。章皇后孫太后之崩也，皇后錢氏爲上言：「胡后賢而遜位，其没也，人畏孫太后，斂葬不如禮」，因勸上復其位號。上問李賢，賢對曰：「陛下此言，天地鬼神，實監臨之！臣以陵寢、享殿、神主，俱宜如奉先殿式。」上皆從之。【考異】上胡后尊謚，明史本紀系之閏月，三編同，皆據實録也。憲章録作「七月」，明史后妃傳亦作「七年七月」，蓋轉寫脱「閏」字耳。

18 戊寅，洪江叛苗平。

19 八月，禮部奏請補行會試，從之。並贈被焚之貢士皆賜進士出身。

20 巡撫宣大僉都御史韓雍，以議事入覲，上壯其貌，留爲兵部右侍郎。復問李賢曰：「誰可代雍者？」賢薦山東按察使王越。召見，越偉服短袂，進止便利，上喜，擢右副都御史，遣之。

21 九月，甲戌，敕廣東總兵官歐信、巡撫葉盛會廣西總兵官泰寧侯陳涇剿兩廣猺賊。——涇，珪之曾孫，瀛之弟也。

信以參將守備廣東，盛薦其廉勇，進都督同知，爲副總兵官。時廣西參將范信守潯、梧，陰納猺賂，縱使越境流劫，于是雷、廉、高、肇，悉被寇。奏聞，詔尅期會剿。

未幾，涇以罪徵，乃擢范信充副總兵鎮廣東，而命歐信佩征蠻將軍印，代涇鎮廣西。

22 冬，十月，丁酉，振陝西西安諸府饑，凡出粟一百八十萬餘石。

23 丁未，命巡撫廣西僉都御史吳禎節制兩廣諸軍，討猺賊。

24 十一月，癸酉，廣西猺賊夜薄梧州城，時總兵陳涇駐兵城中，方會議調兵，而賊以三更駕梯入，涇不覺。賊遂入府治，劫官庫，放罪囚，殺人無算，大掠城中，執副使周璹爲質，殺訓導任璩。有致仕布政宋欽，挺身出，諭以大義，亦爲賊害。賊聲言：「官兵莫動，動則殺周副使。」于是涇但擁兵自衛，不敢發一矢，縱賊出城而與講和，賊亦尋遣璹還。

時官軍數千，賊僅七百騎。事聞，上降旨切責而已。

25 壬午，以刑部囚自縊，諸給事中劾紀綱廢弛，乃下都御史李賓、右副都御史林聰于獄，尋釋之。【考異】明史本紀但書二人下獄，證之林聰本傳，則以刑部囚自縊，給事中劾之也，今據增。

26 是月，下錦衣指揮同知袁彬于獄。

彬與門達同掌錦衣衛事，彬恃上舊恩，不爲達下。達深銜之，乃誣奏彬罪，且言其受曹、石賄，下之獄。上語達曰：「任汝往治，但以活袁彬還我。」獄鍛鍊成，有軍匠楊塤者獨不平，爲彬訟冤，上疏言：「昔者駕在北庭，獨彬以一校尉保護聖躬，備嘗艱苦。今猝然付獄，誠所不解。乞御前録審，俾死無遺憾。」並羅達諸不法狀，擊登聞鼓以進。詔並下逮治。

時學士李賢方被寵任，數陳達罪，達恨入骨，欲并去之，乃榜塤究主使。塤知達意，謬應曰：「此李學士教我也。」達大喜，即奏聞，請法司會鞫午門外。上遣中官裴當監視，達欲執賢爲質，當曰：「大臣不可辱。」乃止。及訊，塤大言曰：「吾小人，何由見李學士！此實門錦衣教我言之。」達色沮，不能言。彬亦歷數達納賄狀。法司畏達，不敢聞，坐彬絞輸贖，塤論斬。上命彬贖罪畢，調南京錦衣衛，而禁錮塤。久之，塤亦論釋。【考異】袁彬下獄，諸書皆系之八月，蓋據其誣奏彬罪之始也。三編據實録系之十一月，證之明史彬傳，言「彬獄既解，越二月，英宗崩」。據此，則彬以十一月釋之獄中，尋調南京也。三編質實云：「『楊塤』或作『楊瑄』，爲彩漆軍匠。」按憲章録作「瑄」。通紀，「塤」「瑄」並書，尤失之，今據三編。

27 十二月，辛卯，復下刑部尚書陸瑜及侍郎周瑄、程信于錦衣衛獄，尋釋之。

初，瑄以刑部右侍郎出振順天、河間饑，未竣而上復辟，有司請召還，不許，復賜敕令便宜行事。瑄偏歷所部，大舉荒政，先後振饑民二十六萬五千，給牛種各萬餘，奏行利民八事。事竣還，轉左。時上方任門達、逯杲，數興大獄，瑄委曲開諭，多所救正，復飭諸郎毋避禍，以故行部定罪者，不至冤濫。官刑部久，意主寬恕，不爲深文。同佐部者，安化孔文英，爲御史時按黄巖妖言獄，當坐者三千人，皆白其誣，僅解首從各一人論罪。及是居部，與瑄並稱長者。是年，瑄以刑侍署工部尚書，遂並入瑜獄逮治。

信以天順二年以僉都巡撫遼東，都指揮夏霖恣不法，僉事胡鼎發其四十罪，信以聞，下霖錦衣獄。門達以信不當代奏，請責令陳狀。會寇深方掌都察院，修前在遼東隙，劾信，徵下詔獄，降南京太僕少卿。五年，召爲刑部侍郎，至是以獄囚論劾。

又，二人者皆門達所不悦，因並搆之。未幾，瑄仍署都察院事。【考異】下陸瑜等三人于獄，見明史本紀、七卿表，但系陸瑜下獄于十二月。蓋七卿至都御史而止，故侍郎不及也。至下獄之由，史傳不見，以李賓、林聰下獄證之，意即以刑部繇囚一事，又其時門達用事，從中搆之也。今參瑄、信本傳書之，惟瑄傳遺去下獄事。

28 是月，保喇復來貢。入關，上欲却之，以學士李賢言而止。

29 是冬，湖廣總兵官李震平赤谿、湳洞諸苗。二部舊置長官司，至是叛苗據之。震會貴州總兵官李安分道進討，斬賊渠飛天侯等，破寨二百，遂復長官司。進震都督同知。

30 是歲，擢項忠右副都御史，巡撫陝西。忠以天順初歷陝西按察使，母憂歸，部民詣闕乞留，詔起復。陝西連歲饑，忠發廩振之，奏請輕罪納米，民賴以濟。是年，召爲大理寺卿，部民乞留如前，遂晉官。忠平洮、岷叛羌，開龍首渠，引水入城，又疏鄭、白二渠，溉涇陽、三原、醴泉、高陵、臨潼五縣田七萬餘頃，民祠祀之。【考異】項忠以是年巡撫陝西，事見本傳。明書、通紀書濬鄭、白二渠于是年十月，亦不言忠所濬。今參之本傳，並系之是年之末。

八年（甲申、一四六四）

1 春，正月，乙卯，上不豫。

2 己未，皇太子攝事于文華殿。先是上卧疾文華殿，有間東宮于上者，上頗惑之，密告大學士李賢，賢頓首伏地曰：「此大事，願陛下三思！」上曰：「然則必傳位太子乎？」賢又頓首曰：「宗社幸甚！」上起，立召皇太子至。賢扶太子令謝。太子謝，抱上足泣，上亦泣。讒竟不行。

3 庚申，太白晝見。

4 乙丑，雨木冰。

5 己巳，大漸，命太監牛玉執筆草遺詔。

初，太祖崩，宮人多從死者，歷成祖、仁、宣二宗皆用殉，多者至數十人。景泰帝以郕王薨，猶用其制。至是遺詔始罷宮妃殉葬。閣臣捧詔驚愴，以爲真盛德事。

6 庚午，帝崩，年三十有八。

帝承仁、宣之業，海内富庶，朝野清晏，老成勳舊，綱紀秩然。徒以王振專權，遂至乘輿播遷，蒙塵塞外。復辟之後，困心衡慮，稍稍振作，而宦寺之弊，因循不除。吉祥既誅，紀綱、門達輩猶踵覆轍，抑何痼蔽之深也！若其釋建庶人，追上胡后謚號，首罷宮妃殉葬，此則盛德之事，可法後世者矣。

乙亥，太子見深即皇帝位。大赦天下。以明年爲成化元年。免天下明年田租三之一。浙江、江西、福建、陝西、臨清鎮守内外官、諸邊鎮守内官，凡正統間所無者悉罷之。下番使者及緝事官校皆召還。

7 是月，釋前參政羅綺于獄，赦爲民，並還其家産。

8 侍讀學士錢溥以罪貶官。

初，溥嘗授内使書，東宮内侍王綸從受學焉。先帝疾篤，綸私詣溥計事，大學士陳文與溥比舍居，密覘之。已而帝崩，首輔李賢當草詔，文起奪其筆曰：「無庸，已有草者。」因言：「溥、綸定計，欲以溥代賢，而以兵部侍郎韓雍代尚書馬昂。」賢怒，發其事。會大斂時綸衰服襲貂，上惡之，因數綸罪，執下獄，詞所連者十餘人。謫溥順德知縣。雍亦文素所不悦者，坐累貶浙江參政。【考異】明史本紀不載，事見陳文傳。三編系之正月，與憲章錄、明書合。明書書「正月壬午」，蓋是月二十九日也，今系之正月下。

9 二月，乙未，上大行皇帝尊謚曰睿皇帝，廟號英宗。【考異】明史英宗紀作「三月乙未」，蓋沿明史稿之誤也。三月無乙未，是年二月甲申朔，乙未爲二月十二日。證之明書綸涣志上謚號詔文云：「兹于二月十二日祇告天地宗廟，奉上皇考大行尊謚」云云，正二月乙未日也，今據改正。

10 庚子，始以内批授官。

舊制，授官必由閣部，上即位，初命中官傳旨，用工人爲文思院副使。自後相繼不絶，一傳旨，姓名至百十人，謂之「傳奉官」，自文武下及僧道，濫恩者以千數。

11 是月，下錦衣指揮僉事門達于獄。

初，達以王綸將柄用，預爲結納。綸敗，達謫貴州都勻衛，甫行，言官交章劾之。都御史李賓疏言：「達恃恩藐法，玩弄威權，文網苛細，大獄屢興，假託上旨，官校驛騷，子弟奸比，罪浮于譴謫，當正國法。」于是逮達下獄，論斬，籍其家。後貸死，戍廣西南丹衛。達既敗，乃以袁彬復掌錦衣衛事。達既謫，彬餞之于郊，並厚贐之，一時皆稱彬爲長者。

12 晉閣臣李賢少保、吏部尚書兼華蓋殿大學士，陳文吏部左侍郎，彭時右侍郎，皆兼學士。

13 復定襄伯郭登爵，鎮甘肅。

登以陳汝言黨奪爵，至是復之。【考異】登以天順二年奪爵，八年復爵，皆見功臣表。惟表系復爵于三月壬辰，三月無壬辰也。弇州考誤作「二月壬辰」，今系之二月下。

14 三月，甲寅朔，尊皇后爲慈懿皇太后，貴妃周氏爲皇太后。

上即位，命議上兩宮尊號。中官夏時希周貴妃旨，言：「錢后久病，不當稱太后。而貴妃，上生母也，且宣德間有故事。」閣臣李賢、彭時持不可，曰：「今日事與宣德異。胡后上表讓位，故正統初不加尊號。今名分固在，安得爲比？」中官曰：「如是，何不草讓表？」時曰：「先帝存日未嘗行，今誰敢草！且朝廷所以服天下，在正綱常。若不爾，損聖德非小。人臣阿意順從，是萬世罪人也。」中官復怵以危語，時拱手向天曰：「太祖、太宗，神靈在上，孰敢有二心！錢皇后無子，何所規利而爲之争？義不忍默者，欲全主上盛德爾。若推大孝之心，則兩宮並尊爲宜。」賢亦極言之，議遂定。將上册寶，時又曰：「兩宮同稱則無別，錢皇后宜加二字以便稱謂。」從之。

越數日，中官覃包至内閣曰：「上意固如是，但迫于周太后，不敢自主。非二公力争，幾誤大事。」時閣臣陳文默無一語，聞包言，甚愧之。【考異】明史本紀書上兩宮尊號于三月甲寅朔，諸書多系之正月者，因上即位命廷臣議兩宮稱號，牽連並記耳。而明書直稱「正月丙子」，在即位之次日，是時大行謚號未加，必無先期上兩宮尊號之理。又證之明書綸涣志，載上兩宮尊號詔文在三月二日，則先期禮成，越日詔告天下，與明史本紀合。其書于即位之次日者，仍沿野史之誤耳。今從明史本紀。

15 戊午，放宮人。

時日黯無光，李賢偕同官上言：「日者君象，君德明則日光盛。惟陛下敬以修身，正以御下，剛以斷事，明以察微，持之不怠，則天變自弭。」又言：「天時未和，由陰氣太盛。自宣德至天順間，選取宮人太多，浣衣局没官婦女，愁怨尤甚，宜皆放還。」上從之，中外大悅。

16 丙寅，毁錦衣衛新獄，蓋門達所增設者。李賢等屢以爲言，至是達敗，始毁之。

17 庚午，賜彭教等進士及第、出身有差，蓋去年八月補行會試貢士，至是始廷試。

18 癸酉，詔内閣九卿考覈天下方面官。黜河南布政使侯臣等十三人，以王恕爲河南布政使。

19 戊寅，復立團營。

時會昌侯孫繼宗等，「請于五軍神機三千營，選壯勇官軍一十二萬，分爲十二營：曰奮武，曰耀武，曰練武，曰顯武，曰敢勇，曰果勇，曰鼓勇，曰效勇，曰立威，曰申威，曰揚威，曰振威，各命侯伯都督等官坐營團練」，從之。詔：「繼宗同太監劉永誠總管提督，每遇操時，仍遣給事中御史各一員巡察。」

20 是月，召楊瑄、張鵬還，復岳正官，御史呂洪請之也。

正自以還朝當大用，而李賢欲用爲南京國子祭酒，正不悦。有忌正者，僞爲正劾賢疏，由是賢嗛之。【考異】三編書召岳正還于三月。按正自戍所召還，在天順五年誅曹、石後，時斥爲民，此更復其官，今分別書之。呂洪請召楊瑄，並見正傳。今據憲章録增入張鵬，蓋鵬之召還，亦見明史本傳。

21 是春，御史陳選言：「韃靼部落，保喇最强，又密招三衛諸番，相結屯住。去冬來朝，要我賞宴，窺我虚實，其犯邊之情已露。而我邊關守臣，因循怠慢，城堡不修，甲仗不利，軍士不操習。甚至富者納月錢而安閒，貧者迫饑寒而逃竄，邊備廢弛，緩急何恃？乞敕在邊諸臣，痛革前弊，歲遣大臣巡視，庶邊防有備，寇氛可戢。」報聞。

22 夏，四月，癸未朔，欽天監推日食不見。

上以天文生賈信所言天象，非惟術數不精，且事涉輕率，下之獄。

23 甲午，奉孝恭章皇后祔廟。

24 壬子，發内帑七十六萬餘兩犒邊軍。

25 是月，召郭登總神機營兵，命内官十二人坐營管操。

26 户部尚書年富卒。

富以「陝西頻用兵而治餉非人，請黜左布政孫毓，用右布政楊璿、參政婁良及西安知府余子俊」。吏部尚書王翺論「富侵官，請下于理」，富力辨曰：「薦賢爲國，非有所私也。」因乞骸骨。上慰留之，爲黜毓。頃之，富病疽卒，賜謚恭定。【考異】年富之卒，諸書多系之五月，今據七卿表，在四月。

27 五月，丁巳，大雨雹，大風飄瓦，拔郊壇樹。敕群臣修省。

時大學士李賢上言：「天威可畏，乞陛下凜然加省，無狎左右近幸，崇信老成，共圖國是。」上嘉納之。【考異】明史本紀作「五月丁巳」，證之五行志同，明史稿作「丙辰」，今從明史。

28 庚申，葬睿皇帝于裕陵。

29 是月，翰林院編修張元禎上疏陳三事：「一勤講學。毋間寒暑，所講必切于修德爲治之實，不必以亂亡忌觸爲諱。一公聽政。請日御文華殿，午前進講，午後聽政，天下章奏，命諸臣詳議可否，陛下親臨裁決，俾得失利病，下情得以畢達。一廣用賢。請命給事中、御史各陳兩京堂上官賢否，亦許在京五品官指陳之，以爲進退，又令共薦有德望者以代所去之位。有剛正敢言者，舉爲臺諫，不必論其言貌、官職、出身；但不宜委之堂上官，恐憚剛方而薦柔媚者以充數，以至所舉之人感其推薦，不敢直斥其非，是以古者大臣不舉臺諫。」疏入，以言多窒礙難行，寢之。

先是上踐阼，元禎疏請行三年喪，不省。未幾，預修英宗實録，與執政議不合，遂引疾歸。【考異】元禎上三事，事見明史本傳，書是年五月，至請行三年喪又在前，故諸書多系之三月。今牽連書之。

30 南京給事中王徽，與同官王淵、朱寬、李翔、李鈞上疏陳四事。末言：「自古宦官，賢良者少，奸邪者多。若授以大權，致令敗壞，然後加刑，是始愛而終殺之，非所以保全之也。近有無恥大臣，結交内宦，或行叩頭之禮，或有翁父之稱，因而鬻獄賣官，擅作威福。應請今後内臣，一遵高皇帝舊制，毋令預政典兵，置産立業。家人義子，悉編原籍爲民，嚴禁官吏與之交接。惟厚其賞賚，使得豐足，無復他望，此國家之福，亦宦官之福也。」又言：「制置奄宦之法，莫良于宋。故終宋之世，宦官鮮專政亂國之禍，視漢、唐遠矣。」疏上，不報。【考異】王徽等上書事，見明史本傳。傳言「憲宗即位數月」，證之憲章録、法傳録，皆系之是年五月，今從之。

31 六月，致仕禮部侍郎兼學士薛瑄卒，贈禮部尚書，謚文清。瑄學一本程、朱，其修己教人，以復性爲本。嘗言：「自考亭後，斯道大明，無煩著作。」有讀書録二十卷，平易簡切，皆自言其所得，學者宗之。【考異】文清之卒，三編系之十月，蓋據實録奏至之日也。證之明史本傳，在是年之六月，今據之。

32 秋，七月，壬申，立吴氏爲皇后。

先是有司以遺詔請大婚，南京吏部侍郎章綸言：「山陵尚新，元朔未改，陛下踐阼之初，當以孝治天下，乞俟來春舉行大禮。」疏至京而册立之詔已行。綸言雖不用，一時咸重之。

33 八月，癸未，御經筵。

甲申，命儒臣復日講之制。賜講官柯潛等白金、文綺。【考異】按是月壬午朔，「癸未御經筵」，又云「復日講之制」，即明會典所云「日以逢二爲期」者，此爲定制。

34 癸卯，廢皇后吴氏。

初，上居東宫，萬貴妃已擅寵，及后立，摘其過，杖之。上怒，因下詔，謂：「后舉動輕佻，禮度率略，德不稱位。不得已請命太后廢吴氏别宫。」

又言：「先帝簡求賢淑，已定王氏，育于别宫待期。太監牛玉輒以選退吴氏蒙蔽太后，成册立禮。宜正玉罪，免死，謫居南京孝陵種菜。」

吴后父俊，先授都督同知，至是亦下獄戍邊。

35 是月，詔修英宗實録。

編修尹直，以經筵講官預修實録總裁。時有欲革去景泰帝號，引漢昌邑、更始爲比，直辨曰：「昌邑旋立旋廢，景泰帝則爲宗社主七年；更始無所受命，景泰帝則策命于母后，當時定傾危難之中，微帝則京師非國家有。雖易儲失德，然能不惑于盧忠、徐正之言，卒全兩宫以至今日，其功過足相準。不宜去帝號。」時不能難。

36 改兵部尚書馬昂爲户部尚書，以副都御史王竑爲兵部尚書。

時言官交劾昂，而薦竑及宣府巡撫李秉堪大用。下廷議，王翱、李賢請從其言，上曰：「古人君夢卜求賢，今朕獨不能從輿論乎！」于是復用秉爲左都御史。命下，朝野相慶。

巡撫廣東葉盛，以議事入都，給事中張寧等欲薦之入閣，以御史吕洪言，遂止，而以韓雍代撫廣東。雍新得罪，衆難之，竑曰：「天子方棄瑕録用，雍固有罪，竑亦以罪廢者。」卒用之。

初，編修邱濬，與盛不相能，閣臣李賢入濬言，及是草雍敕曰：「無若葉盛之殺降也！」盛不置辨。稍遷左僉都御史，代秉巡撫宣府。【考異】馬昂改户部，王竑授兵尚，李秉授左都，皆見七卿表，以八月。任葉盛、韓雍，諸書日月不同。按舊制，各省巡撫官皆以八月入京議事，則除授正在是時，今並書之。

37 冬，十月，壬辰，立王氏爲皇后。

時萬貴妃寵冠後宮，后處之淡如，故譖不行。

38 甲辰，立武舉法。

自洪武二十年用武舉，武臣子弟得于各直省應試，尋罷不行。至是復命直省舉諸武藝人，兵部同總兵官考校其弓馬策略，分別甲乙以備録用。指揮以下子弟，悉令入學。又定試武舉式，騎中四矢，步中二矢以上者爲中式，騎步所中半者次之。帥府試策略，教場試弓馬。問策二道，大略如文闈之式。

39 是月，以没入曹吉祥地爲宮中莊田。——「皇莊」之名始此。

給事中齊莊言：「天子以四海爲家，何必與小民争利！」弗省。自是戚畹、中貴家，多奪民地爲莊田矣。

40 禮部尚書姚夔，以皇太后生辰，請仍故事設齋醮。都給事中張寧言「無益，且傷大體，乞禁止」，上嘉納之。【考異】太后生辰，張寧請罷齋醮事，憲章録、通紀皆系之成化元年之二月。而證之明史張寧及后妃傳，皆特書是年之十月。是時有兩太后，疑一係十月，一係二月，諸書致誤之由在此。惟明史本之實録，且張寧禁止齋醮，見孝肅周皇后傳中，則十月爲孝肅生辰可知。且是時兩宮並尊，朝議久之方定，憲宗爲孝肅所生，明史必不誤，今從之。

41 十一月，丙寅，逮南京給事中王徽、王淵等下獄。

時中官牛玉以罪被謫，徽等復上疏劾之曰：「陛下册立中宫，此何等事！而賊臣牛玉，乃敢大肆奸欺，罪當萬死。顧僅斥陪京，全其首領，則凡侍陛下左右者，將復何所忌憚哉！內閣大臣，身居輔弼，視立后大事漠不加意，禮官畏權，輒爲阿附。及玉事發後，國法難貸，刑官念舊，竟至苟容。而李賢等又坐視成敗，不出一言，黨惡欺君，莫此爲甚。請並罪賢等，以爲大臣不忠者戒。

臣等前疏請保全宦官，正欲防患于未萌，乃處置之道未聞，牛玉之禍果作。往不可諫，來猶可追。臣等不敢遠引，請以近事徵之：正統末有王振矣，詎意復有曹吉祥？天順初有吉祥矣，詎意復有牛玉？若又不思患預防，安知後不有甚于牛玉者哉！

夫宦者無事之時，似乎恭慎，一聞國政，即肆奸欺。將用某人也，必先賣之以爲己功；將行某事也，必先泄之以張己勢。迨趨附日衆，威權日張，大臣不識廉恥，多與交結。餽獻珍奇，即以爲賢而朝夕譽之；有方正不阿者，即以爲不肖而朝夕譏謗之。譽者獲顯，謗者被斥，恩出于内侍，怨歸于朝廷，内外交通，亂所由起。

臣等職居言路，不爲苟容，雖死無悔。惟陛下裁察！」

上以爲妄言要譽，欲加罪，都給事中張寧率同官及御史交章論救，乃並謫州判官。徽得貴州，淵茂州。一時同列名者，朱寬潼川，李翔寧州，李鈞綏德，而草是疏者，鈞筆也。侍郎葉盛、編修陳音相繼請留，皆不納。最後楊瑄言尤切，幾得罪。【考異】明史本紀不載，事見王徽本傳。諸書有系之九月者，有系之是冬者。弇州考誤據國史，在是年十一月丙寅，今從之。

42 十二月，甲辰，敕：「兩京文武除犯贓外，雜犯罪者悉宥之。」

43 是歲，四川妖賊趙鐸作亂。

鐸初與綿竹人徐貴有隙，貴告鐸家匿群盜，縣官捕之急，遂反，自稱趙王，漢州諸賊皆歸之。數陷城，殺長吏，遣其黨何文讓及僧悟昇掠安岳諸縣。時都指揮掌四川都司事何洪，率所部兵捕之，斬悟昇，生禽文讓。鐸將犯成都，官軍分三路趨彰明，賊引去。追至梓潼朱家河，力戰，賊少却。洪乘勝陷陣，後軍不繼，爲賊所圍，左右跳蕩，殺賊甚衆。力竭，與指揮僉事劉雄俱死之。

事聞，贈洪都督同知，予祭葬，雄都指揮同知。詔巡撫汪浩檄官軍合討之。【考異】趙鐸事，三編系之成化元年五月，據其討平之年月也，諸書皆系之天順八年。何洪、劉雄事見明史本傳，三編不著，今據增。

明通鑑卷三十

江西永寧知縣當塗夏　燮編輯

紀三十起旃蒙作噩（乙酉），盡彊圉大淵獻（丁亥），凡三年。

憲宗繼天凝道誠明仁敬崇文肅武弘德聖孝純皇帝

成化元年（乙酉、一四六五）

1 春，正月，乙卯，享太廟。

2 己未，大祀天地于南郊。

3 甲子，兩廣守臣以「叛猺不靖，流剽廣東，又越湖廣、江右，日益蔓延，請發兵討之」。兵部尚書王竑亦言：「賊非大創不止。韓雍才氣無雙，平賊非雍莫可。」于是以都督趙輔充總兵官，爲征夷將軍，太監盧永、陳瑄監其軍，雍以僉都御史贊理軍務。時雍方奉敕代葉盛巡撫廣東，遂有是命。【考異】韓雍巡撫廣東事，見葉盛傳，而本傳則但言贊理軍務而已。又，王竑傳言「舉雍爲總督」，證之雍傳，乃在平大藤峽賊後，召趙輔等還，遷雍左副都御史，提督兩廣軍務，是雍總督兩廣乃在明年，此時改授僉都，正與巡撫之加銜同。意雍以去年奉敕代葉盛巡撫廣東，未行而有是命，非傳中脱誤也。今分書之。

4 戊辰，西域諸國及哈密來貢。

禮部尚書姚夔等言：「哈密貢馬二百匹，而使人乃二百六十人。以中國有限之財，供外蕃無益之費，非策也。」乃下廷臣議，「定歲一入貢，不得過二百人」，制可。【考異】事具明史哈密傳中。明書系之正月戊辰，今據之。

5 是月，開納粟例，以備兩廣軍餉，命户部侍郎薛遠督兩廣餉事。

6 二月，戊子，祭太社太稷。

7 甲午，上親祀先農，耕藉田。賜百官耆老宴。宴畢還宫。

8 保喇誘三衛九萬騎入遼河，武安侯鄭弘擊却之。——弘，亨之孫也。

9 是月，雪少保于謙獄。

先是御史趙敔上言：「謙等爲石亨輩誣陷，榜示天下，不一二年，亨輩亦皆敗露。陳循等已邀恩宥，無俟臣言。獨思正統十四年寇犯京城，賴謙一人保守，其功甚鉅。伏乞收回前榜，死者贈卹，生者録用。」上曰：「朕在東宫時，即聞謙冤。謙有社稷之功而受無辜之慘，其敕有司急如敔言施行！」于是謙子冕、壻朱驥及前大學士王文子宗彝，並釋戍放歸。【考異】明書、通紀、憲章録，並系釋陳循、江淵、俞士悦等于是年正月。證之明史陳循傳：「循因石亨之敗，自貶所上書，詔釋爲民。」是循在英宗時已先釋之，故敔奏中亦言「循等已邀恩宥，無俟臣言」，其江淵（余）〔俞〕士悦之等，亦當同時並釋也。三編據實録系之二月，又質實中亦辨之，今從三編。

10 廣西猺賊流劫廣東，遂寇新會。

初，廣東僉事毛吉，分巡惠、潮二府，有程鄉賊楊輝，已撫復叛，攻陷江西安遠，剽掠閩、廣間，進襲程鄉。吉乘其未至，募壯士合官軍得七百人，直抵賊巢，生禽輝，破諸峒，凡俘斬千四百人。

捷聞，上方嗣位，璽書嘉勞，移巡高、雷、廉三府。

時民遭賊躪，數百里無人烟。吉不勝憤，以平賊爲己任，按（都）〔部〕雷州，海康知縣王騏以擊賊死，吉進兵破之。是時新會告急，吉檄指揮閻華署縣事，而令同知陶魯合軍萬人至大磴破賊。乘勝追至雲岫山，去賊營十餘里，時已乙夜，吉召諸將分三哨，黎明進兵。會陰晦，衆失期。及進，賊棄營走山上，吉命潘百户者據其營，衆競取財物。賊自山馳下，殺百户，華亦馬蹶遇害，諸軍遂潰。吉勒馬大呼殺賊，軍吏勸且避其鋒，吉叱曰：「衆多殺傷，我獨生，可乎！」言未已，賊持刀趨吉。吉且罵且戰，手刃數賊，力竭，遂被害。是日，雷雨大作，山谷震動。又八日，始得其尸，貌如生。

事聞，贈按察使，録其子科入國子監，尋登進士。

方吉出軍時，賫千金爲犒費，以付驛丞余文司出入，已用十之三。會吉死，文憫其家貧，以所餘金授吉僕歸治喪。忽是夜，僕婦憑之作吉語，顧左右曰：「請夏憲長來。」舉家大驚，走告按察使夏壎。壎至，起揖曰：「吉受國恩，不幸死于賊。今余文以所遺官銀付吉家，雖無文簿可考，令吉負垢地下矣。願亟還官，毋污我！」言畢仆地，頃之始蘇，卒歸其金于官。吉死時年四十，後賜謚忠襄。【考異】毛吉死難事，見明史本傳。傳言「成化元年二月」。此與天順三年葉禎死難事絶相似，故傳特著其年月。諸書不載，今據增。

11 有彗星見。踰月，又見西北，長三丈餘，三閱月而没。

襄陽地震，天雨黑黍。【考異】二月彗見事，具明史天文志。憲章録書是年「正月己酉朔，有流星光燭地，自左攝提東南行，至天市西垣。」孫氏二申野録，則云「有星孛于天市垣」，與天文志所載，同一事而月分異耳。三編系之二月，蓋據實録也，今從之。

12 三月，庚戌，四川山都掌蠻作亂。

山都掌者，永寧宣撫司所轄地也。正統間，屢歲出没，殺掠良民。景泰元年招之，復叛；天順六年撫之，又反。至是大壩等寨之賊，分劫江安、合江等縣。兵部以聞，詔「總兵官李安會永寧宣撫司相機勦撫，毋釀邊患。」時侍讀周洪謨上討賊方略六事，詔付所司行之。

13 丁巳，上幸太學，釋奠于先師孔子。始加牲用樂，停祭酒官以下宴。

14 是月，荆、襄盜起。

荆、襄之上游曰鄖陽，古麇、庸二國地也。元至正間，流賊聚此作亂，終元世莫能制。洪武初，鄧愈以兵剿除，空其地，禁流民不得入。然地界秦、豫、楚之間，又多曠土，山谷阨塞，林箐蒙密，中有草木，可採掘以食。正統二年，歲饑，民徙入，不可禁，聚衆既多，罔稟約束，其中巧黠者稍稍相雄長。天順間，漢中守臣以聞，英宗以小民饑寒所迫，不欲用兵，命御史撫輯，謫戍數人；餘陽聽撫，而大奸潛伏不出，尋復縱，勢益滋蔓。有錦衣千户楊英者，奉使河南，策其必反，上疏言：「流逋之衆，宜遣良吏鎮撫，漸圖所以散遣之。」詞甚諄切，不報。三省長吏又多諉非己境，因循不治。

至是有劉通者，少負膂力，縣治前有石獅，重千斤，通手舉之，因號「劉千斤」，糾其黨石龍、劉長子及苗龍、苗虎等，聚衆數萬爲亂，署將軍、元帥等號，僞稱漢王，建元德勝，寇襄、鄧間。指揮陳昇等二十四人，皆先後拒之，不克，死焉。

時三原王恕爲河南布政使，詔擢右副都御史撫治之。【考異】明史本紀系討荆、襄賊于是年十二月，蓋據命將出師之月日也。三編據實録系之三月，蓋始亂奏報之月也。證之王恕本傳，恕以副都御史撫治在前，命贇朱永等軍務在後，今分書之。

15 晉吏部尚書王翺太子太保。

時翺年踰八十，屢疏乞休，輒慰留。至是詔「雨雪免朝參」。

16 以旱災，免陝西、延安等府稅糧凡八萬七千一百石有奇。

17 夏，四月，甲申，河南鈞州地震有聲，凡二十三日止。

18 是月，以都給事中張寧爲汀州知府，修撰岳正爲興化知府，大學士李賢出之也。

先是尚書王竑薦寧堪任僉都御史，正堪任兵部侍郎，賢皆不悅。至是廷推兵部侍郎，清理貼黃，以正與寧名並上，詔責其會舉多私。乃托以歷練，票旨出二人于外，士論爲之不平。

19 五月，戊申，詔修比干廟，命有司春秋致祭。

20 戊午，熒惑守南斗。

21 辛酉，大雨雹。壬戌，上避正殿，減膳，敕群臣修省。

22 是月，四川賊平。

先是何洪等既敗，綿竹典史蕭讓率鄉兵擊趙鐸，破之。官兵繼進，其黨稍散去。鐸勢孤，率餘賊走彰明，千户田儀等設伏梓潼，參將周貴分兵直擣賊巢。賊大敗，夜奔石子嶺。儀偵知之，追及，手刃鐸，鐸墮馬，斬之，傳首成都。【考異】四川賊平，三編系之五月，據明史何洪傳，書云：「成化元年正月也。」按三編據實録，此條係輯覽所遺，補入是年之五月，必不誤。疑明史「五」字誤作「正」字。

23 六月，庚子，革太平侯張瑾、興濟伯楊宗爵。

二人俱以奪門功封，石亨既敗，諸以奪門冒功者皆革奪，唯瑾、宗襲封如故。至是有指揮同知董源等援例乞復，〔道〕〔遂〕並革瑾、宗。以瑾爲錦衣指揮使，宗指揮同知。【考異】明史本紀不載。三編、輯覽系之六月。證之明史功臣表爲六月庚子，今據之。

24 是月，僉都御史韓雍大會諸將于南京。

時朝議用兵兩廣，編修邱濬上書李賢，言「賊在廣東者宜驅，在廣西者宜困」，賢善之，上于朝，詔録其書示諸將。諸將多主其説，欲分兵兩廣，雍不可，曰：「賊已蔓延數千里，而所至與之戰，是自敝也。宜全師直擣大藤峽，賊之巢穴所在。腹心既潰，控制四面，如常山之蛇，動無不應，可迎刃解耳。舍此不圖而分兵四出，賊益奔突，郡邑益殘，所謂救火而噓之也。」諸將皆曰：「善！」趙輔亦知雍才足辦賊，軍謀一聽之。雍遂率諸將倍道趨全州。

25 秋，七月，己酉，免天下軍衛屯糧十之三。

26 甲子，振兩畿、湖廣、浙江、河南饑。

時給事中袁方等上言：「比來救荒無術，老弱轉死，丁壯流移。南陽、荆、襄流民十餘萬，兩京、浙、豫，或水或旱，禾麥無秋。乞敕官司振濟。」於是命撫治河南王恕及浙、豫撫、按各振其屬。【考異】振兩畿等省，明史本紀系之七月。三編系之八月，蓋因遣沈義、吳琛等牽連並記也。今據本紀分書之。紀中不書湖廣，今據三編增。

27 甲戌，瑪拉噶犯榆林，巡撫陝西項忠會諸軍合禦之。

28 八月，丁(王)〔丑〕，復遣工部侍郎沈義往保定，僉都御史吳琛往淮揚。時廷議請緩徵鹽鈔逋賦，從之。

義、琛奉使無所陳，惟條上納粟事例，既而皆以不恤民瘼斥罷。

29 辛巳，瘞暴骸。

30 庚寅，瑪拉噶寇延綏，總兵官房能敗之。

31 癸卯，修玉牒成。

32 是月，改右都御史李賓爲南京兵部尚書。

33 九月，兵部尚書王竑致仕。

張寧、岳正之出外也，上以廷推不實，罷會舉例，竑聞之，憤然曰：「吾尚可居此耶！」即引疾求退。上方嚮用竑，優詔慰留，日遣醫視疾。竑請益力，至是始許之。竑既去，中外薦章百十上，並報寢。

34 是秋，韓雍會諸軍趨桂林，斬失機指揮李英等四人以徇，軍威大振。乃按地圖，與諸將議曰：「賊以修仁、荔浦爲羽翼，宜先收二縣以孤賊勢。」乃督兵十六萬，分五道，先破修仁之賊。窮追至力山，禽千二百餘人，斬首七千三百級，荔浦亦定。乃議趨潯州。【考異】據紀事本末、憲章録，皆書大軍抵潯于十月，證之雍傳，則先平修仁、荔浦其次第也。其事當在八九月間，今系之是秋下。

35 冬，十月，韃靼瑪拉噶等復大入延綏，詔大同總兵官楊信、寧夏總兵官李杲、陝西巡撫項忠等合擊之。官兵力戰，乃引去。【考異】瑪拉噶寇延綏，三編系之是年十月，諸書皆在七月。證之韃靼傳，云「是秋散掠延綏，冬復大入」，今據分書之。

36 是月，以王復爲兵部尚書。

37 十一月，韓雍、趙輔等率官兵、土軍長驅至大藤峽口。

先是雍至潯州，延問父老，皆曰：「峽天險，不可攻，宜以計困之。」雍曰：「峽延袤六百餘里，安能使困？兵分則力弱，師老則財匱，賊何時得平？吾計決矣。」比至峽口，有儒生、里老數十人，伏道左請爲鄉導，雍見，即大聲曰：「賊敢紿我！」叱左右縛斬之。左右皆愕。既縛而袂中利刃出，推問果賊也，悉支解之。賊聞，大驚曰：「韓公天神也！」

雍尋督諸軍水陸並進，分遣總兵官歐信率五哨兵自象州、武宣攻其北，自率八哨兵，與趙輔、都指揮白全等自桂平、平南攻其南，復分二哨兵遣參將孫震等從水路入，又分兵扼諸隘口。賊魁侯大狗等兇懼，移其累重于桂州橫石塘，而立柵南山，多置滚木、礧石、鏢鎗、藥弩以拒大軍。

38 十二月，乙亥朔，韓雍、趙輔大破猺賊于大藤峽。

是時賊死拒，分守要隘。雍等率水陸諸軍齊進，擁團牌登山，殊死戰，連破石門、林峒、沙田、右營諸巢，焚其室廬積聚，賊皆奔潰。官軍伐木開道，直擣橫石塘及九層樓諸山寨。賊復樹柵數重，憑高以拒。我軍誘賊發矢石，度且盡，雍躬督諸軍緣木攀藤上，别遣壯士從間道先登，據山頂舉礮。賊不能支，遂大敗。先後破賊三百二十四寨，生禽大狗及其黨七百八十人，斬首三千二百餘級，墜溺死者不可勝計。

先是峽中有大藤如虹，横亘兩崖間，晝沈夜見，賊以爲神。及是雍用斧斷之，改名斷藤峽，勒石紀功而還。

捷聞，賜敕嘉勞。尋召趙輔還，進雍右副都御史，提督兩廣軍務。【考異】韓雍平大藤峽賊，據明史本紀在十二月，證之雍傳，則以十月至潯州，十二月朔破峽賊，中間尚隔一月。考紀事本末言

「雍軍以十一月抵潯州，長驅至峽口，十二月朔破之。」又據明史土司傳趙輔等平大藤峽賊奏中，言「十一月，師次潯州，期以十二月朔日水陸並進」云云，則是破賊在十二月之朔，若其部署進兵則十一月事也。是年十二月朔爲乙亥，他本有作「十一月朔」者，傳寫之誤耳。

39 **初，王恕奉撫治河南之命。會丁母憂，詔奔喪兩月，即起視事。恕辭，不許，始蒞任，懸榜曉諭，而未受征討之命。**

賊狃爲故常，橫掠如故。恕聞于朝曰：「民可撫，而奸民好亂者，非懾以兵威，賊未易平也。」廷議皆以爲然。癸卯，命撫寧伯朱永爲靖虜將軍，充總兵官，太監唐慎監軍，工部尚書白圭提督軍務，會恕及湖南總兵官李震合兵討之。【考異】明書及明史紀事本末皆書命朱永、白圭等討荆、襄賊于五月，與明史所記是年之十二月，相差半年。若謂牽連並記，則荆、襄之盜，據三編起于三月，紀事本末起于四月，而命將出師，則有紀載日月可憑，非奏報先後遲速之比也。證之明史王恕傳，「當盜初起時，欲以王恕撫治河南，剿撫兼施。而恕是時丁母憂，詔奔喪後起復，恕辭，不許。」是恕蒞撫治任當在秋間，迨撫治不效，始請出師，故恕奏中有「民可撫，而奸民好亂，宜懾以兵威」之語。據此，則是年十二月命將，出自王恕之請明矣。今據明史本紀及恕傳。

40 **是冬，無雪。**

二年（丙戌、一四六六）

1 春，正月，戊申，更定團營制。

先是上即位，復立團營，踰年改元，復罷之。至是御史魏瀚等上言：「備邊之策，莫要于訓練營兵以爲緩急之用。今京師軍士不下三十餘萬，或占役于私家，或借工于公府，或買閒而輸月錢，或隨從而備使令，其操練者不過老弱充伍。且馬多羸瘠，器非犀利。以之折衝禦侮，安能挫鋭摧鋒？」又言：「選練一事，尤繫于兵部之得人。今尚書王復，質實有餘，應變不足，處此多事之秋，未見其濟。」上曰：「王復陞任未久，難責近效。前于三營内選撥精鋭官軍十二萬，分爲十二營團練，情弊多端，益滋廢弛。今還歸三營，分一等、次等訓練。仍差給事中、御史不時巡察。」尋由兵部會同京營提督選得一等軍十四萬有奇，上以數多，仍令分十二營團練，名其軍曰「選鋒」。不任者仍歸本營，區其名曰「老家」以供役。於是團營復立，而其法又稍變云。【考異】明史本紀，「天順八年，憲宗嗣位。其年三月，復立團營。」又，「成化二年正月，罷團營。三年四月，復立團營。」據此，則團營以天順八年復，成化二年罷，三年又復也。三編天順八年三月復立團營目中，則云「明年正月復罷去，又明年復立」。據此，則團營之罷在元年，復在二年，與明史本紀不合。證之憲章録、典彙諸書，皆言「二年復立團營」。考之明史兵志，「二年罷十二營，統歸三營團練。」故諸書或以爲罷，或以爲復。三年之復，則帝見人數太多，仍分十二營操練，其實復仍在二年也。今參明史兵志彙書之，仍據三編年月。

2 乙卯，大祀南郊。

3 辛酉，奉英宗神主祔太廟。

4 壬戌，皇長子生，萬貴妃出也。上大喜，遣中使祀諸山川。

5 己巳，命九卿舉堪任布、按二司者。自是仍復三品薦舉例。

6 二月，癸未，命禮部侍郎鄒幹巡視畿内饑民，振之。

7 己丑，虜犯保德。

8 三月，甲辰，賜羅倫等進士及第、出身有差。

倫吉安之永豐人，【考異】江西明時有兩永豐，一廣信轄，一吉安轄。故明史倫傳書其里貫，加「吉安」二字，今從之。爲諸生，即有志聖賢學。嘗曰：「舉業非能壞人，人自壞之耳。」知府張瑄憫其貧，周之粟，謝不受。居親喪，踰大祥始食鹽酪。至是廷試，對策萬餘言，直斥時弊，名震都下。

9 己酉，大學士李賢父卒，詔起復，三辭，不許。令奔喪，遣中官護行營葬。

10 辛亥，册封萬氏爲貴妃。

11 乙卯，朱永等大破荆、襄賊劉通于南漳。

先是湖廣總兵官李震，方平苗賊歸，聞劉千斤之亂，乘勝進討，屢敗之。追及于梅溪賊巢，官軍失利，都指揮以下死者三十八人，有詔切責。白圭等大軍至，震自南漳進兵合擊，敗之。會永疾留鎮，偵賊巢穴在襄陽房縣、豆沙河等處，萬山之中，列爲七屯。白圭奏聞，議分兵四路殲之。上曰：「兵不可遥制。」敕圭等相機進剿。

12 是月，詔李震討靖州苗。

先是湖廣五開諸衛，與貴州之黎平等府接壤，上乃復命震兼鎮貴州，獲賊首苗蟲蝦。至是武岡、沅靖、銅鼓、五開苗復蠭起，巡撫王儉不能討，復以命震。【考異】明史本紀書李震破靖州苗于三年，據其平苗之年月也；三編書于是年三月；據震討賊之年月也。證之震傳，震兼鎮貴州及獲苗蟲蝦皆在元年，今彙書之。

13 巡撫延綏都御史盧祥等上言：「營堡兵少，而延安、慶陽府州縣邊民多驍勇，習見北虜，敢與戰鬥。若選作土兵，練習調用，必能奮力各護其家，有不待驅使者。」上命兵部覆奏，部臣奏請敕御史往，會官點選。

于是延安之綏德州、葭州，慶陽之寧州、環縣，皆選民丁之壯者編成什伍，號曰「土兵」；其籍爲兵者，量免户租。時得丁壯五千餘名，委官訓練聽調。詔如法行之。

14 閏月，癸酉，振南畿饑。

時江淮大旱，人相食，詔發淮、徐倉米四十萬石振之。又，副都御史林聰，請貸蘇、松漕糧及支運餘糧，悉以備振，皆從之。

15 乙未，朱永、白圭大破荆、襄賊劉通等。

時賊據險拒我，圭等督諸軍分道進擊，遂逼其巢。通奔壽陽，謀走陝西，圭遣兵扼其餉道。通乃退保大市，與苗龍合，官軍又破之雁坪，斬通子聰及苗虎等。賊退保後巖山，據險下木石如雨。諸軍四面仰攻，圭往來督戰，士皆蟻附而登，賊不能支，遂大敗。生禽通及其衆三千五百餘人，獲賊屬子女萬一千六百餘人。械通至京師，磔之。其黨石龍、劉長子遁去，逸入四川。【考異】禽劉千斤，明史本紀系之閏三月，紀事本末及典彙均系之五月。又，明史作「閏三月乙未」，明史稿作「閏月癸巳」，今月日皆據明史。惟三編元年三月目中，記白圭禽劉通等于明年之夏，疑所據各不同耳。

16 夏，四月，倭寇浙東。

17 擢掌新會縣事廣州府同知陶魯爲廣東按察司僉事。

魯從韓雍征大藤峽，雍在軍嚴重，獨於魯虚己下之，用其策輒有功。至是兩廣賊平，雍請擢用之，專治新會、陽江、陽春、瀧水、新興諸縣兵。【考異】陶魯擢僉事，見明史本傳，在成化二年。憲章録系之四月，今從之。

18 五月，癸酉，修撰羅倫劾大學士李賢。

時倫登第甫踰二月，會賢奉詔還朝，倫詣賢，沮其起復，不省。乃上疏曰：「臣聞朝廷援楊溥故事，起復大學士李賢。臣竊謂賢大臣，起復大事，綱常風化繫焉，不可不慎。曩陛下制策有曰：『朕夙夜拳拳，欲正大綱，舉萬目，使人倫明于上，風俗厚于下。』竊以明人倫，厚風俗，莫先于孝。在禮，子有父母之喪，君三年不呼其門。子夏問：『三年之喪，金革無避，禮與？』孔子曰：『魯公伯禽有爲爲之也。今以三年之喪，從其利者，吾弗知也。』陛下於賢，以爲金革之事起復之與？則未之有也。以大臣起復之與？則禮所未聞也。

夫人君當舉先王之禮教其臣，人臣當守先王之禮事其君。昔宋仁宗嘗起復富弼矣，弼辭曰：『不敢遵故事以遂前代之非，但當據禮經以行今日之是。』仁宗卒從其請。孝宗嘗起復劉珙矣，珙辭曰：『身在草土之中，國無門庭之寇，難冒金革之名，私竊利禄之實。』孝宗不抑其情。此二君者未嘗以故事强其臣，二臣者未嘗以故事徇其君，故史册書之爲盛事，士大夫傳之爲美談。此無他，君能教臣以孝，由臣孝可移于君也。自是而後，無復禮義，王黼、史嵩之、陳宜中、賈似道之徒，皆援故事起復。然天下壞亂，社稷傾危，流禍當時，遺譏後代。無他，君不教臣以孝，臣無孝可移于君也。

陛下必欲賢身任天下之事，則賢身不可留，口實可言。宜降明詔，俾如劉珙得以言事，使賢于大下之事，知必言，言必盡，陛下于賢之言，聞必行，行必力，賢雖不起復，猶起復也。苟知之而不能盡言，言之而不能力行，賢雖起復，無益也。

且陛下毋謂廟堂無賢臣，庶官無賢士。君，盂也；臣，水也。水之方圓，盂實主之；臣之直佞，君實召之。陛下誠於退朝之暇，親直諒博洽之臣，講聖學君德之要，詢政事得失，察民生利病，訪人才賢否，考古今盛衰，舍獨信之偏見，納逆耳之苦言，則衆賢群策畢萃于朝，又何待違先王之禮經，損大臣之名節，然後天下可治哉！

臣伏見比年以來，朝廷以奪情爲常典，縉紳以起復爲美名，食稻衣錦之徒，接踵廟堂，不知此人于天下之重何關耶？且婦于舅姑，喪亦三年；孫于祖父母，服則齊衰。奪情于夫，初無預其妻；奪情于父，初無于其子。今或舍館如故，妻孥不還，乃號于天下曰：『本欲終喪，朝命不許。』雖三尺童子，臣知其不信也。爲人父者所以望其子之報，豈意至于此哉！爲人子者所以報其親之心，豈忍出於此哉！枉己者不能直人，忘親者不能忠君，陛下何取于若人而起復之也？今大臣起復，群臣不以爲非，且從而贊之；群臣起復，大臣不以爲非，且從而成之。上下成俗，混然同流，率天下之人爲無父之歸，臣不忍聖明之朝，致綱常之壞，風俗之弊，一至此極也。

願陛下斷自聖衷，許賢歸家持服；其他已起復者仍令奔喪；未起復者悉許終制。脱有金革之變，亦從墨衰之權，使任軍事于外，盡心喪于内。將朝廷端則天下一，大臣法則群臣效，人倫由是明，風俗由是厚矣。」

疏入，謫福建市舶司副提舉。御史陳選疏救，不報。

御史楊琅復奏言：「天下之士氣，與國家之元氣相流通，士氣之壯弱，即元氣之消長繫焉。陛下即位以來，頒布明詔，開廣言路，以振作鼓舞天下之士氣。未幾而王徽等以進言遠斥，士氣爲之一沮；至是羅倫又以論事補外，士氣爲之再沮。夫士氣之在國家，鼓舞振作，尚恐其不振，況從而沮抑之？將諛佞成風，聰明日壅，甚非朝廷之福也。乞追回王徽、羅倫等，復其舊職，以作士氣。」

奏入，有旨切責。

尚書王翺以文彥博救唐介事諷賢，賢曰：「潞公市恩，歸怨朝廷，吾何可效之！」卒不聽。【考異】據明史本紀，賢丁父憂在三月，起復被劾在五月。證之羅倫傳，言「倫廷試授修撰，踰二月，大學士李賢奔喪畢，奉詔還朝。倫詣賢沮之，不聽，乃上疏」云云。是年三月有閏，則所謂踰二月者，正五月也。又宰輔表，李賢三月丁憂，五月起復，與本紀月分合。明史稿書倫劾賢于三月，蓋因賢丁憂連記之，弇州以爲九月，非也。賢之丁憂，去倫登第僅五日，明史分書，今從之。○援文彥博救唐介事諷賢，明史、三編以爲王翺，憲章録、皇朝通紀皆作尹直，今從正史。

19 己卯，禁侵損古帝王忠臣、烈士、名賢陵墓，犯者論罪。

20 是月，召白圭還。時朱永疾愈，命率兵搜剿餘賊。

21 六月，甲辰，趙輔班師還。

時韓雍留鎮兩廣，散遣諸軍以省饋餉。而遺孽侯鄭昂等復乘虛攻陷潯州及洛容、北流二縣。雍被劾引罪，上以其功大，勿問。

22 乙巳，免今年天下屯糧十之三。

23 壬子，瑪拉噶寇延綏，詔彰武伯楊信爲平虜將軍，充總兵官，太監（斐）〔裴〕當監督軍務，會陝西巡撫項忠禦之。

信時鎮守大同。兵部尚書王復等議，以「大舉搜套，必主將得人。楊信舊鎮延綏，稔知地利，宜召還京，面受成算。其陝西、延綏、寧夏、甘涼、大同、宣府鎮巡諸官，亦宜令整飭兵備，候期調發」。于是信復以議事召還。

24 是月，巡按湖廣御史王瀛奏：「賊首石和尚，即劉千斤之黨石龍者，集衆千餘，焚劫四川巫山、大昌等縣，殺夔州通判王禎，奉節縣典史及百户二人俱遇害。」兵部王復等請敕白圭督京營、山東官軍分往剿捕，仍敕四川守臣馳赴夔州，調兵策應。

25 秋，七月，辛巳，封弟見治爲忻王，見沛徽王。

26 戊戌，瑪拉噶犯固原。

27 是月，學士彭時乞歸省，許之。

28 八月，丁巳，瑪拉噶犯寧夏，都指揮焦政戰没。

時楊信未至，而項忠禦寇于延綏。兵部劾忠，詔特宥之。

29 丁卯，復故少保于謙子冕官。

冕以廕授副千户，謙冤既雪，詔復冕官，自陳不願武職，改兵部員外郎。復遣行人往祭謙墓，制詞有云：「當國家之多難，保社稷以無虞。惟公道之獨持，爲權奸所並嫉。在先帝已知其枉，而朕心實憐其忠。」一時朝野傳誦之。

30 是月，遣兵部尚書王復整飭延綏邊備，左都御史李秉整飭大同邊備。

復至陝西，自延綏抵甘肅，相度形勢，上言：「延綏東起黄河岸，西至定邊營，接寧夏花馬池，縈紆二千餘里，險隘俱在内地。而境外乃無屏障，止憑墩堡以守。一旦有事，軍反居内，民顧居外，官軍未行而民遭掠已盡矣。又西南抵慶陽，相去五百餘里，烽火不接，寇至民猶不知。其迤北墩堠，率皆曠遠，非禦邊長策。請移府谷、響水等十九堡置近邊要地，而自安邊營接慶陽，自定邊營接環州，每二十里築墩臺一，計凡三十有四，隨形勢爲溝牆。庶聲息相聞，易于守禦。」詔兵部議行之。

秉至大同，首劾鎮守中官李良、總兵官武安侯鄭弘失律罪，軍政肅然。

31 冬，十月，丁未，朱永、白圭等誘執石和尚。

時石和尚、劉長子聚衆巫山，圭遣參將喜信、鮑政、都指揮白玉合兵圍之。賊餉絶，乞降。圭遣指揮張英往誘之，劉長子遂縛石和尚送喜信營，受之。長子詣信營乞食，信餉之，俾居近營。已，並誘執劉千斤妻連氏及其僞職常通、王靖、張石英等六百餘人。事聞，詔搜捕，餘賊悉平。

諸將忌張英功，譖于永，謂英多獲賊賄，以事捶殺之。遂班師。【考異】禽石龍月日，見明史本紀。證之白圭朱永等傳，大略相同。而憲章録及紀事本末較詳，紀事並及朱永殺張英事，三編質實亦引之。又，明史朱永傳，言「永進討石龍、馮喜，皆捷」。馮喜諸書皆不見，憲章録以爲即劉長子也，俟考。

32 十一月，庚辰，以平大藤峽賊功，封趙輔爲武靖伯。

時潯州報至，言官交劾輔等。而廣西巡按御史端弘，謂「賊流毒方甚，而輔妄報賊盡，冒封爵，不罪輔無以示戒」。輔乃自陳戰伐，委其罪于守將歐信，上皆弗問。

33 甲午，皇子薨。萬貴妃自此不復娠，而擅寵如故。

34 是月，磔石龍、劉長子等七十三人于市，斬其家屬五十二人。

35 十二月，甲寅，李賢卒。

閣臣得君，自三楊後，無如賢者。賢亦自以受知人主，所言無不盡。及是卒，上震悼，贈太師，謚文達。

賢立朝三十餘年，一時翕然稱賢相，然其自郎署受知景帝，洊擢卿貳，而著書詆帝荒淫，多過其實。其抑葉盛，擠岳正，不救羅倫，尤爲世所短云。

薛應旂曰：文達之卒，陳文誌其墓，謂其「量弘而福厚，大臣遭遇之隆，無與比者」。夫福誠厚矣，遭遇隆矣，但其忌張寧、岳正、王徽、王淵，俾終身棄置，而奪情戀位，不能釋憾于羅倫，吾未見其量之弘也。王鏊言：「國朝三楊後，得君最久，無如李賢者，亦能展布才猷。然在當時亦以賄聞。」夫爲相而以賄聞，此攘竊之流也，比來蓋接踵矣，雖少有才猷，皆矯僞以自文耳，安足論哉！

36 丙辰，太常寺少卿兼翰林院侍讀學士劉定之，入閣預機務。時以李賢之卒，故有是命。

定之謙恭質直，以文學結人主之知。嘗有中旨命製元宵燈詩，中使却立以俟。定之據案伸紙，立成七言絶句百首，上嘉賞之。

37 是月，鎮守開原太監韋朗，坐失律當逮治。時內侍諂事萬貴妃，日進美珠珍寶，遂爭假采辦名，先後出監大鎮。至是朗坐罪，其同官鎮守太監李良上言：「昔武侯失律街亭，韓琦喪師西夏，兵家之常，未嘗以一眚遂棄。請宥朗戴罪立功。」兵部覆奏，謂：「朗私役軍人，貽誤大事，豈得援諸葛、韓琦以爲比！宜勿許。」然內批仍赦不問。

38 是冬，工部尚書白圭丁憂，詔葬後起復。

39 瑪拉噶復犯延綏，參將湯允績戰死。楊信等無功，搜套師亦竟不出。【考異】湯允績戰死，諸書或系之三年，或系之是年之七月。證之明史韃靼傳，言「是年夏，大入延綏，冬，復入延綏，允績戰死」。是瑪拉噶一夏一冬兩犯延綏，今據之。

40 廣西再亂，諸賊所在蠭起，思恩、潯賓、柳城，悉被擾掠，流劫至廣東欽、化二州。韓雍四路剿捕，分遣僉事陶魯、廣東高州知府孔鏞，大破劇賊廖婆保于欽、化二州。璽書嘉勞。【考異】明史本紀，十二月書云：「是月斷藤賊復起。」證之韓雍、趙輔等傳，廣西遺孽，在輔班師之後，故諸書多系之七八月間。若本紀所記十二月，疑韓雍奏平之月日也。又證之陶魯傳，言「是年冬破欽、化二州之賊」，而證之韓雍傳中，亦云「兩廣之賊應時殄滅」，其在趙輔進封之前後可知。今據之，統系于是年之冬。

41 是歲，刑部員外郎彭韶，疏論「僉都御史遼東巡撫張岐憸邪，請召王竑、葉盛、李秉」。忤旨，下詔獄。給事中毛弘上書論救，不聽。卒輸贖，後遷郎中。

三年（丁亥、一四六七）

1 春，正月，壬申，撫寧伯朱永以平賊功，進爵爲侯。加白圭太子少保。

2 己卯，大祀南郊。

3 丙申，命朱永充總兵官，會楊信討瑪拉噶，副都御史王越參贊軍務。

是時韃靼諸部内争，保喇弑蒙古勒克青吉思，瑪拉噶又殺保喇，更立他汗。而居河套之阿勒楚爾者，復與瑪拉噶仇，因自殺所立汗，逐阿勒楚爾而遣使入貢。尋渡河入大同，詔永等往禦之。會瑪拉噶再乞通貢，而別部長頗羅鼐舊作孛魯乃。亦遣人來貢，上許之，敕永等駐軍塞上。

4 二月，丁酉朔，日有食之。

5 丁巳，李震大破靖州苗，平之。

震平苗蟲蝦後，湖廣諸苗復起，密邇貴州，兩省告警。震以貴州終難遥制，請專鎮湖廣，許之。乃還兵由銅鼓、天柱分四道進，直抵清水江，因苗爲導，深入賊境。兩月間破巢八百，焚廬舍萬三千，斬獲三千三百，而廣西猺賊劫桂陽者，亦擊斬三千八百有奇。

當是時，震威名著西南，苗、獠聞風畏慴，時呼爲「金牌李」。

6 是月，召彭時還。

7 御經筵。

故事，經筵講畢辭退，上必口宣賜酒饌，閣臣講官承旨叩謝出。及是劉定之請「照例宣賜，毋煩玉音」，自是君臣之間無一詞相接，人咸以定之巽順爲過云。

8 三月，戊辰，召商輅爲兵部侍郎兼學士，復入閣。輅自罷斥後，英宗以己所取士，欲用之，終以忌者而止。至是召至京師，命以故官入閣。輅疏辭，上曰：「先帝已知卿枉，其勿辭！」首陳勤學、納諫、儲將、防邊、省冗官、設社倉、崇先聖號、廣造士法，凡八事，上嘉納之。

其言納諫也，請「召復元年以後建言被斥者」。于是羅倫及言事被謫漢陽知府孔公恂等皆召還，復其官。時給事中毛弘請「斷自踐阼而後，召還給事中王徽等」，不許。倫亦改官南京，居二年，引疾歸，遂不復出，屏迹金牛山，築室著書其中，四方從學者甚衆。又十四年卒。嘉靖初，以御史唐龍請，追贈左春坊諭德，謚文毅，學者稱一峰先生。

9 己巳，瑪拉噶復犯大同。

10 辛巳，復開浙江、福建、四川、雲南銀場，以内臣領之。

11 是月，召李秉還。

12 户部尚書馬昂及副都御史林聰，清理京營文案，閣臣陳文謂「必得内臣共事，始可剗除宿弊」，因薦太監懷恩，從之。——恩原姓戴，相傳以爲前兵部侍郎戴綸之族弟也。

踰月，進聰右都御史。

13 夏，四月，四川自去年六月至于是月，地凡三百七十五震。壬寅，敕所在官吏修省，遣使祭其山川。

14 乙巳，録囚。

15 是月，改王復爲工部尚書。復自延綏還，言者謂治兵非其所長，乃起復白圭爲兵部尚書，督十二團營。

16 刑科給事中毛弘偕六科諸臣上言：「比塞上多事，正陛下宵衣旰食時。乃聞退朝之暇，頗事逸游，礮聲數聞于外，非禁地所宜有。況災變頻仍，兩畿水旱，川、廣兵革之餘，公私交困。願省游戲宴飲之娱，停金豆、銀豆之費，日御經筵，講求正學。庶幾上解天怒，下慰人心。」御史展毓等亦以爲言，上皆嘉納之而不能用。

17 五月，壬申，宣府、大同地震有聲，威遠、朔州亦震。敕鎮、巡官警備。

18 是月，荆門州訓導高瑶抗疏陳十事。其一言：「正統己巳之變，先帝北狩，陛下方在東宫，宗社危如一髮。使非郕王繼統，國有長君，則禍亂何由平，乘輿何由返？六七年間，海宇寧謐，元元樂業，厥功不細。迨先帝復辟，貪天功者遂加厚誣，使不得正其終，節惠隮祀，未稱典禮。望特敕禮官集議，追加廟號，盡親親之恩。」章下廷議，久不決。

時給事、御史多以建言獲譴，言路大阻。惟瑶以卑官建危言，卒無罪。【考異】高瑶請加景帝廟號，憲章録、明書皆系之是年之五月，證之明史瑶傳，特書「成化三年五月」，今據之。

19 復命都御史李秉督師遼東。【考異】秉以三月召還，五月督師遼東，皆見明史七卿表。

20 六月，戊申，雷震南京午門。詔群臣修省。【考異】明史書雷震于六月戊申，三編亦系之六月，皆據實録也。明史稿作「七月乙酉」，蓋下詔修省及停採辦之月日，牽連並記耳。今從明史、三編。

時言官劾罷户部尚書張睿、南京侍郎俞綱等。于是陳文、彭時、商輅、劉定之、姚夔並乞免，上皆慰留之。

21 辛酉，詔襄城伯李瑾爲征夷將軍，充總兵官，討山都掌蠻，太監劉恒監軍，晉兵部侍郎程信爲尚書，提督軍務。

初，四川戎縣蠻數叛，上敕總兵官進剿，屢破賊寨，移兵珙縣，進至戎縣，貴州兵亦至，抵金鵝池，遂合攻大壩，斬獲甚多，以捷聞。而蠻性叛服不常，軍還復出寇，至是陷合江等九縣，所過屠城，赤地千里，廷議大發兵討之。信言：「山勢險惡，必得土兵爲之鄉導。請敕諸土司集兵聽調，仍守境勿縱賊逃。」從之。

22 秋，七月，乙酉，停河南採辦。

23 是月，吏部尚書太子太保王翺以病免。

翺致仕，未出都，越三月卒，贈太保，謚忠肅。

翺清心寡欲，方嚴質直。典銓十餘年，門無私謁。有所論薦，不使人知，嘗曰：「吏部豈快恩怨地耶！」自奉儉素，歷仕五十三年，第宅服食不改于舊。與李賢同得上眷，而方執過之。惟性不喜南士，所引用多北人，時頗以此少之。

24 八月，巡按江西御史趙敔上言：「江西賦繁官少，催徵不力，逋負遂多。請增設司府佐貳官，俾專督理。」報可。于是增布政使參政一，南昌、吉安、撫、袁、臨江、饒、瑞七府同知各一。

25 是月，英宗睿皇帝實録成。閣臣陳文、彭時、劉定之皆加官，餘總裁、纂修官陞賞有差。

26 九月，辛未，振湖廣、江西饑。

27 是秋，葉盛自宣府召還，遷禮部右侍郎，偕給事毛弘按事南京。還，改吏部，以王越巡撫宣府。

28 虜陷開城，知縣于達教死之。徙開城縣于固原。

29 冬，十月，南京司禮監內官家人阮權盜南京太宗神御珠冠、金盆等物，事覺，伏誅。

30 十一月，乙亥，封周壽爲慶雲伯。——壽，周太后弟也。

31 十二月，庚子，禮部以追崇景泰廟號，不敢擅議，請上裁決。時高瑤疏報：「聞左庶子黎淳追論景泰廢立事，且以昌邑、更始爲比，謂不宜復。」上曰：「此已往事，朕不介意。淳爲此奏，欲獻諂希恩耳。」議遂寢，然上終感瑤言。

32 辛丑，杖翰林院編修章懋、黄仲昭、檢討莊㫤。

時以明年上元張燈，命詞臣撰詩詞進奉。懋、仲昭、㫤同疏進諫，略曰：「陛下命撰鼇山煙火詩，詞臣等竊謂非陛下本懷，或以兩宮聖母在上，欲備孝養，奉歡心耳。然大孝在乎養志，未可徒陳耳目之娱以爲養也。今川東未靖，遼左多虞，江西、湖廣，赤地數千里，此正陛下宵旰焦勞，兩宮聖母同憂天下之日。至翰林官以論思爲職，宣宗皇帝御製翰林箴曰：『啓沃之言，惟義與仁。堯、舜之道，鄒、魯以陳。』張燈豈堯、舜之道，詩詞豈仁義之言！帝王謹小慎微，必矜細行者，正以欲不可縱，漸不可長也。乞停止煙火，移此視聽，明目達聰，省此資財，振饑恤困，則災祲可消，太平日致矣。」

上以元夕張燈，祖宗故事，責懋等妄言，杖之闕下，謫懋、仲昭知縣，㫤通判。時以與羅倫言事被黜相先後，人稱爲「翰林四諫」云。

33 是月，以李秉爲吏部尚書。

秉自遼東召還，仍掌都察院事。及是王翺卒，廷推代者，上特擢秉任之。秉鋭意澄仕路，監生需次八千餘人，請分别考核，黜庸劣者數百人。【考異】秉擢吏部事，見本傳。證之七卿表，以十一月召還，十二月任吏部尚書，今據之。

34 是歲，揚州鹽寇起，守兵失利，詔南京僉都御史高明討之。

明造巨艦，名曰「籌亭」，往來江上督戰，並江置邏堡候望，賊蹤跡無所匿，遂平之。內官鬻私鹽者，據法没入官，鹽政大治。因條上利病十餘事，多議行。

35 廣西賊首黃公漢等猖獗于思恩、潯州，按察僉事陶魯偕參將夏鑑等連敗之。未幾，賊陷石康，執知縣羅紳，魯復偕鑑追擊之六菊山，敗之。

明通鑑卷三十一

江西永寧知縣當塗**夏　燮**編輯

紀三十一　起著雍困敦（戊子），盡上章攝提格（庚寅），凡三年。

憲宗純皇帝

成化四年（戊子、一四六八）

1 春，正月，甲戌，大祀南郊。

2 是月，武靖伯趙輔進封侯，予世伯券。

3 給事中毛弘率六科論救章懋等，略曰：「古人有言曰：『君明則臣直。』今懋等敢言直諫，實由陛下聖明有以致之。既不深罪其言，而又改調外任，恐遠近流傳，非盛德事也。伏望從宜處置，以慰人心，息物議，而于國家大體亦有裨益。」疏上，調懋等南京評事、行人等官。

4 二月，以水旱，免直隸高郵州成化三年秋糧六萬五百七十石有奇。

5 三月，甲子，以湖廣去年旱，免荊州等處十四府、七十五州縣並武昌等二十三衛所糧凡一百七萬三千餘石。

6 甲申，詔「中外勢家毋得擅請田土」。

先是有番僧扎實巴勒舊作劄實巴。乞靜海地爲常住田，嘉善公主求文安地數百頃，德王請壽張地四千餘頃，皆予之。户科給事中邱弘偕同官上言：「洪武、永樂間，以畿輔、山東土曠人稀，詔聽民開墾，永不科税。邇者權豪怙勢，率指爲閒田，朦朧奏乞，如嘉善公主、西天佛子扎實巴勒等，求地多者至數十百頃。夫地踰百頃，古者百家恒産也，豈可徇一人之私而奪百家之恒産哉！」上納其言，詔：「自今請乞皆不許，著爲令。」仍敕「扎實巴勒等所乞還之于民。」【考異】邱弘上疏，見明史本傳，在四年之春，本紀書三月下詔，以弘奏故也。番僧乞田，已見弘疏中，上納弘言。（今）〔令〕還其田于民，則其事必在四年三月之前。明書系之是年九月，誤也，今據三編系之三月之末。

7 是月，昏霧蔽天，不見星日者累晝夜。

8 改户部侍郎楊璿爲右副都御史，撫治荊、襄、南陽流民。【考異】璿撫治荊、襄，即撫治河南之任也。王恕時内遷刑部侍郎，故以璿代之。憲章録、紀事本末皆系之是年之三月，今據增。

9 是春，提督兩廣軍務韓雍，以兩廣地大事殷，請東西分設巡撫，從之，乃命陳濂撫廣東，張鵬撫廣西，而雍仍以總督專理軍事。

10 夏，四月，甲午，追封太后父周能爲慶雲侯。

時慶雲伯周壽，復以太后弟冒禁求涿州田六十餘頃，上不得已許之。自是勳戚效尤者接踵矣。

11 丁巳，録囚。

12 陳文卒。

文素以才自許，在外頗著績效，士大夫多冀其進用。及入閣參大政，無所建明，惟朝退引賓客故人置酒爲曲宴。專務請屬，遇睚眦怨必報。及李賢以奪情爲羅倫劾，文以己爲詹事時方丁母憂，益内愧，於是陰助賢逐倫，益爲時論所鄙。賢卒後，文益恣行，名節大喪。至是卒。

廷議謚莊靖，御史謝文詳，禮部主事陸淵之，皆疏論文不當得美謚，上以事已施行，不許。【考異】陳文卒于四年，本紀系之是年四月丁巳下，證之宰輔表，亦云四月。惟明史稿書「五月甲寅」，誤也，今從明史。

13 是月，加番僧封號。

是時番僧有扎巴罝勒燦者，舊作劄巴堅參。以祕密教得幸，封「萬行莊嚴功德最勝智慧圓明能仁感應顯國光教弘妙大悟法王西天至善金剛普濟大智慧佛」，扎實巴勒舊譯見上。爲「清修正覺妙慈普濟護國衍教灌頂弘善西天佛子大國師」，索諾木罝勒燦舊作瑣南堅參。爲「靜修弘善國師」。其徒加封錫誥命者，不可勝計。服食器用，僭擬王者。出入椶輿，衛卒執金吾仗前導。其他羽流加號「真人」「高士」者，亦盈都下。佞倖由茲更進矣。

14 召尚書程信還，與白圭同任兵部尚書。

先是，信奉詔討四川山都掌蠻，請敕東川、芒部、烏蒙、烏撒諸府兵，並速調湖廣、永順、保靖兵，又請南京戰馬一千匹應用。比至，賊已攻燒上、下羅計等寨，乃督游擊羅永忠等由永寧尅期分道並進。賊敗，遁入深箐。乘風縱火，先後焚賊寨二千，斬首三千有奇，生禽一千餘人，獲鎧仗孳畜無算。又討九姓苗之不奉化者，改大壩爲太平川長官司，山都、水都，分地設官控制之，諸蠻惕息。四川遂平。【考異】程信自四川召還，七卿表系之是年四月。證之本紀，信平蠻在三年十二月，而信傳所記皆在四年，今牽連記于四月召還之下。其瑾等賞功進爵，仍據功臣表分書之。

15 五月，癸未，遣官録天下囚。

16 六月，丙午，以旱災，免江西秋糧二百八十八萬六千三百餘石。

17 辛亥，開城賊滿俊反。滿俊，一名滿四，其祖巴丹，以洪武初率所部歸附，授千户。畜牧蕃息，又無科徭。俊素獷悍，藏匿奸盜。會有獄連俊，有司跡捕至其家，多要索，俊遂激衆爲亂。不數月，聚黨數萬，關中震動，詔陝西總兵官寧遠伯任壽、巡撫都御史陳价討之。——壽，寧遠侯禮之子也。

18 甲寅，慈懿皇太后錢氏崩。

初，英宗北狩，錢后傾中宮貲佐迎駕，夜，哀泣籲天，遂損一目。及英宗在南宮不自得，后曲爲慰解。洎英宗大漸，遺命曰：「錢皇后千秋萬歲後，與朕同葬。」大學士李賢退而書之册。上即位，周皇后以己子，欲獨上徽號，李賢、彭時力争，乃兩宮並尊。及營裕陵，賢、時請營三壙，下廷議，中官夏時等希指不可，事竟寢。

至是太后崩，周太后不欲后合葬。上召大臣議，學士彭時首對曰：「合葬裕陵，主祔廟，定禮也。」翌日又問，時對如前。上曰：「朕豈不知，慮他日妨母后耳。」時曰：「皇上孝事兩宮，聖德彰聞，禮之所合，孝之所歸也。」時閣臣商輅、劉定之議皆同，乃合詞奏曰：「皇上大孝，當以先帝心爲心。今安厝慈懿太后于左，而虚右以待將來，豈非兩全其美！」上頷之。

是夕，時等復疏言：「漢文帝尊所生母薄太后，而呂后仍葬長陵；宋仁宗追尊生母李宸妃，而章獻劉后仍祔太廟。今若陵寢之制稍有未合，則有乖前美，貽譏來葉。」下禮官及廷臣，衆議皆請如時言。上曰：「乖禮非孝，違親亦非孝。其議別卜！」

明日，廷臣百四十七人並上疏諫。又明日，禮部尚書姚夔合諸大臣疏言：「天下者，祖宗之天下。皇上當守祖宗成法，豈可阿順母后，顯違前典！」上猶豫，仍不決。于是給事中毛弘倡言曰：「此大事，吾輩當以死爭。」于是給事中魏元偕同官三十九人，御史康允韶亦偕同官四十一人，伏哭文華門外。中使傳旨命退，衆叩頭曰：「不得旨不敢退。」自巳至申，乃得允。衆齊聲呼萬歲出。【考異】明史本紀書太后崩于是月甲寅，明史稿則並書姚夔率百官請合葬祔廟及群臣跪哭文華門事于七月戊午。按太后崩于六月甲寅，爲六月二十六日戊午，則七月之朔也。證之姚夔及后妃傳，皆崩後三四日間事，今並系之六月甲寅下。

19 秋，七月，癸酉，命都督同知劉玉爲平虜副將軍，充總兵官討滿俊，以太監劉祥監其軍，副都御史項忠總督軍務。師未行而陳价等之敗問至。

時滿俊擁衆，自署招賢王。价及寧夏總兵官廣義伯吴琮，會任壽以兵三萬進討，敗績，都指揮蔣泰、申澄被殺。賊因官軍器甲，勢益張，入據石城——石城即唐吐番石堡城，稱險固，非數萬人不能克者也。山上有城寨，四面峭壁，中鑿五石井以貯水，惟一徑可緣而上。

詔玉等進軍圍之。【考異】陳玠等之敗，明史稿系之是年七月，明史改入八月。三編目中亦據之。按玉以七月奉詔討賊，必在价等既敗之後。證之明史項忠傳，言「（五）〔玉〕等師未行，而巡撫陳价先以兵三萬進討，大敗。」又，明史紀事本末言：「任壽、陳价等既敗，賊乃益猖獗，事聞，逮价、壽等下獄，命項忠總督軍務，劉玉充總兵官往討之。」據此，則任壽、陳价之敗在前而玉等之奉詔討賊在後明矣。明史分系之七八兩月，前後倒置，今仍據明史稿書之。

20 戊寅，上大行皇太后尊謚曰孝莊睿皇后。

21 八月，癸巳，京師地震。

22 己酉，以平山都掌蠻功，進襄城伯李瑾爲侯，封羅秉忠順義伯。

23 是月，逮任壽、陳价等下獄。

時南京大理卿馬文升丁父憂歸，即家起爲右副都御史，巡撫陝西以代价。

24 先是朝廷聞价等之敗，欲令撫寧侯朱永將京軍赴援，永多所要請。閣臣彭時，惡其張大，且策項忠能破賊，毋煩益兵。會忠抵石城，馳疏上言：「臣等調兵三萬三千餘人，足以滅賊。今秋深草寒，若更調他軍，往復需時，賊得遠遁。且邊兵不能久留，益兵非便。」疏至，上遣中官偕白圭、程信至閣議。時曰：「賊四出攻掠，鋒誠不可當。今入石城自保，我軍圍甚固，此困獸易禽耳。」信曰：「安知忠不退師？」時曰：「忠處分已定，何故退？且今出師何時到？」信曰：「來春。」時曰：「如此，益緩不及事。事成敗，冬月決矣。」信忿，出危言曰：「忠若敗，必斬一二人然後出師。」衆懼，問時：「何所見？」時曰：「觀忠疏曲折，知其能。若更遣禁軍，則退避不敢任，賊未可知也。」時閣臣惟商輅然其言，禁軍得不遣。【考異】明史本紀書命朱永代劉玉爲總兵官于八月乙卯，證之彭時項忠等傳，則朱永實未行。蓋朝議欲遣永代劉玉，以彭時言而止。明史所書，似係命永討賊已奉明詔，然亦不言其中止也。今參明史列傳書之，而刪去「乙卯朱永爲總兵官」語。

25 九月，庚申，葬孝莊睿皇后于裕陵。

26 辛酉，振陝西饑。

27 癸亥，有客星蒼白色，芒長三丈，尾指西南，變爲彗，掃三台，越五十八日乃滅。【考異】明史天文志：「九月己未，有星見星五度東北行，越五日，芒長三丈，尾指西南，變爲彗星。其後晨見東方，昏見室，南犯三公北斗、瑤光、七公，轉入天市垣。出垣漸小，犯天屏西第一星，十一月庚辰始滅。」按三編書是年「九月彗星見目中，起于癸亥」。據其變彗之日，即志中所謂「越五日」者是也。惟三編言「五十八日乃滅」，自癸亥推之，應以十一月庚申滅，而諸書皆言彗星没于十一月戊午，則五十六日。若據明史天文志，則以九月己未數至十一月庚辰，又八十二日矣。蓋或據其微，或據其没，所記詳略不同耳，今仍據三編。

28 辛未，奉孝莊皇后主祔太廟。

29 壬申，以地震星變，下詔自責，並敕群臣修省。

時萬貴妃寵盛，大學士彭時等言：「外廷大政，固所當先，宮中根本，尤爲至要。諺云：『子出多母』，今嬪嬙衆多，維熊無兆，必陛下愛有所專，而專寵者已過生育之期故也。望均恩愛，爲宗社大計。」妃長上十九歲，時已近四十，故云。上雖知其忠而不能用。

30 甲申，杖給事中董旻、御史胡深等九人。

先是上以星變求言，禮科給事中魏元率同官上言，其略謂：「今春以來，災異疊見。近日彗星又見東方，光拂台垣，人心洶懼，皆陰盛陽微之驗也。臣傳聞宮中盛寵匹耦中宮，陛下富有春秋而震位尚虛，豈可以宗廟社稷之大計一付于愛專情一之人，而不求所以固國本安民心哉！」十三道御史康允韶等亦以爲言。上曰：「宮中之事，朕自有處。」不聽。

元等又言：「四方旱澇相仍，民困日棘。荆、襄流民告變，而户部尚書馬昂等，凡遇奏報，視爲泛常，首鼠依違，民更何望！乞罷征税，發帑銀，遣官振濟，並請敕昂自陳休致以儆不職。」于是旻偕給事中陳鶴，胡智深偕御史陳弘、鄭己、何純、方昇、張進禄，先後上書，痛詆學士商輅，尚書程信、姚夔。(二)〔上〕皆不納。

越日，旻等復劾輅等，謂：「諫官彈章，故事，達御前者，非大廷宣讀則封進，未有不讀而面呈者。」上不悦，曰：「大臣進退有禮，旻等敢不循舊章，亂朝儀耶！」于是輅等皆乞休。上惟聽昂致仕，餘不許。夔憤甚，復連疏求去。旻、深復合詞攻，而詆夔尤力，上怒，乃下旻等九人獄。

先是御史林誠疏劾「輅曾預易儲事，不宜用」，上怒曰：「朕用商輅，有何不可，而屢奏擾耶！」因並下誠獄，命廷鞫諸言者，欲加重譴。輅曰：「臣嘗請優容言者。今以臣故反責之，如公論何！」上意少解，乃命杖旻等，仍復其職。【考異】杖董旻等九人，明史本紀書于是月甲申。三編于彗星見目中遺之，今參明史商輅、魏元等傳增。

31 是秋，吏科給事中程萬里上言：「滿四等據險嘯聚，而瑪拉噶往來于宣府、大同，去邊不遠，其情叵測，萬一有變，畿輔震驚。臣愚意其有可敗者三：近我邊地，止二三日程，彼客我主，一也；兼併諸部，馳驅不息，既驕且疲，二也；此來散逐水草，部落四分，兵力不一，三也。宜選精兵二萬，統以驍將，使偵虜所在，潛師擣之，破可必也。」上壯其言而不能用。【考異】萬里上書，據明史韃靼傳，在四年秋，憲章録系之九月。今仍據明史書是秋下。

32 冬，十月，乙未，項忠圍滿俊于石城，屢敗之。伏羌伯毛忠分攻賊巢，項忠由木頭溝直抵礟架山下，斬獲不少。忠乘勝冒矢石，連奪山北、山西兩峰，而項忠等亦克山之東峰及石城東、西二門，賊大窘，相對哭。忽昏霧起，他哨舉煙掣軍，賊遂并力攻忠。忠中流矢卒，年七十五。從子海、孫鎧前救護忠，亦死。

忠爲將，嚴紀律，善撫士，其卒也，西陲人弔哭者相望于道。事聞，贈侯，謚武勇，予世券。

33 己亥，吏部考覈諸司，斥罷中外聽選官三百餘人。

時吏科給事中毛志言：「邇者京師地震，妖星示警。御史康永韶等奏稱，兩京官員，宜從公考覈以消天變，請從之。」遂有是命。而尚書李秉，鋭意澄清，所斥退者多大臣鄉故，因之謗議紛起。

34 是月，進商輅兵部尚書兼學士，直内閣如故。

輅以請優容建言諸臣，上尤重之。又進劉定之禮部左侍郎。時因久旱，萬貴妃擅寵，儲嗣未兆，郕王女及笄未下嫁，定之並論及之。疏皆留中不下。

35 以户部侍郎楊鼎爲本部尚書，代馬昂也。

36 十一月，壬戌，項忠擊固原之賊，平之。

毛忠之敗也，劉玉被圍于城下。諸軍欲退，項忠斬千户一人以徇，衆乃殊死戰。忠親冒矢石不少避，玉得出，復連戰數十，賊大衄。

會有星孛于台斗，占者以爲在秦分，不利出師，忠聞之曰：「賊虐害生靈，惡貫滔天，今奉詔討罪，師直而壯。昔李晟討朱泚，熒惑守歲，卒以成功。此何害！」乃日遣兵薄城下，焚賊芻草，絶其汲道，四面蹙之。賊窘，欲降，邀忠與馬文升相見。忠偕劉玉單騎赴之，文升亦從數十騎至，呼俊等速降，賊遥望羅拜。忠直前挾俊姪璹歸，俊疑懼，不敢出。有賊將楊虎貍，夜出汲被獲，忠貰其死，諭以購賊賞格，且賜之金帶鉤縱歸，使誘俊出戰，忠伏兵禽焉。盡獲餘寇，毁石城，鑿石紀功。請增一衛于固原西北西安廢城，留兵戍之。送俊至京師伏誅。

初，石城久不下，天甚寒，士卒頗困。忠慮賊奔突，乘凍渡河與套寇合，乃日夜治攻具，歷大小三百餘戰。彭時、商輅知其才能辨賊，不從中制，卒用殄滅。

論功，進右都御史，與林聰協掌院事。

37 瑪拉噶寇遼東，攻指揮傅斌營，指揮胡珍率軍來援，被賊射死。【考異】明史本紀書虜犯遼東，胡珍戰没于十一月壬戌，即下文遼東總兵官趙勝所奏十一月初六日事也。乃又于十二月趙勝奏中，復及胡珍被賊射死，書法重複。而據明史稿，則書寇犯遼東于丙子，又與趙勝所奏十一月初六日不合。今胡珍之死仍據明史月日，而删去十二月趙勝奏語。

38 十二月，戊戌，湖廣地震。

39 己酉，瑪拉噶復犯延綏，都指揮僉事許寧擊敗之。——寧，故總兵貴之子也。

40 是年之夏，日本始遣使來貢，詔禮之如制。使臣自言本寧波村民，請便道過省，許之。並戒使臣，至家毋引中國人入海。其冬，復遣使臣清啓入貢，傷人于市。有司請治其罪，清啓奏請帶回本國如法論治，上命姑宥之。自是外蕃使臣益無忌憚矣。

41 朝鮮國王李瑈卒，遣中官鄭同、崔安封其世子晄爲王。

巡按遼東御史侯英奏：「舊制，册封正、副使，皆于翰林院中選有學行文望者充之。況今所遣同、安，俱朝鮮人，屬在臣民，見其國主，不免屈節，殊褻中國體。乞寢成命，或翰林或給事中及行人內選一員充使爲便。」上是其言，命「今後册封正、副使毋遣內官，著爲令」。

42 安南國王黎灝侵據廣西憑祥，詔守臣謹備之。

43 中官潘洪奏乞兩淮餘鹽五萬餘引，户部參覆，不許。未幾，賜太監陳玹萬引，潘午萬引，自是中官奏乞者接踵矣。

五年（己丑、一四六九）

1 春，正月，乙丑，大祀南郊。

2 是月，吏部尚書李秉致仕。

秉居吏部，朝覲考察，斥退多人。侍讀彭華，大學士時族弟也，附中貴，數以私干秉，秉不聽；而是時大理卿王槩，亦欲去秉代其位，乃共嗾同鄉給事中蕭彥莊劾秉十二罪，且言其「陰結年深御史附己以攬權」。上怒，下廷議。左侍郎崔恭，以久次當得尚書，而秉先得之，頗不平；右侍郎尹旻，嘗學于秉，秉初用其言，既而疏之；于是二人皆言「嘗諫，不聽」。刑部尚書陸瑜附會入奏。上以秉徇私變法，負任使，落秉太子少保，令致仕。

復命彥莊指秉所結御史，不能對，久之，乃以劉璧等三人上，所論亦多失實。上怒，遂並彥莊下詔獄，謫爲大寧驛丞。

方秉之被劾也，勢洶洶且逮秉，秉謂人曰：「爲我謝彭先生，秉罪惟上所命，第毋令入獄。入則秉必不出，恐傷國體。」因具疏引咎，略不自辨。時天下舉子方會試，集都下，奮詈曰：「李公天下正人，爲奸邪所誣。若罪李公，願罷我輩試以贖。」及聞薄責秉，乃已。

秉行，官屬餞送，皆欷歔，有泣下者。秉慷慨揖諸人，登車去。家居二十年，與王竑並負重望，中外薦章十數上，竟不起。

3 李秉既罷，廷推吏部尚書，商輅欲用姚夔，彭時欲用王槩。而北人居言路者，謂時實逐秉，誼謗于朝，時稱疾不出。侍讀尹直，以時、槩皆己鄉人，恐因此得罪，急言于輅，遂以崔恭爲吏部尚書代秉。

4 南京吏部侍郎章綸，以考察與僉都御史高明議不協，疏既上，綸復獨奏，「給事中王讓不赴考察」，且言「明剛愎自用，已言多不見從，乞與明俱罷」。會葉盛等按事南京，詔覆勘。而綸子元應者，以去秋冒籍舉京闈，爲給事中朱清、御史楊智等所發。盛等先已奉旨勘得實，至是讓及下考諸臣又連章劾綸。綸亦屢疏求罷，上不聽，而所奏元應冒籍事亦置不問。

綸性戇，好直言，上以前請復儲事，眷不衰。而爲侍郎二十年不得遷，久之乃請老去。既卒，其妻張氏上綸奏稿，上嘉歎。贈禮部尚書，謚恭毅。【考異】李秉、章綸事，憲章録皆系之正月，蓋朝覲考察皆正月事。而證之秉傳，則正在禮部會試，舉子並集都下之時，至葉盛、毛弘按事南京，亦正在是時，今據增。

5 二月，乙卯，南京雷震山川壇具服殿之獸吻。

6 是月，興化知府岳正入覲，遂致仕。

正既出外，欲有所興革，鄉士大夫多不利其所爲，騰謗言，正亦厭吏職，遂乞歸。歸五年卒。嘉靖中，追贈太常寺卿，謚文肅。

7 衍聖公孔弘緒有罪，廷臣請按治，上以先聖嫡裔，惟奪其爵。

弘緒者，彦縉孫也，襲封幼弱，詔命其族父公恂理家事。英宗復辟，弘緒入賀，纔十歲，進止有儀，帝甚悦。每歲入賀聖壽，帝聞其賜第湫隘，以大第易之。凡南城賞花，西苑校射，皆預焉。

弘緒既少貴，又爲故大學士李賢之壻，漸多過舉。賢既卒，有司奏劾其貪淫暴虐諸不法狀，罷爲民，以其弟弘泰襲封。弘泰没，爵仍歸弘緒子。

8 閏月，癸未，廣東瓊山縣雨雹，大如斗。【考異】見明史五行志，憲章録、二申録所載月日同。惟明史天文志書五年二月丙申、癸亥，俱月犯歲星。以曆推之，丙申在二月癸亥，則閏二月也，今于目録是月下校改。

9 三月，辛丑，賜張昇等進士及第、出身有差。

10 夏，四月，辛巳，皇子祐極生，柏賢妃出也。

11 是月，江西真人張元吉，坐擅殺四十餘人，有一家三人者，下獄論死。給事中毛弘等請絶其封，毁其府第，不許。【考異】據諸書皆在三月，今據三編成化九年目中。

12 五月，辛丑，以禮部侍郎萬安兼翰林院學士，入閣預機務。

安有同年生詹事李泰，中官永昌養子也，齒少于安，安兄事之，得其懽，自爲同官，每當遷必推安出己上。至是議簡閣臣，泰復推安，曰：「子先之，我不患不至。」故安得入閣，而泰忽暴病死。

安外寬而深中，既柄用，惟日事請託，結諸奄爲内援。時萬貴妃寵冠後宮，安因内侍致殷勤，自稱子侄行，妃嘗自愧無門閥，則大喜。妃弟錦衣指揮通，遂以族屬數過安家，其妻王氏，有母至自博興，王謂母曰：「嚮家貧時，以妹爲人娣，今安在？」母曰：「第憶爲四川萬編修者。」通心疑是安，訪之則安小婦，由是兩家婦日往來。通妻著籍禁内，恣出入，安得備知宮中動静，益自固。

13 是月，吏部尚書崔恭以母喪歸。踰月，改姚夔爲吏部尚書。又踰月，進禮部侍郎鄒幹爲本部尚書，代夔。【考異】崔恭改南京吏部，在母喪除服之後。通紀誤記恭改南京而夔代之，據明史恭傳。

14 六月，癸丑朔，日有食之。

15 丁巳，河決開封杏花營。三司具牲醴禱于河神，有一卵浮于河，大如人首，上鋭下圓，或曰：「龍卵也，其占大水。」

16 辛酉，録囚。

17 是月，瓊山地震。

給事中李森疏陳十事。時萬貴妃寵盛，言者每勸上普恩澤，然未敢顯言妃妬也，惟森抗疏言之。不悦，報聞而已。【考異】閏月瓊山雨雹，見明史五行志。而六月瓊山地震，不見于志，惟見于李森傳。傳言「明年夏日食、瓊山地震」，即是年六月癸丑日食事也。下文復記森陳十事，因類及「請普恩澤」等語。今據增。

18 秋，八月，辛酉，禮部侍郎兼學士劉定之卒，贈禮部尚書，謚文安。

論曰：成化初閣臣，自李賢以下，其可稱者，彭時、商輅而已。史言「呂原、岳正、劉定之三人，雖相業未優，而原之行誼，正之氣概，定之之建白，咸有可稱。」予謂定之之建白，多在入閣以前。至其身躋卿貳，侍直内廷，不過以文章結主知，以巽順保禄位，其于貴妃之專寵，中人之傳奉，若有知之而不敢言，言之而不敢盡者。至于上元張燈，章懋等疏請停止，且禁詞臣進奉詩詞，而定之以七言百首，伸紙立成，詡其敏捷之才，失其規諷之旨，豈所謂格君心非，引君于當道者耶！蓋官愈尊，遇益隆，而志益葸也。

19 是月，復御經筵，視午朝。

先是劉定之請「經筵兼講太祖御製諸書，斥異端邪教，勿令害政耗財」，上留其疏，至是，乃詔行之。

20 初，太后弟周彧奏乞武强、武邑地六百餘頃，翊聖夫人劉氏求通州武清地三百餘頃，皆許之。給事中李森，因日食地震之變，率同官上言：「昔奉先帝敕，『皇親强佔軍民田者罪無赦，投獻者戍邊』，一時貴戚莫敢犯。比給事中邱弘奏絶權貴請乞，陛下亦既俯從。乃周壽、周彧、翊聖夫人請無不許，何其與前敕悖也？彼谿壑難厭，而畿内膏腴有限，小民衣食皆出于此，一旦奪之，將何以爲生！且本朝百年來，户口日滋，安得尚有閒田不耕不稼？名爲奏乞，實豪奪而已。」上善其言，而已賜者仍不問。

至是，彧又奏乞武强、武邑民田不及賦額者籍爲閒田，詔遣官按視，皆民所墾闢輸賦者。因據籍步之，每畝百步，餘没入爲閒田，得七十餘頃。彧不滿，復言於上，改命刑部郎中彭韶、監察御史季琮覆勘。韶、琮至，不復步田，周視徑歸，上疏自劾曰：「真定田，自祖宗時許民墾種，即爲恒産，除租賦以勸力農。功臣戚里家，與國咸休，豈當與民争尺寸地！臣誠不忍奪小民衣食，附益貴戚，請伏奉使無狀罪。」疏入，詔以田歸民，而責韶等邀名方命，復下詔獄。言官争論救，乃得釋。

21 冬，十月，大學士彭時以疾在告。踰三月，上趣起視事，免朝參。

22 十一月，乙未，瑪拉噶糾朵顔三衛復犯延綏，榆林大擾。巡撫延綏王鋭請濟師，詔大同巡撫王越率師赴之。

阿勒楚爾之據河套也，別部頗羅鼐後至，舊譯見三年。三編一作頗羅鼐，一作博勒訥，與舊譯之孛魯乃同是一人也。與之合，未幾，又糾其別部釋嘉策淩、舊作乩(如)〔加〕思蘭。博勒呼舊作字魯忽。先後入套，爲久居計，于是延綏之疾置頻聞。【考異】明史本紀系阿勒楚爾入居河套于是年之冬，證之韃靼傳，則阿勒楚爾之潛入河套在天順間，是年又糾其別部先後至，爲久居計，故本紀託始於此。今仍據傳書之。

23 是月，罷兩廣巡撫，仍起復韓雍總督東、西事務。

先是雍請分設東、西巡撫，己總軍事。未幾，雍以憂歸，賊復熾。僉事陶魯言：「兩廣地勢錯互，當如指臂相使，不可離析。近賊入廣西，臣與廣東三司調兵，匝月未決，以是賊得大肆劫掠。乞仍命大臣一人總之，庶事權一而責有所歸。」詔即其家起韓雍，仍總督兩廣，開府梧州，遂爲永制。

24 十二月，丙辰，汝寧、武昌、漢陽、岳州同日地震。

25 是冬，無雪，燠如夏。

大學士彭時疏言：「光祿寺採辦，各城門抽分，掊尅不堪，而獻珍珠寶石者倍估增直，漁竭帑藏。乞革其弊以惠小民。」上優詔褒納。

26 是歲，土爾番來貢。「爾」舊作「魯」。

初，上即位，禮官姚夔等定議：「土爾番三年或五年一貢，貢不得過十人。」至是遣使來貢，其酋阿爾舊作阿力。自稱「蘇勒坦」，舊作「速擅」。奏求海青、鞍馬、蟒服、綵幣、器用，多違禁物。禮官議給綵幣布帛，餘不許。是時哈密削弱，而土爾番日强，阿爾欲并之，不數年而衅作。

27 巡撫貴州都御史陳宣，奏劾「太監錢能，出鎮雲南，道經貴州，從行官舍，需索百端，民吏駭竄，乞通行取回」。兵部以特旨所定人數，不許，惟行巡按御史禁治之。

六年（庚寅、一四七〇）

1 春，正月，丁亥，河南地震。

2 己丑，大祀南郊。

3 壬寅，大同巡撫王越，遣游擊許寧擊瑪拉噶，敗之。丁未，大同總兵官楊信禦寇于胡柴溝，亦敗之。【考異】明史本紀，王越破瑪拉噶在正月，命朱永將兵討寇在三月，此分書例也。韃靼傳中言「六年春」，則因命朱永並記之，故三編統系之三月。今仍從本紀分書之，其壬寅、丁未日分，據明史稿。

4 是月，禮部奏甘露降。給事中郭鏜，以「河南地震不先奏，而以瑞應希詔，請罷禮官鄒幹等」，上不悅。

5 韓雍乞終制，不許，遂莅兩廣任。復以平江伯陳鋭充總兵官鎮兩廣。

6 二月，辛未，遣使分巡州郡。

先是兵部尚書白圭言：「陝西屢遭寇掠，川、廣盜攘未息，疫癘行于閩、越，災異見于淮南，兩畿、齊、豫雨雪愆期，二麥槁死，荆、襄流民動數十萬，姦盜由之。乞簡大臣循行天下，便宜興革。」于是分遣大理寺少卿宋旻、侍郎曾翬、原傑、黄琛，副都御史滕昭，巡視畿南、大名諸府暨浙江、河南、四川、福建，訪軍民疾苦，考察官吏，奏斥貪殘。其南北直隸、陝西、山西、山東、湖廣、荆、襄、兩廣、貴州有巡按者，江西有撫民按察使者及雲南多土官者，皆不遣。

7 丁丑，以自冬徂春雨雪不降，親詣郊壇祈禱。

8 戊寅，振廣西饑。

9 三月，辛巳，京師雨䵄晝晦。

10 甲申，免湖廣被災税糧二十八萬，山東三十九萬有奇。又免蘇、松、常、鎮四府及蘇、太、鎮三衛所去年秋糧二十四萬八千，屯糧七千一百有奇。【考異】明史本紀但書免湖廣、山東被災税糧，三編據實録補出蘇、松、常、鎮四府，並著所免石數，今據增。

11 阿勒楚爾擾邊不止。王越報柴胡溝之捷，遂引師還。抵偏頭關，延綏告警，兵部劾越擅還，詔弗罪，而令越屯延綏近地爲援。

壬寅，復命延綏屯田朱永爲平虜將軍，充總兵官，太監傅恭、顧恒監軍，越參贊軍務以備之。

12 是月，兵部尚書白圭，以虜駐牧河套，奏劾延綏巡撫王鋭、總兵官房能，罷之。薦浙江布政使余子俊，歷官陝西，習邊事，從之。

13 翰林院編修陳音，應詔陳時政。言：「近日經筵之御，僅循故事，願引儒臣賜坐便殿，從容咨論，仰發聖聰。異端者正道之反，法王、佛子、真人，宜一切罷遣。」章下禮部。越數日，音又奏：「國家養士百年，求其可用，不可多得。如致仕尚書李秉，在籍修撰羅倫，編修張元禎，新會舉人陳獻章，皆當世人望。宜召還秉等，置獻章于臺諫，更召還判官王徽、評事章懋等以開言路」。忤旨，切責。

音在翰林，會司禮太監黄賜母死，廷臣皆往弔。侍講徐瓊謀于同官，音大怒曰：「天子侍從臣相率拜内豎之室，若清議何！」瓊慚而中止。

時都給事中潘榮亦偕同官上言：「比來雨雪愆期，災異迭見。陛下降詔自責，躬行祈禱，詔大臣盡言，宜上天感格；而今乃風霾晝晦，氣赤而復黑，豈非應天之道有未盡與！夫人君敬天，不在齋戒祈禱而已。政令乖宜，下民失所，崇尚珍玩，費用不經，後宫無序，恩澤不均，爵濫施于賤工，賞妄及于非分，皆非敬天之道。願陛下日御便殿，召大臣極陳闕失而釐革之，庶災變可弭。」

時萬妃專寵，群小夤緣進寶玩，官賞冗濫，故榮等懇切言之。上不能用。【考異】陳音、潘榮上書，皆見明史本傳。傳特書「成化六年三月」，正風霾晝晦，郊壇祈禱時也。今據列傳增入。

14 是春，南京大理少卿夏時正，奉敕巡視江西，除無名稅，汰冗役，奏罷不職官吏二百餘人，築南昌之豐城堤，民賴其利。

15 夏，四月，庚戌，立夏節，雷未發聲，陰霾四塞。

壬戌，天鼓鳴。

16 是月，以水災免直隸溧水、溧陽、句容、六合、江浦、當塗、蕪湖七縣稅糧凡三萬六千有奇。

17 五月，丙申，振畿內、山東、河南饑。

時三省大旱，陝西、四川、山西、兩廣、雲南並饑，亦先後振之。

大學士彭時請免夏稅、鹽鈔及太僕寺賠課馬。又以京師米貴，請發倉儲五十萬石平糶。下所司行之。

18 丁酉，（正）〔王〕越奏破河套寇于延綏東路。

19 六月，戊申朔，日有食之。

20 是月，順天、河間、永平諸府大水。

時旱澇相仍，民食草木幾盡。吏部尚書姚夔請遣使振卹，從之。

21 是夏，山東、河南大旱。

都給事中邱弘因言：「四方告災，部臣格于成例，必覈實始免，上雖蠲租，下鮮實惠。請自今遇災，撫、按官勘實，即與蠲除。」從之。

是時萬貴妃有寵，中官梁芳、陳喜，爭進淫巧，奸人屠宗順輩，日獻珍異寶石，輒厚酬之，糜帑藏百萬計，有因之得官者。都人仿效，競尚侈靡，僭擬無度。弘偕同官疏論其罪，「請追還帑金，置宗順等于理，因沒其貲以振饑民。」上不許，但申明禁約，違者無赦，然竟不能禁也。

京師歲歉米貴，而四方游僧萬數，弘請「驅逐以省冗食」，又請「在京百獸房及清河寺諸處所育珍禽野獸，日飼魚肉米菽，乞並縱放以省冗費。」疏上，報聞而已。

弘與毛弘同居言路，皆敢言，人稱「二弘」云。

22 上欲建佛閣于西山，六科給事中言：「四方旱暵，夏秋無收，百姓嗷嗷待哺。荊襄流民强梗，陝西虜寇侵掠，致勞宸慮，分遣大臣巡視，選調官軍。今乃起無名之工，爲不急之務，徒費國用，有傷治體。若謂建閣可以邀福利，孰若以之振濟饑民，賞勞軍士，其爲福利，豈不大哉！」上命已之。【考異】通紀系于是年之春，今據憲章録。

23 秋，七月，戊寅，免四川被災税糧。【考異】明史本紀及三編（者）〔皆〕書是月「免南畿、四川被災税量」，無日，明史稿系之戊寅，而無「南畿」二字。按是年四月，以水災免直隸溧水等七縣税糧，即南畿也。今日分省分皆據明史稿。

24 己卯，皇子生於西内，紀淑妃出也。

妃，廣西賀縣人，本土官女，以征蠻俘入掖庭，授女史，警敏通文字，命守内藏。時萬貴妃專寵而妬，後宫有娠者皆墮之。上偶行内藏，妃應對稱旨，悦，幸之，遂有身。萬貴妃知而恚甚，命婢鉤治之，婢謬報曰「病痞」，乃謫居安樂堂。久之，皇子生，使門監張敏溺焉，敏驚曰：「上未有子，奈何棄之！」稍哺粉餌飴蜜，藏之他室，萬貴妃日伺無所得。時廢后吴氏居西内，近安樂堂，密知其事，往來哺養，上不知也。【考異】明史本紀不載，今據三編增。其日分則明書及通紀皆書「己卯」，通紀並云「七月初三日」。是月丁丑朔，己卯正初三日也，今據之。

25 壬午，朱永奏破河套寇于雙山堡。【考異】明史稿書朱永破套寇于是月甲辰。按是年七月丁丑朔，甲辰爲七月二十八日，史稿書于戊寅之前，疑有誤字。今據明史作「七月壬午」，爲七月初六日。

26 丙戌，太白晝見。【考異】明史天文志，太白晝見爲六月丙戌，按六月戊申朔，是月無丙戌也。是年七月丁丑朔，丙戌乃七月初十日也，今校改。

27 命都御史項忠、吏部侍郎葉盛振畿内饑民。

28 甲辰，大同總兵官房能大破河套寇于開荒川。先是寇以萬騎自雙山堡分五道至，及戰敗，皆棄輜重走。至牛家寨，遇都指揮吳瓚，兵少，寇圍之。指揮李鎬、滕忠至，復力戰，都督劉聚及都指揮范瑛、神英分據南山夾擊。寇乃大敗，斬首百有六，獲馬牛數千，阿勒楚爾中流矢走。

是役也，雖斬獲不多，然諸將咸力戰追敵，邊人以爲數十年所未有云。

29 是月，命都督李杲撫治屯營。

30 通州張家灣等處，被水軍民凡二千六百六十户，漂没房舍六千四百九十處。給事中韓文等勘實以聞，命所司振恤之。

31 八月，辛亥，振山西饑，並免今年税糧。

32 癸丑，下寬恤之政，以各省水旱相仍故也。

33 己巳，廣東高、雷二府地震。

34 九月，丙子朔，太白犯軒轅左角。甲午，犯左執法。己亥，犯木星。庚子，又犯左執法。【考異】明史天文志系太白犯諸星于五年九月，誤也。五年九月之朔爲壬午，若六年九月之朔，則丙子也。志言「五年九月丙子朔」，乃承上文書之，脱去「六年」二字耳。其下文甲午、己亥、庚子，皆在六年之九月。復檢憲章録及二申野録，是年金星四犯，皆在九月，其犯軒轅左角，則丙子朔也。今特書之，以刊正明史天文志之誤。

35 是月，改兵部尚書程信爲南京兵部尚書。

信以是年春旱，應詔言兵事宜更張者四，兵弊宜申理者五。大略言：「延綏、兩廣，歲遭劫掠，宜擇大臣總制四方。流民多聚荆襄，宜早區畫。京軍操練無法，功次陞賞未當。」語多侵尚書白圭，圭奏寢之。尋改南京。明年，致仕。踰年卒，贈太子少保，謚襄毅。

36 以李賓爲左都御史。

賓自都御史遷南京兵部尚書，至是以程信改南，復召賓内用。

37 冬，十月，丙午朔，東北有流星，赤色，光燭地，自昴宿東北行，至井宿而没。

38 己酉，以旱災，免河南民田夏税三十七萬七千七百石有奇，軍屯子粒八萬六百石有奇。尋又以旱災，免濟南、兗州等處秋糧二十八萬九千七百有奇，濟南、昌平、青州、德州諸衛所子粒七千三百有奇。又以水災，免保定等衛子粒二萬三百有奇。

39 十一月，荆襄流民復亂。

初，白圭討平劉通，遽請班師，諸郡邑控制戍守事宜皆未及。會歲大旱，流民入山者九十萬人。有李胡子者，劉千（兵）〔斤〕餘黨也，千斤敗，與其黨王彪走免，糾合餘衆小王洪等，往來南漳、內鄉、淯南諸縣，復倡流民爲亂，僞稱太平王，署其黨爲總兵、先鋒等，又立「一條蛇」、「坐山虎」等號。官軍屢剿不利，諸郡騷然。

癸未，詔都御史項忠總督河南、湖廣、荆襄軍務，會湖廣總兵官李震討之。

40 是月，博勒訥渡河與阿勒楚爾合。

時朱永、王越奉詔討賊，數以捷聞。論功，永世侯，越進右都御史，而敵據套自如。

房能之被劾也，永等薦都指揮同知許寧才，詔擢都督僉事，佩靖虜副將軍印，代能充總兵官。會套寇大入，寧與游擊孫鉞禦之于波羅堡，相持三日夜，寇乃解去。亡失多，寧以力戰得出，卒被賞。至是寇入安邊營，寧復擊却之。

41 十二月，庚戌，遣官十四人分振畿輔。

42 是歲，侍講學士尹直，上疏乞纂修大明通典，並續成宋元綱目。章下所司行之。

43 巡按雲南御史郭陽，奏稱「鎮守中官錢能，剛果有爲，政務歸一」。時能方以被劾乞疾，陽奏請仍留雲南鎮守，一時士論鄙之。

44 巡按江西御史楊守隨疏陳六事：「一追復郕王謚號；一召還李秉；一犯公罪者宜復官；一西征宜速班師；一軍官犯罪援例赦免者，不得管軍在外；一漕運宜量爲存留以備匱乏。」奏上，時不能從。

明通鑑卷三十二

江西永寧知縣當塗夏燮編輯

紀三十二起重光單閼（辛卯），盡閼逢敦牂（甲午），凡四年。

憲宗純皇帝

成化七年（辛卯、一四七一）

1 春，正月，辛巳，命京官五品以上及給事御史各舉堪州縣者一人，復正統間例；從都御史李賓之請也。

2 丙戌，大祀南郊。

3 是月，擢浙江布政使余子俊爲右副都御史，巡撫延綏。先是巡撫王鋭奏請「沿邊築牆建堡，爲久遠計」，工未興而罷。子俊上疏言：「三邊惟延慶地平易，利馳突。寇屢入犯，獲邊人爲導，徑入河套屯牧，自是寇顧居内，我反屯外，亟宜沿邊築牆置堡。況今舊界石所在，多高山陡崖，依山形，隨地勢，或鏟削，或壘築，或挑塹，緜引相接以成邊牆，于計爲便。」尚書白圭以陝民方困，奏緩其役。

先是延綏鎮治綏德州屬縣米脂吴堡，孤懸鎮外，寇以輕騎入掠，鎮兵覺而追之輒不及，往往得利去。子俊至，徙鎮榆林，增益兵衛，攻守器畢具，遂爲重鎮，寇鈔漸稀，軍民得安耕牧焉。

4 項忠討賊至襄陽，以「見卒寡弱，請調永順、保靖土兵」，而先分軍列要害，多設旂幟鉦鼓，遣人入山招諭流民，歸者日益衆。會王彪引數十人覘軍，忠掩其不意，禽之。

事聞。時白圭爲兵部，遣錦衣百户吴綬贊參將王信軍。綬欲攘功，不利賊瓦解，縱流言。圭信之，止土兵勿調。忠疏争，且劾綬罪，上爲召綬還，仍聽忠調土兵，惟敕「嚴禁不得擾民。其流民在山眷戀生業，不至爲非者，仍分别鎮撫之」。【考異】忠至襄陽請調土兵，諸書或系之正月，或系之二月，今據紀事本末。

5 二月，復設九江、蘇州、杭州鈔關。

初，鈔關設于宣德間，九江及蘇之滸墅、杭之北新，皆同時建置。上即位之四年，罷之。至是户部以京庫歲用鈔不足，遂議復設。

6 三月，丁丑，歲星逆行入太微垣。【考異】明史天文志作「丁卯」，誤也。丁卯在二月，三月無丁卯，檢明史稿作「丁丑」，是也，今校改。

7 是月，工部尚書王復，請于直隸太平之蕪湖，湖廣荆州之沙市，浙江杭州城南三處，抽分竹木，遣官榷收。初止取鈔，後易以銀，漸增至數萬兩，以爲宫中營繕之用。

8 朱永、王越等分兵五道，禦寇于懷遠等堡，設伏敗之。追至山口及翁郭察圖河，舊作晃忽都。寇敗走。游擊孫鉞、蔡瑄又破其别部于鹿窖山。捷聞，璽書獎勞。

是時永、越等以「虜寇數萬出入邊塞，而我軍堪戰者不及一萬，又復分散防守，何以禦敵？」乃上戰守二策。而兵部議，以「馬瘦餉缺，命諸將分兵守禦以圖萬全」，于是搜套之議復寢。永等請班師，不許。【考異】敗寇懷遠等堡事，見朱永傳，在是年之三月，而朱永等上戰守策，證之明史韃靼傳中，在是年之春，皆前後事，今統系之三月。

9 禮部侍郎邢讓，國子祭酒陳鑑，以事除名。

初，讓在太學，力以師道自任，修辟雍通志，督諸生誦小學及諸經，痛懲謁告之弊。時以此見稱，而名位相軋者多忌之。至是以國子監用會饌錢事，劾後祭酒陳鑑等，並追論讓前在監中同罪，坐死。諸生訴闕下請代，復詔廷臣雜治，卒論死，贖爲民。

鑑在太學，亦有聲。既得罪，禮部尚書姚夔請起致仕禮部侍郎李紹爲祭酒，馳召之，而紹已卒。

紹居官剛正，有器局，時以疾解職歸。其卒也，上深惜之。

10 是春，京師以頻年饑饉，大學士彭時先奏請發倉儲五十萬石平糶，續又發二十萬，至是又增十萬。定值每石六錢，而豪猾乘時射利。户部侍郎陳俊，奏請「平糶以升斗爲率，過一石勿與」，饑民獲濟。

俊練習錢穀，四方災傷，邊鎮芻餉，奏請遝至，俊裁決咸當，户部尚書楊鼎深倚之。

【考異】明書系平糶于四月，蓋春夏間事。證之明史俊傳，言「發太倉粟八十萬石」，據明書，「初發五十萬，後發二十萬，至是又增十萬」，與俊傳八十萬之數合，又，平糶之議發于彭時，時傳「請發五十萬石」，蓋初次也。今參列傳書之。

11 以都督同知歐信充總兵官，鎮守遼東。【考異】信充遼東總兵官事，見明史本傳，書于是年之春。諸書皆不載，今據增。

12 夏，四月，乙卯，歲星入太微垣，留守端門。

是日，雨土霾，丙辰，雨黑沙如漆。【考異】據明史天文志，歲星留守端門在是月乙卯，典彙、二申録作「己卯」，形之誤也，今據明史。

13 己巳，録囚。

14 五月，辛巳，瘞京師暴骸。

時歲饑大疫，民多道死，户部奏，「請無令暴露以干和氣」，從之。

詔「置漏澤園六所于都城外，並令病者委官收恤，其軍餘匠役給所親收養，所親不能給者，許送入養濟院撫視之」。

15 是月，副都御史巡撫陝西馬文升，請「復修茶政，易番馬八千有奇以給邊用」。

16 六月，巡按直隸御史梁昉上言：「涿州、良鄉等縣，密邇京師。其民迫于饑寒，困于徭役，往往隱下税糧，虚賣田地，産業已盡，征賦猶存，是以田野多流亡之民，里甲有代償之擾。宜令有司查實歸户，以清賦税。」下所司行之。

17 秋，七月，甲午，總督荆襄軍務項忠奏：「前後招撫流民復業者九十三萬有奇，賜復三年，仍請益土兵搜捕賊黨。」【考異】忠奏流民復業者九十三萬有奇，明史稿系之七月甲午，據忠奏報之文也。明史則統系于十一月荆襄賊平之下，云「流民復業者一百四十餘萬人」，亦據忠之奏報耳。證之忠傳，忠疏言「臣先後招撫流民復業者九十三萬餘人，餘黨遁入深山，又招諭解散，自歸者五十萬人。」合此二數，明史所稱「一百四十餘萬人」，其爲項忠自報之數明矣。史言「荆襄之亂，流民附賊者至百萬」，又安得有一百四十餘萬之歸者？且招撫之衆，編之户籍，猶可以數稽，若解散之徒，散之四方，又安可以數計乎？明史紀中據其奏報之數以爲實，則當(目)(日)濫殺之謗，何自而來？諸書所記，但云「四十餘萬」，與忠自報之九十三萬已屬懸殊，何況此外尚有五十萬？忠不過以此掩其所殺之多，豈足爲盡信之書耶！今但據明史稿七月所載書之，而仍歸之忠所自奏，爲得其實。

18 八月，甲辰，振山東、浙江水災。

時户科給事中李森等奏：「山東七府及浙江嘉、湖、杭、紹四府，自夏霪雨傷稼，漂没廬舍人畜無算，乞遣廉幹名望大臣勘災蠲振」，從之。森以敢言指斥爲上所愠，會户科都給事中缺，吏部列森名上，詔予外任。部擬興化知府，不允，乃出爲懷慶通判。未幾，投劾歸，遂不復出。

19 是月，王越以方西征，辭大同巡撫。詔聽之，加總督軍務，專辦西事，以右都御史林聰巡撫大同代之。【考異】越辭巡撫，聰代之，皆見明史本傳，在是年。而聰以八月出撫大同，見七卿表，今據之。

20 九月，辛未，浙江潮溢，衝決錢唐江岸千餘丈，漂没居民田宅，守臣以聞。【考異】據明史五行志，浙江潮溢在九月辛未，本紀統系于閏九月己未，蓋據遣李顒往祭及修築之月日牽連記耳。三編則系之九月目中，書是月二日辛未，遂及閏月遣李顒事，今分書之。

21 丁亥，始定漕糧長運法。

初，宣宗宣德間，平江伯陳瑄議立兑運法，與支運參行。支運者，民運淮安、徐州、臨清、德州水次四倉，交收運官分派官軍轉運于通州、天津二倉，往返經年，民多受累。後周忱巡撫江南，議以民運糧儲，俱于瓜洲、淮安補給脚價，兑于運軍。自是變爲兑運而支運者少，至是應天巡撫滕昭，議「變瓜、淮兑運爲長運，令運軍徑赴江南水次交兑，加耗外復給米爲渡江之費。」户部以爲便，請行之。【考異】三編質實云：「按渡江法，宣德時已與瓜、淮兑運並行。明史周忱傳云：『忱與陳瑄議，民運至瓜、淮水次，交兑漕運軍運至通州。其附近軍未過江者，即倉交兑，加過江米二斗。』所謂『附近軍』者，考之瑄傳，蓋謂湖廣、江西、浙江及蘇、松、安慶軍士。而浙江兑運糧歲六十萬，蘇、松、安慶九十一萬八千，附近軍領兑不盡，仍多赴瓜、淮交兑。昭之此議，則並令江北軍過江就兑浙江等處，石加過江米一斗，南直隸等處一斗三升。户部會議，定石加脚米六升，乃悉罷瓜、淮兑運。是爲長運法之始。」按前此兑運赴瓜、淮交兑者，謂民就兑于軍，此則直令運軍渡江就兑于民。所云「水次交兑」者，如某府漕糧即在某府水次兑之于軍，但給過江之費，不復自運，此仍兑運法變通而行之者。質實所記，最爲明析，今並識之。○又按，定長運法，明書、憲章録、通紀皆系之是年正月，蓋據滕昭奏至之月；三編系之九月，蓋户部議行之月也。三編月日，皆據實録，今從之。

22 是月，致仕南京吏部尚書魏驥卒。

驥家居二十餘年，至是年九十八歲。御史梁昉奏：「稱其有德有壽，因舉前史尊養三老五更及乘安車賜几杖故事，請施行。」上覽奏嘉嘆，遣行人存問，賜羊酒，命有司月給米三石。使命未至而驥已卒。賜祭葬如禮，謚文靖。

其子完，以驥遺言詣闕辭葬，乞以其金振饑民，上憮然曰：「驥臨終遺命，猶恐勞民，可謂純臣矣！」許之。蕭山小民詣闕請祀于德惠祠，以配宋楊時，報可。【考異】驥卒在成化七年，見明史本傳。憲章録系之八月，據梁昉所奏遺人存問之月也；通紀系之九月，則驥卒之月也。證之明名臣言行録，言「是年八月，上遣行人至其家存問，未至而驥以九月己丑卒。」己丑乃九月二十日也，今系之九月下。

23 閏月，己未，以浙江海溢，遣工部侍郎李顒往祭海神，並修築塘岸。

24 冬，十月，乙亥，以王恕爲刑部左侍郎，總理河道。

時運河淤塞，廷臣言：「自永樂間陳瑄治河，通運六七十年。近歲以來，規制廢弛，灘沙壅塞，不加挑濬，漕運將阻。亟宜命官修治，復瑄之舊。然自通州至儀真、瓜洲二三千里，非一人所能獨任。當分沛縣以南、德州以北及山東爲三道，各委曹郎暨監司專理。且請簡風力大臣總理其事，期以三年底績。」從之。尋有是命。【考異】據輯覽目中所載，言「英宗初命官督漕，分濟寧南、北爲二侍郎，鄭辰治其南，副都御史賈諒治其北。至是河道淤塞，廷議請分三道」云云。按明初治漕，本兼河道，永樂間，陳瑄充總兵官，兼理河、漕。其後文臣如尚書、侍郎、都御史等，間遣巡視，亦河、漕不分。據明史職官志，總督河道始于王恕，自成化後始分試總漕、總河。據此，則王恕之命，專在治河。三編所載，但書「河道淤塞，分三道治之」，明史本紀，亦但言「總理河道」，不及漕運，皆據實録更正，今從之。

25 十一月，甲寅，立皇子祐極爲皇太子。大赦。【考異】此即五年四月所生之皇子，證之后妃傳，蓋栢賢妃所生也。先是成化二年，萬貴妃生子，未期而薨。後賢妃生皇次子，今已三歲，故立之。史中敘載甚明，而法傳、憲章二録，直以祐極即萬貴妃出，誤矣。貴妃生皇長子既薨，自是不復娠，亦見貴妃傳中，陳、薛二家失于考證耳。

26 己未，項忠奏荆、襄賊平。

忠前後奏調土兵合二十五萬，分八道逼之，流民歸者又數萬。李胡子勢孤，潛伏山寨，忠遣副使余洵，都指揮李振率兵掩捕。遇于竹山縣，乘溪漲，半渡截擊，遂生禽胡子及小王洪等，餘多溺死。忠遂移軍竹山，搜捕餘孽，斬首六百四十，俘八百有奇。家口三萬餘人，户選一丁，戍湖廣邊衛，餘令歸籍給田。疏陳善後十事，悉允行。【考異】此俘斬之數，皆據明史忠傳。而原奏稱「復招流民五十萬，斬首六百四十，俘八百有奇」，招撫之多而俘斬之少，亦不實不盡矣。今仍據明史忠傳，而删去「五十萬」及紀中「一百四十餘萬」語。

27 十二月，甲戌，彗星見天田，西指。下詔自責，敕群臣修省，條時政闕失。

丁丑，彗復北行，横掃太微垣郎位。

己卯，光芒長丈，東西竟天，北行二十八度餘，犯天槍，掃北斗、三公、太陽，入紫微垣，正晝猶見，自帝星、北斗、魁、庶子、后宫、勾陳，天樞三師、天牢中台、天皇大帝、上衛閣道、文昌上台，無所不犯。

壬午，上避正殿，撤樂，御奉天門聽政。

先是廷臣以彗久見，多言「君臣否隔，宜召大臣議政。」大學士彭時、商輅力請，中官乃約以是日御殿召對，戒曰：「初見時，情未洽，勿多言，姑俟他日。」將入，復約如初。比見，時言：「天變可畏。」上曰：「已知。卿等宜盡心。」時又言：「昨御史有疏請減京官俸薪，武臣不免缺望，乞如舊便。」上可之。【考異】三編質實云：「明實録，『御史張斅因星變陳八事，其一爲兩京官俸薪，宜暫減半。』時所謂『御史有疏』者，蓋謂斅也。」萬安遂頓首呼萬歲欲出，時與輅不得已皆叩頭退。中官戲朝臣曰：「若輩嘗言不召見，及見，止知呼萬歲耳。」一時傳笑，謂之「萬歲閣老」。上自是不復召見大臣矣。【考異】明史本紀，日食外，星變多不書，是年十二月彗見則書之，以避正殿撤樂爲非常也。天文志所載尤詳，今日分皆據之。諸書言彗始見軒轅在十一月，二申録則言「三月有星孛于天田」。據此，則彗見已近一年，史特書其甚者耳，並記之。

28 癸未，召朱永還。王越總督延綏軍務。

29 乙酉，彗星南行，犯婁宿、天河、天陰外屏、天囷。

30 彗之見也，大學士彭時上言政本七事：「一毋惑佛事，糜金錢；二傳旨專委司禮監，毋令他人以防詐僞；三延見大臣議政事；四近倖賜予太多，工匠冒官無紀，而重囚死徒者法不蔽罪，宜戒淫刑僭賞；五虚懷受諫，勿惡切直；六戒廷臣勿依違，凡政令失當，宜直言論奏；七清理牧馬市地，減退勢要莊田。」皆切中時弊。吏部尚書姚夔，亦偕群臣陳二十八事，大要「以絶求請，禁採辧，恤軍匠，減力役，撫流民，節冗費爲急。」並見采納。

是時諭德王一夔上言：「彗星之變，災異非小。謹上五事：一曰正宮闈以端治本，二曰親大臣以咨治道，三曰開言路以疏壅蔽，四曰慎刑獄以廣好生，五曰謹妄費以裕財用。」言尤剴摯，被旨切責。【考異】一夔上疏事，見明史王得仁附傳中。憲章録、法傳録系之是年十二月星變時，是也。據傳，「王得仁本謝姓，父避讎外家，因冒王氏」，故二書皆作「謝一夔」。今仍據明史本傳。

31 辛卯，録囚，減死罪以下。

32 是歲，釋嘉策淩入居河套，與阿勒楚爾合。時頗羅鼐稍衰，又有別部們都爾者，舊作滿都魯，又作們都埒。亦先後來套中。兵部尚書白圭，議「以十萬衆大舉逐之，沿河築城抵東勝，徙民耕守」，上壯其議。

33 安南黎灝攻占城，破之，虜其王槃羅茶全以歸。

八年（壬辰、一四七二）

1 春，正月，戊戌朔，以星變，免慶成宴。

2 丙午，彗行奎宿外屏，漸微，久之始滅。

3 庚戌，大祀南郊。

4 乙卯，太白經天，與日争明。

5 癸亥，皇太子薨；——傳者以爲萬貴妃害之也。謚曰悼恭。

6 是月，瑪拉噶犯安邊營，延綏參將錢亮與戰，敗績，指揮柏隆、陳英死之。釋嘉策凌復犯固原、平涼。

先是白圭議大舉搜套，上敕吏部侍郎葉盛巡邊，與總督王越、巡撫馬文升、余子俊、徐廷璋詳議。

初，盛爲諫官，好言兵，多所論建。既往來三邊，知時無良將，邊備久虛，轉運勞費，搜河套復東勝未可輕議，乃會諸臣上疏言：「守爲長策。如必決戰，亦宜堅壁清野，俟其惰歸擊之，令一大創，庶可遏再來。又或乘彼入掠，遣精卒進搗其巢，令彼反顧，内外夾擊，足以有功。然必守固而後戰可議也。」上善其言。而圭主復套，方謀出師，于是盛議亦寢。【考異】安邊之敗，明史本紀系之正月，韃靼傳中言「七年之冬」，因遣葉盛巡邊類記耳，證之盛傳，其巡邊上疏亦在是年之春。蓋盛之奉使在去冬，其至邊議事皆在是春，今並牽連記于入寇之下，仍據明史本紀。

7 四川榮縣盜起，殺人攻城，據府庫，縱獄囚。已，又焚劫犍爲，恣行剽掠，官軍捕之，輒爲所敗。兵部尚書白圭言：「昔年趙鐸之亂，一再用兵，然後克之。今瘡痍甫定，宜敕鎮守官偕巡按御史，嚴督三司剋期進剿。兵力不敷，可徵威茂、永寧分守官軍協剿，毋如前日養寇。」上納之。

尋擢江西布政使夏塤爲副都御史，巡撫四川，任以平盜。塤至官，立互知會捕法，盜稍稍戢。

8 二月，白圭以大舉搜套，發京兵及他鎮兵十萬屯延綏，而以輸餉責河南、山西諸府縣民，不給則預徵明年賦，于是內地騷然。

兵科給事中梁璟言：「山西預徵草豆，每夫科銀二十兩。歲旱民饑，逃亡載路，太原一縣，五日內已亡三百八十餘家，人心駭懼。乞發帑補買以甦民困。」事下户部議，格不行。

時侍講倪岳亦言：「山西、河南之民，飛芻輓粟，徒步千里，夫運而妻供，父輓而子荷。乃轉輸不足，又有預徵；水旱不可先知，豐歉未能逆卜，徵如何其可預也！」皆不省。【考異】明史白圭傳：「以輸餉責河南、山西、陝西。」重修三編據明實録：「圭議預徵河南、山西料豆各十萬石，草各五十萬束，以足陝西諸郡不繼之數。」陝西並無預徵，蓋誤也。今據三編删去「陝西」二字，但云「預徵山西、河南諸府縣」。

三編發明曰：預徵非制，唐莊宗衰世苟且之法也。然同光四年所謂預徵者，亦祇于三月徵夏、秋之税，如唐代宗之税青苗而已，非懸豐歉不可知之明年而先責其賦也。

明至憲宗之時，國用不節，傾内帑以恣中官梁芳輩之侵牟，府藏既虚，而欲大舉搜套，遂至以預徵爲籌餉之計，謬矣！

且豫、晋爲師行經過之區，其民方任轉輸，尤當減賦緩征以紓其力。而乃欲行此苟且之法以重困之，民勞不大可念乎！

況是時所發京兵，素號冗怯，前後命遣朱永、趙輔、劉聚三大將，又皆畏葸不任戰者。徵匱竭之餉以飽媮惰之兵，一矢未發，而内地且騷然矣，然欲復套，得乎？

9 三月，癸丑，賜吴寬等進士及第、出身有差。

10 夏，四月，辛未，始雷。

11 癸酉，以京師久旱，運河水涸，遣使禱于郊社、山川、淮瀆、東海之神。

12 初，南京户部侍郎陳翌，因災異陳事，請如正統例遣使録囚，部議寢之。至是上憶其言，乙酉，分遣郎中劉秩等十四人，會巡按御史及三司官録囚，丁亥，復從商輅請，遣郎中張文昭等録天下囚。自是遂定爲五年一遣之制。

13 項忠之平荆襄也，下令逐流民。民有自洪武中占籍者，亦在遣中，有司一切驅逼，不前即殺之，戍者舟行，多疫死。給事中梁璟，因星變求言，劾忠妄殺。而白圭亦言「流民成業在前者，宜隨所在著籍」，又駁「忠所上功次，與湖廣總兵李震、都御史楊濬所報名數不符」。

忠因上疏，大略謂：「流民之衆，臣因不忍濫誅，故令丁壯謫發遣戍。至揭榜曉賊，謂已殺數千，蓋張虚勢怵之，非實事也。且圭身在事中，今日之事，又圭所遣。中外議者謂荆襄之患何日得寧；今幸平之，而流言沸騰，輒以臣爲口實。昔馬援薏苡蒙謗，鄧艾檻車被徵，功不見録，身更不保。臣幸際聖明，願賜骸骨，勿使臣爲馬、鄧之續。」上温詔答之。踰月，召忠還，進左都御史。【考異】梁璟劾忠，諸書多系之去年之冬，紀事本末系劾忠于是年之四月。忠致仕于五月，憲章録致仕在六月，今二事統系之四月之下。

14 五月，戊申，免陝西、山西、河南夏税十之二。

15 癸丑，以武靖侯趙輔爲平虜將軍，充總兵官，與總督軍務王越禦延綏諸路，並敕都御史馬文升督陝西兵，余子俊督延綏兵，徐廷璋督寧夏兵，及各道總兵參將游擊俱聽輔、越節制，搜河套也。

先是葉盛巡邊還，白圭請擇遣大將軍專事敵；而王越以在邊無功，士卒衣裝盡壞，馬死過半，請且休兵，與盛偕還。而廷議以「套寇不滅，三邊終無寧日。先所調諸軍，已踰八萬，將權不一，迄無成功，宜專遣大將調度。」乃有是命。

16 六月，寇入平涼、鞏昌、臨洮，殺掠人畜三十六萬四千有奇。

17 秋，七月，寇入慶陽。

時趙輔等師次榆林，寇已深入不能制，乃與王越奏言：「搜套非十五萬兵不可；今餽餉煩勞，公私困竭，宜姑事退守。」

會陝西巡撫馬文升復報寇警，兵部論輔、越擁重兵坐視，命給事中郭鏜往勘以聞。

18 是月，南畿大風雨，壞天地郊壇、孝陵廟宇；蘇、松、揚三府亦以水災告。浙江海溢，杭、紹、嘉、湖、寧五府各被水災，凡八郡，淪没田禾，漂毁官民廬舍畜産無算，溺死者二萬八千四百六十餘人。

19 敕修隆善寺成。工匠授官者三十八人，尚寶少卿任道遜等，以書碑皆進秩都給事中。王詔上疏力諫，不省。【考異】王詔諫工匠授官事，法傳録系之九年，證之明史詔傳，特書「八年七月」，憲章録同。按詔上疏，言「陛下紹承鴻業，于兹九載」，所謂「九載」者，自其踐阼計之，非改元也，今據明史本傳。

20 八月，寇犯寧夏，深入環慶、固原。

21 九月，丙午，敕諭安南黎灝。

初，安南破占城，虜其王，其弟盤羅茶悦逃之山中，遣使臣樂沙弄來告難。兵部請「敕責安南，令歸占城國王及侵地」，上欲俟安南貢使至，徐爲處分，乃先册封盤羅茶悦爲占城國王，至是，始遣給事中陳峻，行人李珊持節往。

時占城已爲安南所據，改曰交南州。峻等行至新州港，守關者不納，遂不克入。【考異】明史本紀不載占城告難及册封占城事，但于是年九月書「諭黎灝還占城侵地」。三編書占城告難于五月，證之諸書，占城之破在去年，告難在本年五月，册封占城在六月，蓋欲俟安南貢使之至，故遲之也。今仍據本紀，而統系于是年九月下。

22 辛亥，巡按陝西御史王哲言：「寇據河套，去冬至今年夏，三入鞏昌、會寧，近益深入，南至通渭、秦安，西至金縣，每入俱由安邊花馬池。總兵總督調兵守延綏、環慶、固原，而榆林、固原、安定、會寧，相距二千餘里，有警難應援。宜令輔、越專理東路，别遣將扼其西路。」

23 癸丑，巡撫延綏余子俊上言：「今征套士馬，屯延綏者八萬。饋餉之費，以今年之數約之，米豆需銀九十四萬，草六十萬，每人運米豆六斗，草四束，應用四百七萬人，銀八百二十五萬。公私煩擾，亟須變計。臣前請築牆建堡，事屬可行。請于明年春夏寇馬疲乏時，役陝西運糧民五萬，給食興工，期兩月畢事。」時白圭在兵部，猶持前議阻之。上是子俊言，令速舉。【考異】王哲、子俊上書月日，皆見明史稿，明史删之，故統系寇邊事于是年之末。證之子俊傳，當在是月，今據增。

24 是月，巡撫陝西馬文升，奏破套寇于韋州。

先是，釋嘉策淩、們都爾等屢犯邊，文升請駐兵韋州，而設伏諸堡待之；遂破之黑口，禽其平章迭烈孫。至是又破之湯羊嶺，斬首二百。名其嶺曰得勝坡，勒石紀功而還。【考異】事見明史文升傳，在是年，憲章録、法傳録皆系之是年九月。據傳所記，亦文升奏報之文。明年，被劾報功不實，即是年韋州之役也。

25 禮部尚書姚夔，以「南畿、浙江大水，請敕廷臣共求安民弭患之術」。詔付所司議行之。

26 冬，十一月，己酉，以寧晋伯劉聚代趙輔爲將軍，充總兵官，屯延綏。

先是郭鏜勘邊還，稱「六七月間，寇縱横邊地，輔、越等逗留榆林不進，致部將遇敵，輒以不得號令爲詞。當治其弛兵玩寇罪。」時輔、越方以寇不戰自屈，奏請班師，兵部劾其欺謾，上不之責。至是輔乞疾求代，乃改命聚，召輔還，仍以王越總督軍務。

27 十二月，癸酉，振京師饑民。尋又以旱災，免直隸順德、真定等府所屬並河間衛秋糧九萬七千餘石。

28 是冬，江西巡按御史楊守隨，以災異陳時政七事。時廷議以四方災傷，停遣刷卷御史，會昌侯孫繼宗請並停在京者，守隨劾「繼宗等任情作奸，恐罪及，假此祈免」。上置繼宗不問，而刷卷如故。

29 初，畿輔八府，舊止設巡撫一人，駐薊州。頻年以禦邊不能兼顧，都給事中梁璟，請

「分設東、西二巡撫：東治順天、永平，駐遵化，以薊州軍務屬之；西治保定等六府，兼提督紫荆、倒馬二關，駐真定。」朝議從之，遂爲定制。

30 初，運糧京師，未有定額，至是因改長運，定解京四百萬石，不令缺，以爲常。

31 韃靼別部釋嘉策淩以女妻們都爾，立爲可汗，策淩自爲太師。

九年（癸巳、一四七三）

1 春，正月，丁未，大祀南郊。

2 壬子，總兵官劉聚及總督軍務王越，敗釋嘉策淩于漫天嶺。

時三遣大將，皆以越總督軍務。寇每入，小擊輒去，軍罷即復來，率一歲數入，將士益玩寇，而寇勢轉熾。

3 癸丑，免湖廣、武昌等府被災秋糧凡三十二萬餘石。

4 是月，土爾番阿爾即阿力，見前。據哈密城。

初，哈密忠順王布拉噶舊作卜列革。卒，無子，王母寧温達錫里舊作努温荅失里。主國事。天順之末，釋嘉策淩窺哈密無主，襲破其城，王母率親屬部落走苦峪，遣使來告難。時韃靼數擾邊，朝廷不得援。上即位之二年，虜兵已退，乃資遣還故土，其頭目哀請以都督同知巴圖穆爾襲封。舊作把塔木兒。——巴圖者，故忠順王托歡特穆爾舊作脱歡帖木兒。外孫也，上因擢爲右都督，攝國王事，又卒。其子哈商舊作罕慎。請嗣職，許之，而不命其主國事，政令無所出。

是時土爾番酋阿爾方强，遂于去年冬乘機襲哈密，破之，虜其王母，劫金印去，留其妹壻伊蘭舊作牙蘭。據守之。至是哈密來告難，廷議討之。【考異】哈密之破，明史本紀及三編皆系之是月，證之哈密傳，在八年之冬，土爾番傳則云「九年之春」，蓋以去年破，今年始來告也。哈密傳言「四月上聞」，則據遣李文等往諭之月日也。今據明史、三編而分書遣李文等于四月。

5 江西真人張元吉坐繫二年，竟以夤緣免死，杖百，發肅州軍，言官爭之，不納。至是其子元慶復爲父陳情祈免，上許之。

給事中虞瑶等言：「律：『殺一家三人者磔。』元吉以睚眦殺四十餘人，罪不容誅。貸死遣戍，已爲枉縱；今又得釋歸田里，臣實未諭。若以元吉母老子幼，情或可矜，則元吉所殺四十餘人，豈無可矜如元吉者？祖法朝綱，不可不慎。」奏入，命俟終養遣戍，尋竟釋爲民。

6 二月，壬戌朔，免山西被災税糧。

7 是月，吏部尚書姚夔卒。

夔才器弘遠，表裏洞達，朝議未定者，夔一言立決。其在吏部，留意人才，不避親故。每遇災異，輒請振恤，憂形于色。至是卒，贈少保，謚文敏。

8 三月，甲午，山東黑暗如夜。

乙未，濟南諸府狂風晝晦，咫尺莫辨。【考異】甲午乃三月初四日，見王恕奏疏中，明史稿、五行志及二申録皆據書之，明史五行志直作「甲午」，是也。惟風薶，明書：「成化九年三月癸未，濟南狂風晝晦。」三月無癸未，疑「乙」字之誤，今校改。

9 壬寅，減雲南銀課之半。

10 庚申，振畿內、山東饑。是時東省饑尤甚，骼無遺胔。

11 是月，以尹旻爲吏部尚書。

時姚夔卒，商輅欲以王槩代，會妻喪在告。旻通中官，以中旨得之。

12 南京大風雨，壞太廟、社稷壇樹。

13 夏，四月，辛酉朔，日有食之。

14 甲子，烏梁海福餘三衛寇遼東，總兵官歐信擊敗之。

時言者以「信老，請召還」，巡撫彭誼奏言：「官軍耆老五十餘人，皆言信忠謹有餘，累立戰功，年六旬而騎射勝壯士，不宜召回。」乃留鎮如故。

15 丁卯，山東又黑暗如夜。

16 總督河道刑部侍郎王恕，奏山東、畿內災及山東晝晦，上惻然。戊辰，詔山東今年稅糧，悉與蠲免，瘞京師暴骸。丁丑，復下寬卹之詔。

17 壬午，上閱武臣騎射于西苑。時以武備廢弛，黜指揮李勝等四十六人。

18 是月，巡撫山東牟俸，以災請「發濟南倉儲，減價平糶，臨清關稅，兼收米麥以資振濟」。又乞「開中淮、浙鹽百萬引，盡蠲州縣逋課」。詔悉如所請，仍命移臨清倉粟十萬石振之。于是俸又乞「截留漕糧，並貸饑民」，且乞「開納粟例，令胥吏富民皆踊躍輸振」。詔悉許以便宜從事。

19 兵部奏言：「哈密實西域咽吭，棄而不救，恐赤斤蒙古等衛亦爲所脅，則我之藩籬盡撤而甘肅之患方殷。若使套寇不退，關中供億愈難。」于是命邊臣謹戒備，敕罕東、赤斤諸衛協力戰守。尋遣都督同知李文右、通政劉文經略甘肅，並遣錦衣千户馬俊往諭土爾番，使歸哈密侵地。

20 五月，進商輅户部尚書，萬安禮部尚書兼學士，直閣如故。

21 六月，壬申，振山西饑。

己卯，免陝西被災夏稅。

22 秋，七月，壬辰，釋嘉策凌寇邊，巡撫延綏余子俊，會總兵官許寧敗之于榆林澗。

23 庚戌，東直門火。

24 八月，刑部尚書陸瑜致仕，以王槩爲刑部尚書。

25 兵部尚書白圭以憂去，詔葬後起復。【考異】瑜以是年八月致仕及王槩以八月任刑尚，皆見年表，通紀、紀聞入之八年，誤也。白圭以憂去，本傳不見，亦據年表書之。

26 九月，辛卯，鎮守浙江中官李義有罪，宥之。義至寧波衛，指揮馬璋餽白金二十兩，意不慊，遂杖殺之。璋母訟于朝，詔義自陳，義言：「因公事杖璋，璋以病死，非杖斃也。」上竟不問。

27 庚子，王越等襲套寇于紅鹽池，敗之。

時們都爾、博勒呼、釋嘉策凌三酋連兵深入，直抵秦州、安定、會寧諸州縣，縱橫數千里。王越策寇盡鋭西出，必不備東偏，乃率總兵官許寧、游擊將軍周玉，各將兵四千六百人爲左、右哨。——玉，前都督僉事賢之子也。

諸將從榆林紅兒山出境，晝夜兼行八十里，涉白鹽灘北，又百五十里。偵知寇老弱盡在紅鹽池，乃分兵千餘伏他所，而身率寧、玉張兩翼直薄其營，伏兵又從後夾擊，大破之，焚其廬帳而還。及諸寇飽掠歸，則妻子畜産已蕩盡，相顧痛哭。自是稍徙北去，不敢久踞套中，亦不敢恃險深入。于是延綏得息肩者數年。

28 是月，詔淮、徐、臨、德四倉支運七十萬石之米，悉改爲水次交兑。先是七年，立長運法，計四百萬餘石之額，其舊入支運者，惟此四倉七十萬石之米未改，至是悉改之。自是官軍長運遂爲一代定制，其自支運改爲長運者，又名「改兑」云。

【考異】據明史食貨志，立長運法在七年，下文又言「不數年命四倉支運七十萬石之米，悉改水次交兑」云云。今證之三編七年目中，據明史志書之。而質實云：「其改兑則九年九月也。」此本實録，今從之。

29 冬，十月，乙丑，録囚。

30 是月，巡撫山東牟俸，復以洊饑檄發東昌濟寧倉粟十萬餘石爲軍士月糧，而以德州、臨清寄庫銀易米振濟，奏請伏專擅罪，上特宥之。又言：「今救荒者止救其饑，不謀其寒，縱得食，終不免僵死，乞貸貧民布棉。」詔從之。【考異】俸救荒事，具見明史本傳。傳中所記三月、七月、十月，凡三次奏請，三編亦詳記于山東大饑目中。今月分皆據本傳。

31 十一月，丁酉，復閱騎射于西苑，罷定襄伯郭嵩等四人。——嵩，登之兄子也。

英國公張懋三發皆中。上大喜，賜金鈔。

32 是月，朶顔三衛附虜寇，出没廣寧、義州，遼東總兵官歐信遣將韓斌等敗之于興中。追及麥州，斬六十二級，獲馬畜器械以千計。

是時喜峰守將吳廣，以貪賄失三衛心，故三衛入犯，詔徵廣，下獄死。

33 十二月，兵部奏：「畿內、山東、河南等處水旱，請免徵民間馬課。」詔：「南直隸等處，凡災傷地皆暫停之。」

34 王越奏紅鹽池之捷。紀功郎中張謹，劾「趙輔、劉聚等濫殺冒功，越妄奏虛捷」，並及馬文升、余子俊等。

初，文升韋州之捷，不欲夸張，以是賞薄，至是因越奏大捷，亦遣子琇報功；而子俊方以築邊牆，不預其役，奏報多出傳聞；故謹並劾之。詔遣工科給事中韓文等往勘。【考異】張謹劾王越等，諸書多系之十年，蓋因韓文等勘還，牽連並記也。若紀聞、通紀系之是年九月，則紅鹽池之捷尚未報也。據明史劉聚傳，在是年之冬。三編十年質實記余子俊築邊牆事，遂及張謹之劾趙輔等系之九年之十二月，此據實録年月，今從之。

35 白圭起復，還朝。

36 是冬，都督同知李文等奉使抵肅州，先遣錦衣千户馬俊往諭土爾番。阿爾抗不奉命，羈俊月餘，文等乃檄哈密故攝國王子哈商及赤斤、罕東、默克埒舊作乜力克。諸部合討之。

37 是歲，翰林編修謝鐸，因校勘宋元通鑑綱目將竣，上言：「綱目一書，帝王之龜鑑，陛下命重加考定，必將進講經筵、爲治道資也。今天下有太平之形而無其實，名曰振紀綱而小人無畏忌，曰勵風俗而縉紳棄廉恥，飭官司而污暴益甚，恤軍民而罷敝益極，減省有制而興作每疲于奔命，蠲免有詔而徵斂每困于追呼，考察非不舉而倖門日開，簡練非不行而私撓日衆，賞竭府庫之財而有功者不勸，罰窮讞覆之案而有罪者不懲。以至修省祈禱之命屢頒，水旱災傷之來不絕，禁垣被震，城門示災，是則誠可憂也。願陛下考古證今，見之行事，然後可長治久安，而載籍不爲無用矣。」上嘉納之而不能行。

十年（甲午、一四七四）

1 春，正月，丁亥朔，振京師貧民。

2 丁酉，大祀南郊。

3 癸卯，命王越總制延綏、甘肅、寧夏三邊。

先是刑部主事張鼎上言：「陝西八府三邊，俱有鎮守總兵，而巡撫都御史不相統一，遇事各爲可否，有警不相救援。宜推文武兼濟者一人總制三邊，副將以下悉聽調遣，以一事權。」下所司議，「設制府于固原，控制三邊」。詔以越總督文武，自總兵、巡撫而下皆聽節制。——三邊設總制自此始。

時越以紅鹽池功，加太子少保，增俸一級，于是朝議紛起。【考異】王越總督軍務數年，其辭大同巡撫，專辦西事，證之越傳在七年，代趙輔總督軍務在八年，其總制三邊則在十年，蓋三邊設總制始于是年也。三編目中據實録書之，與明史本傳合。通紀、紀聞則統系之成化六年，蓋未見實録也。今據明史、三編分書之。

4 丙午，召劉聚還。

聚，太監永誠從子也，以邊功得内援，遂封伯。河套之役，前後所遣三大將朱永、趙輔及聚皆無功。輔還，仍督京營。聚亦以漫天嶺之捷加給世券，故言官劾之尤力。聚還數月卒。

5 二月，命都御史董方出撫大同，改林聰南京都察院左都御史。

6 免南畿、湖廣被災秋糧。

7 吏部左侍郎葉盛卒。

盛清修積學，尚名檢，薄嗜好，居言路尤多建白。卒年五十五，謚文莊。

8 三月，庚寅，崇王見澤之國。

9 是月，總督兩廣右都御史韓雍請致仕，許之。

初，雍在粵，不禮于鎮守中官黄沁，沁頗銜之。會上年柳、潯諸蠻復叛，參將楊廣俘斬九百人，方更進而賊破懷集縣。兵部劾雍奏報不實，沁亦訐雍坐視，且言其濫賞費財，上遣給事中張謙等往勘。而廣西布政使何宜，副使張斅，亦以雍素輕己，共醖釀其罪。謙還，奏「事虛實交半」，遂聽雍致仕去。

雍有雄略，善斷，臨戰躬親矢石，不目瞬。既承制專決，自奉尊嚴。軍門設銅鼓數十，儀節詳密。三司皆長跽白事，裨將以下，繩柙無所假。又坦中不爲崖岸，揮斥財帛不少惜，故雖令行禁止而謗議亦易起。卒爲中官所齮齕，公論皆不平。兩廣人思其功，爲立祠祀焉。家居五年卒。正德間，賜謚襄毅。【考異】韓雍致仕，諸書皆系于去年之冬，蓋因潯、柳之叛被劾在先，故自請之，至是始得所請而去。故三編系之是年三月，今從之。

給事中韓文，自慶陽覈諸將軍功還，奏「張謹所劾劉聚、馬文升、王越等濫殺邀功及所報首功百五十僅十九級皆實，請論治」。上曰：「今寇已平，姑勿問。」已，兵科給事中郭鏜復請治之，詔所司移文戒飭而已。

文復會同官梁璟、王詔等，奏起致仕尚書王竑、李秉而斥王越，並及宫闈隱事，上大怒，召文等至文華殿，面詰之。詔仰呼曰：「臣等言雖不當，然區區犬馬之誠，知爲國而已。」乃杖而釋之。【考異】韓文等受杖事，見明史韓文梁璟等傳。文傳所載，係覈韋州軍功歸，璟傳所載，亦在紅鹽池奏捷之後。諸書多系之九年十二月，蓋因張謹之劾，韓文之勘，連記及之。通紀系之九年九月，其時王越等甫敗套寇，尚未報捷。惟憲章録書韓文自慶陽還，劾奏越等在本年三月，今從之。

11 夏，四月，以陝西布政使朱英爲右副都御史，巡撫甘肅。英先後奏陳安邊二十八事，其請徙居戎，安流離，簡貢使，于時務尤切云。

12 王越聞總制三邊之命，方自以功大賞薄；及聞言官交劾，遂怏怏，稱疾乞還朝。許之。【考異】王越之還，諸書皆系之十年正月，蓋因受總制之命牽連並記也。通紀系之四月，蓋在韓文覈功之後。然證之七卿表，越任左都御史兼督團營在明年二月，又證之馬文升傳，代越總制三邊在明年之春，則此時越尚未還，得請而已。

13 五月，戊申，申藏妖書之禁。

14 是月，免山西太原、平陽被災稅糧八十二萬有奇，陝西西安被災夏稅四十五萬有奇。

15 六月，趙輔以被劾辭侯，乞世伯。上許其世伯，侯如故，僅減祿二百石，言官力爭，不聽。輔復上疏暴功，言「減祿無以贍老」，余子俊等復劾之，卒不問。

16 閏月，乙巳，巡撫延綏余子俊築邊牆成，上其事，且以母老乞終養，慰留不許。

初，子俊請築邊牆，役運糧民夫，上皆從之。會王越襲寇紅鹽池，患少息，子俊得一意興築，東起清水營，西抵花馬池，延袤千七百七十里。鑿崖築牆，掘塹其下，連比不絕。每二三里，置敵臺崖寨備巡警。又于崖寨空處築短牆，橫一斜二如箕狀，以瞭敵避射。凡築城堡十一，邊墩十五，小墩七十八，崖寨八百十九，時謂之「橐駝城」。役軍四萬，不三月而告竣。牆内之地，悉分屯墾，歲得糧六萬石有奇。【考異】子俊築邊牆事見本傳，蓋以七年巡撫延綏，即建此議，八年復請，始以九年興工。會王越奏紅鹽池之捷，寇患少息，遂以是年閏六月成之，明史本紀及傳所載悉合。三編質實云：「邊牆之築，明史兵志謂在成化七年，地理志謂在九年。考憲宗實録，八年三月葉盛疏云：『七年六月，内用總兵巡撫議，令官軍興築。而城堡守備兵不足供役，乃請役民夫，旋爲部議所格。』是兵志以爲七年築者，蓋據官軍興築之始也。九年十二月，張謹劾趙輔等冒功罪，有云：『余子俊方修治邊牆，難于概治。』是趙輔等禦寇韋州之際，即已糾衆興工，地理志以爲九年築者，據民夫興築之始也。」今按子俊以九年築，十年成，而邊牆之議始于七年。三編所載，證之明史子俊傳悉合，今據書之。

17 是月，以定西侯蔣琬督十二團營兼總神機營兵。——琬，貴之子也。

先是琬協守南京，廷議設三邊總制，並舉琬爲總兵官。上命王越專制三邊，尋罷琬不遣。至是琬還，遂有是命。

琬上言：「北京西北隅有土城故址，請復築之。」又言：「大同、宣府諸塞下田宜清覈。」事下所司議，雖不盡行，時論韙之。【考異】琬督團營，諸書多系之正月，蓋據其召還也。證之功臣表，領團營在是年閏月，今從之。

18 秋，七月，甲寅，免江西南昌等府被災秋糧凡八十六萬有奇。

19 八月，辛卯，釋嘉策淩犯宣府，命都督同知趙勝爲平虜將軍，充總兵官禦之，太監劉恒、覃平監軍。未幾，寇退，復召還。

20 是月，刑部尚書王槩卒。

21 賜廣東按察副使孔鏞、僉事陶魯、林錦誥命。

鏞初以連山令從巡撫葉盛征廣西有功，薦擢高州知府，平猺賊十餘部，降其衆數百人，已，又會陶魯破粵賊于廖婆堡。魯以新會丞連破廣西猺賊之流劫高、廉、肇、惠者，以葉盛、韓雍先後薦擢監司。而廉州知府林錦，亦以禦寇功陞僉事。至是巡撫吳琛，具三人治績聞于朝，遂有是命。

錦終按察副使，鏞後累官至貴州巡撫，而魯遷湖廣布政，仍留治廣東兵備，兼領廣西事。時稱「三廣公」。廣人倚之如長城。【考異】賜孔鏞等三人誥命事，諸書不載。三編據實録系之是年八月，今從之。

22 九月，癸丑朔，日有食之。【考異】明書作「癸卯朔」，誤也，今據明史本紀。

23 乙卯，以水災，免南直隸蘇、松、常、鎮四府被災州縣並蘇州衛秋糧共四十三萬四千餘石。【考異】明書作「免秋糧五十九萬」，蓋内有馬草十六萬並計之。證之憲章録，分書秋糧，實得此數，今從之。

24 是月，國子司業耿裕，言「勳戚子弟當先束身禮法」，乃采輯古諸侯貴戚言行可師者，人授一編。上聞而稱善，乃詔侯、伯及駙馬年少者皆入國子監。——裕，刑部尚書九疇子也。

25 冬，十月，以項忠爲刑部尚書，代王槩也。【考異】憲章録、法傳録記項忠任刑尚于十二月，亦不言改兵部事，證之明史七卿表，刑尚王槩八月卒，故忠以十月代之。及十二月兵尚白圭卒，忠改兵部，以董方爲刑尚，其遷代皆可考也。今據明史表。

26 都督同知李文等討土爾番，不克，引還。

先是文等引兵至布隆吉爾川，舊作卜隆吉兒。諜報土番阿爾集衆抗拒，更結别部謀掠罕東、赤斤二衞。文等不敢進，遂請「旋師肅州，散遣二衞兵固守本土，令哈商及默克埒、輝和爾舊作畏兀兒。之衆退居苦峪駐牧。」章下兵部，具如所請，文等無功而還。土爾番知中國不足憚，據哈密久之。

27 十一月，丙子，免河南被災稅糧三十四萬有奇。

28 是月，虜寇復犯宣府，入馬營赤城署，都督僉事周玉擊敗之。

捷聞，兵部言：「宣府諸大帥無功，玉所部三千人能追敵出境，請加一秩以酬其勞」，乃予實授。尋充宣府副總兵官。

是時寇徙出套，延綏之患少息，而宣府、大同諸邊頗被其擾矣。

29 十二月，己丑，罷採金之役。

時内費日侈，帑金不足用，命湖廣寶慶等郡開採；歲役民夫五十五萬人，死者無算，僅得金三十餘兩。撫臣劉敷奏請已之。户部檄所司開遼東黑山金場，遼東巡撫彭誼奏：「永樂中，太監王彦等開是山，督夫六千人，三閲月止得金八兩，請一并已之。」報可。

【考異】明史本紀書罷寶慶諸府採金于是月，憲章録所載，亦僅湖廣寶慶等府，三編增入「彭誼請並遼東黑山金場罷之」。證之明史誼傳，在十年之冬，正與罷湖廣金場相先後也，今據增。

30 甲午，都御史李賓等奏：「錦衣鎮撫司累獲妖書，語多妄誕，小民無知，往往被其幻惑。請備録妖書名目榜示天下，並定傳習罪名，俾畏法不敢再犯。」從之。

31 是月，白圭卒。項忠改兵部代之，以董方爲刑部尚書代忠。

32 是冬，陳峻等自安南還。

時安南黎灝復執占城王弟槃羅茶悦，奏稱：「槃羅茶全爲其弟槃羅茶悦所弑，因自立。及將受封，又爲其子茶質苔所弑，其國自亂，非臣灝罪。」朝廷知其詐，不能詰，但勸令還其土宇，亦不聽。

33 是歲，山東復饑，巡撫牟俸請發倉儲振貸，從之。

俸撫山東五年，治尚煩苛，然頗盡心荒政，所全活甚衆。

明通鑑卷三十三

紀三十三起旃蒙協洽（乙未），盡著雍掩茂（戊戌），凡四年。

江西永寧知縣當塗夏　燮　編輯

憲宗純皇帝

成化十一年（乙未、一四七五）

1 春，正月，癸亥，大祀南郊。

2 癸酉，上以哈密失國，人民無統，敕哈商權主國事，並給以衣糧穀種。

3 是月，晉大學士彭時少保。

4 吏部奏罷朝覲官布政使楊文琳、按察使王琳以下凡一千八十一員。

5 二月，甲申，禁酷刑。

時國子祭酒周洪謨言：「天下有司聽訟，輒用夾棍等刑具，百姓不勝苦楚。請敕法司禁約，除人命奸盜死罪外，其餘止用鞭朴，違者風憲官論治。」報可。

時洪謨又以「士風澆漓，請復洪武中舊規」，上納其言，命禮部榜諭國子監。崇信伯費淮，怠不就學，洪謨劾之，詔奪冠服，以儒巾赴監讀書，並停其歲禄之半。學政肅然。

6 是月，閉河南、宜陽等縣銀洞。

先是兵科給事中郭鏜請開河南銀礦以備邊用，有司勘報：「礦脈細微，所得不多，徒費民力」，事遂寢。至是户部尚書楊鼎，以邊儲缺用，復請開煎，下所司勘報如前，詔仍封閉。

7 進王越左都御史，兼提督十二團營。

越既還，詔陝西巡撫馬文升節制陝西等處軍務。【考異】據明史本紀及王越傳，越以十年總制三邊軍務，而職官志則以三邊總制設于弘治十年火篩入寇之時，證之本紀，則王越再起時也。參考前後，設三邊總制實始于成化十年，因王越被劾，辭疾請還，因而中止。故三編質實云：「三邊設總制自此始。越還朝，即罷不設。」據此，則始設總制，越固未嘗任，而越之實任則在弘治十年，故職官志據而言焉。惟越既還朝，則總制已不復設，而明史馬文升傳，則云「成化十一年春，代越總制三邊」，似三邊又未嘗罷。且文升代越，正與越還朝進左都御史同時，所以然者，當越自七年辭大同巡撫，加總督軍務，專辦西事，是時三邊已歸越節制，特未授總制專銜耳，即馬文升之代越亦是如此，直至弘治十年始有實授，職官志所記本不誤也。又據志言，「始設時稱提督軍務，後嘉靖間改爲總制，後又避制字改爲總督」云云，是則總制之名，亦非始設之稱，史家所記，語多淆混。證之弇州史料，亦但云「文升節制三邊軍務」，此與七年王越之總督軍務，皆專辦西事，非實授之官明矣。今于文升代越下刪去傳中「總制」語，仍以「節制陝西等處」書之。

8 三月，壬子，賜謝遷等進士及第、出身有差。

9 辛未，少保、大學士彭時卒。

時上怠于政，時與萬安同在閣，而安內結中官戚畹，大臣希得進見。時頗懷隱憂，每上言時政，或留中，或下所司，多不見用，常悒悒不得志，屢請疾在告。乞放還，不許。至是疾革，衣冠端坐，徐言曰：「死生常理，不足念；但冒居大位，上不能報國，下不能養老父耳。」卒年六十。贈太師，謚文憲。

時立朝三十年，持正存大體，有所論薦，不使人知。燕居無倦容，非其義不取，有古大臣風。

10 是春，釋嘉策淩寇大同，參將李鎬等擊敗之。

11 夏，四月，乙酉，以吏部侍郎劉珝、禮部侍郎劉吉並兼翰林學士，入閣預機務。

珝先以舊宮僚進官，直經筵日講，反復開陳，詞氣侃侃，劉定之稱爲講官第一。上亦愛重之，入閣後嘗呼「東劉先生」。珝性疏直。吉則多智，數與萬安比。

12 壬辰，乾清宮門災。乙未，以災告于奉先殿，譴躬自責。

時工部以重建，請採木川、湖，學士商輅言「宜少緩以存警畏」，從之。

13 己亥，録囚。

14 是月，宋元通鑑綱目成。諸總裁、纂修官皆陞賞有差。兵部尚書商輅晉兼文淵閣大學士。

15 五月，丁卯，始召見皇子于西内。

上自悼恭太子薨，恒鬱鬱不樂。一日，召太監張敏櫛髮，照鏡嘆曰：「老將至而無子！」敏伏地曰：「萬歲已有子也。」上愕然，問：「安在？」對曰：「奴言即死。萬歲當爲皇子主。」于時太監懷恩侍，叩首曰：「敏言是。皇子潛育于西(府)〔内〕，今已六歲矣，匿不敢聞。」上大喜，即日幸西内，遣使至安樂堂迎皇子使至。紀妃抱皇子泣曰：「兒去，吾不得生。兒見黄袍有鬚者，即兒父也。」衣以小緋袍，乘小輿擁至階下。時猶未翦胎髮，髮披地，走投上懷。上置之膝，撫視久之，悲喜，泣下曰：「我子也，類我。」使懷恩亟走内閣道其事，閣臣皆大喜。懷恩傳上意，欲宣示外廷，大學士商輅曰：「宜降勅禮部，以定名爲詞。」于是廷臣相率入賀，上即命皇子出見于文華門。越日，册封紀氏淑妃。留皇子于宮中，妃仍居西内。

未幾，禮部奏上皇子名。上御文華殿，召閣臣商輅等，皇子侍。輅頓首曰：「陛下踐阼十年，儲副未立，天下引領望久矣。當即立爲太子，安中外心。」上頷之。【考異】明史本紀但于是年冬十一月書「立皇太子」，而召見西内事不具。三編系之五月，明書書于是月丁卯，蓋十九日也。冊封紀氏，據明史后妃傳在皇子見之明日，今據之。

16 癸酉，免湖廣被災秋糧。又以水災，免南直隸鎮江、福建漳州等府秋糧七萬五千餘石。【考異】明史本紀但于是月書免湖廣被災秋糧，憲章録免鎮江、漳州等府而遺湖廣，明書則云「免武昌、鎮江、漳州等府」，今並書之。

17 六月，乙巳，淑妃紀氏薨。

先是妃居西内，大學士商輅恐有他患，難顯言，偕同官上疏曰：「皇子聰明岐嶷，國本攸繫；重以貴妃保護，恩踰己出。但外議謂皇子母因病別居，久不得見，宜移就近所，俾母子朝夕相接，而皇子仍藉撫育于貴妃，宗社幸甚！」于是妃遂移居永壽宮，數召見。

至是妃病篤，輅請曰：「如有不諱，禮宜從厚。」且請命司禮監奉皇子過妃宮問視。及薨，又請制衰服行禮，上皆從之。謚曰恭恪莊僖。【考異】明史后妃傳：「妃居永壽宮，萬貴妃日夜怨泣曰：『群小紿我。』其年六月，妃暴薨，或曰貴妃致之死，或曰自縊也。張敏亦吞金死。」三編質實謂「與商輅傳所載互殊」，蓋傳聞之異也，今從輅傳。三編目中據實録書「是月乙巳」，紀聞言「是月二十八日」，即乙巳也，今據之。

18 秋，七月，朵顔三衛以們都爾暴强侵掠，皆走避塞下，數饑困。

初，國家設遼東馬市，一城東，一廣寧，皆以待三衛。正統間，以其部衆屢叛，罷之，至是三衛請復開馬市，不許。【考異】明史本紀不載。朵顔傳言馬市開于成化十四年，前此再四請不許，正此時也。明書、憲章録皆系之是年七月，三編則統記于十四年目中，今分書之。

19 八月，辛巳，浚通惠河。

先是漕運總兵楊茂言：「自張家灣舍舟，車輓至都下，雇值不貲。通州至京，舊有通惠河，水道、石牐尚存。修牐瀦水，用小舟剥運爲便。」下户部，遣尚書楊鼎、侍郎喬毅相度。上言：「舊牐二十四，通水行舟。但元時水在宫牆外，舟得入城。今水由皇城金水河出，故道不可復行。請濬玉泉、龍泉及月兒、柳沙諸泉水，使入西湖。閉分水青龍牐，引諸泉水從高梁河分其半由金水河出，餘從都城外濠流轉，會正陽門，併流大通橋，牐河隨旱澇啓閉，則糧艘可近倉，甚便。」上善其議，以災異，工未及舉，至是命平江伯陳鋭等督漕卒七千人疏浚。

20 丁亥，們都爾、釋嘉策淩遣其使通阿等舊作桶哈。來朝，貢馬，朝廷宴賚甚厚，仍以綵緞酬其馬直，通阿等九十二人皆授官有差，予冠帶。

時釋嘉策淩等以紅鹽池受創，復謀通貢。策淩自爲太師，殺博勒呼，舊譯見前卷。并其衆，益專恣。別部托羅該、舊作脱羅干。伊斯瑪音舊作亦思馬因。謀殺之。尋們都爾亦死，諸强酋相繼略盡，邊人稍得息肩。

21 是月，福建大疫，延及江西，死者無算，詔遣使祭其山川。

22 九月，丁未朔，日有食之。

23 冬，十一月，癸丑，立皇子祐樘爲皇太子，大赦天下。

時皇太后居仁壽宫，語上曰：「以兒付我。」遂居仁壽。一日，貴妃召太子食，太后諭曰：「兒去，無食也。」太子至，貴妃賜食，曰：「已飽。」進羹，曰：「疑有毒。」貴妃大恚曰：「是兒數歲即如是，他日魚肉我矣！」因恚成疾。

24 是月，總督兩廣都御史吴琛卒。廷議以「巡撫甘肅朱英，前在廣東有威信」，詔以英總督兩廣代琛。

兩廣自韓雍大征諸蠻，將帥喜邀功，利俘掠，名爲「鵰勦」。英至，鎮以寧静，于是馬平、陽朔、蒼梧諸縣蠻望風款附。又招降荔浦賊李公主之衆數萬，爲置永安州處之，凡爲户四萬三千有奇，口十五萬有奇。上甚嘉之。

初，雍在兩廣，雖有平寇功，恢廓自奉，贈遺過侈，有司供億，公私耗竭。及琛代雍，務爲廉謹。至英益持清節，其威望不及雍，而惠澤過之。

25 十二月，戊子，復郕王帝號，上尊謚曰恭定景皇帝。

初，訓導高瑶，上書請復郕王帝號，以黎淳議中寢，其後御史楊守隨亦請之。至是上思瑶等言，命閣臣議復郕王位號。商輅極言「王有社稷功」，贊成之。遂下詔曰：「朕叔郕王踐阼，戡亂保邦，奸臣讒搆，請削帝號。先帝旋知其枉，深懷悔恨，以次抵諸奸于法，不幸上賓，未及舉正。朕篤念親親，用成先志。郕王帝號，一仍其舊，並加尊謚。仍令有司修飾陵寢。」

26 丁酉，申自宮之禁。

時有自宮者三百一十四人，先已謫戍，復逃至京師，倖圖進用。上命錦衣衛重杖而遣之，仍申前禁。【考異】憲章録系之十年，今據明史本紀改入。

27 是冬，祈雪。

28 是歲，湖廣苗復犯武岡、靖州，湖、湘大震。

29 雲南鎮守中官錢能私通安南，于是安南黎灝請改道由雲南入貢，不許。【考異】安南事見十二年。其請改貢道，據弇州中官考，系之是年，爲明年王恕巡撫雲南張本。

30 浙江參議張敷華平景寧礦盜，禽其魁十二人，餘悉平之。

十二年（丙申、一四七六）

1 春，正月，辛亥，南京陰霾蔽日，地震有聲。

南京科、道官上疏言弭災之策，「乞進君子以正朝廷，擇將帥以備邊鄙，設法制以弭盜賊。並乞飭天下鎮巡官及三司郡縣，省刑薄斂，拯饑緝盜，毋妄興土木，毋因公科擾」，詔下所司議行。【考異】明史本紀及五行志皆但書「地震」，三編則云「陰霾地震」，蓋據南京科、道奏疏也。憲章録言：「南京六科、十三道，各以陰霾蔽日，地震有聲，疏請修省。」今據之。

2 戊午，大祀南郊。

3 是月，釋嘉策凌寇宣府。

4 二月，乙亥朔，日有食之。

甲午，以南京災異，敕群臣修省。

5 三月，壬子，減內府供用物。

6 壬戌，湖廣總兵官李震大破靖州叛苗，平之。

震與巡撫劉敷等會兵，分五道進，破六百二十餘寨，俘斬八千五百餘人。都指揮彭倫，率右哨兵破其山上之賊，賊遁。倫渡邛水江，直擣其巢，乘勝攻白崖塘。崖高萬仞，下臨深淵，稱絕險，倫掩其不意，得路夜登。賊倉皇潰，追斬二千餘級，遂夷其寨。

7 是春，晉商輅太子少保、吏部尚書，萬安户部尚書。

8 夏，四月，御史薛爲學等上言：「虜寇縱横，又將大舉入寇，恐倉猝之間難于制敵。況今災異屢見，南京地震陰蘙，榆林天鳴如礮，流星隕于城中有聲，大抵皆兵象也，乞敕在廷文武大臣及科、道等詳議兵備。若不先時而慮，待患至而圖之，不曰將才難得，則曰軍士不足，不曰器械不備，則曰糧餉不給，失機貽患，可勝道哉！」詔下所司議之。

9 五月，庚申，録囚。

10 丁卯，荆襄流民復亂，命左副都御史原傑撫治。

初，項忠既平荆襄，凡流民已附籍者給復三年，未附籍者逐歸其鄉，而占藉既久，散者復聚。忠雖陳善後十事，不過增設營堡，多置巡司，以厲入山之禁。不數年，禁漸弛，黨亦漸衆，朝廷以爲憂。祭酒周洪謨因著流民説，略言：「東晉時，廬松之民流至荆州，乃僑置松滋縣于荆南，陝西雍州之民流聚襄陽，乃僑置南雍州于襄西，其後松滋遂隸荆州，南雍州遂治襄陽。今當增置郡縣，聽附籍爲編氓，可實襄、鄧户口。」都御史李賓善其説，聞于上，上是之，乃有是命。

傑既至，徧歷山溪，宣朝廷德意，諸流民欣然附籍。乃大會湖廣、河南、陝西撫、按官籍之，得户十一萬三千有奇，口四十三萬八千有奇，用輕則，定田賦。民皆大悦。

11 六月，通惠河成。

12 趙王見濍有罪。見濍，高燧之曾孫也，累世失德，至見濍尤甚，屢賊殺人，又嘗乘醉欲殺其叔父。事聞，詔奪禄米三之二，去冠服，戴民巾，使讀書習禮，以冀悛悔。【考異】事見諸王傳，在成化十一年。明書系之是年六月，今據之。

13 秋，七月，癸卯，皇次子生，宸妃邵氏出也。

14 庚戌，京師黑眚見。時民間傳「有物金睛修尾，狀如犬貍，負黑氣夜入人家，至則人昏迷」，徧城驚擾。是日，上常朝奉天門，侍衛見之而譁，頃之始定。

乙丑，上躬禱天地于禁中，以「用度不節，工役勞民，忠言不聞，仁政不施」自責。大學士商輅疏弭災八事，曰：「番僧國師法王毋濫賜印章，四方常貢外勿受玩好，許諸臣直言，分遣部使録囚，省冤獄，停不急營造，實三邊軍儲，守沿邊關隘，設雲南巡撫。」上優詔褒納。

戊辰，遣使録天下囚。【考異】黑眚之見，明史本紀系之七月庚戌，證之五行志及二申録皆同。明史稿系之乙丑者，下詔自責之日，牽連並記也。庚戌眚見，乙丑躬禱，戊辰録囚，明史分書，皆本之實録，今悉據之。

15 八月，改王恕爲右都御史，巡撫雲南，治錢能之獄也。

舊制，使安南必由廣西。能既通安南，遣指揮郭景奏事京師，詭言安南捕盜兵入境。上即命景賫敕戒約之，而景徑自雲南往。能因遺安南王黎灝玉帶、寶絛、蟒衣、珍奇諸物，灝遣將率兵送景還，欲遂通雲南道。景懼後禍，給先行白守關者，揚言安南寇至，關吏戒嚴。黔國公沐琮遣人諭其帥，始返，而諸守臣畏能，匿不奏。能又遣景及指揮盧安、蘇本等，交通（千）〔干〕崖、孟密諸土官，納其金寶。

大學士商輅，以雲南僻遠，中官不法，議遣大臣有威望者巡撫鎮壓之，乃以命恕。

16 上欲建玉皇閣于宮北，命内臣執事，禮與郊祀等。大學士商輅等奏：「祖宗創爲郊祀，歲一舉行。今皇上又欲別建閣祀玉皇，無非欲爲母后祝釐，爲生民祈福。但稽之古禮，實有未協。昔傅說之告高宗曰：『黷于祭祀，時謂弗欽。』禮煩則亂，事神則難。況天者至尊無對，事之之禮，宜簡不宜煩，可敬不可瀆。今乃別立玉皇之祠祀，並用南郊之禮樂，則是一月之間連行三祭，未免人心懈怠，誠意不專。伏望停止，並將内廷一應齋醮悉令報罷。庶幾天心昭鑒，可以變災爲祥。」上嘉納之，命拆其祠，祭器等件悉送庫儲。【考異】建玉皇閣事，見明史商輅傳。憲章録系之是年八月，所載尤詳，今據增。

17 兵部侍郎馬文升整飭遼東軍務。巡撫陳鉞，貪而狡，將士小過輒罰馬，馬價騰湧。文升上邊計十五事，因請禁之，鉞由是嗛文升。未幾，仍敕還部。【考異】事見明史本傳，在是年八月，諸書所載同，今據之。

18 甘州守臣上言：「哈密王母已死，城印俱存土爾番，請俟朝廷往諭即獻還。」上方却其貢使，至是復許之。時大臣專務姑息，致外蕃益無顧忌云。【考異】諸書或系之是年，或系之明年。證之明史外國傳，書「十二年八月」，今據之。

19 九月，辛丑朔，始令太監汪直刺事。

直，故大藤峽猺種也，初給事萬貴妃宮，爲人便黠，遷御馬監太監。會黑眚見，宮中有妖人李子龍者，本侯姓，名得權，易州人，少爲僧，行脚河南，遇道士授以符術，遂蓄髮變姓名。先是有陝西民李氏，産子子龍，有異徵，得權因冒之，往來真定間，迤邐至京師，主軍匠楊道仙家，夤緣中官鮑石，潛入大内。石黨韋寒等敬信，皆北面禮子龍爲上師。尋錦衣校偵其謀不軌，白中官黄賜上變，寒自殺，子龍及石等伏誅。于是上益惡之，鋭欲知外事，因命直易服，將校尉一二人密出伺察，人莫之知也。【考異】明史本紀不載，但于十三年正月書「置西廠汪直提督官校刺事」事。三編則于是年九月書「汪直刺事」，明年正月書「置西廠」，編年之例，分書之是也。蓋李子龍之獄發于是年黑眚見後，因有汪直刺事之命。明年以直刺事有驗，始置西廠，命領之。故諸書皆系誅子龍于是年九月，據其刺事之始，爲明年置西廠張本也。今從三編。又憲章録記汪直領西廠事云，「去歲九月，因黑眚之異，侯得權之誅，始命直出外詗察。」據此，則直刺事確在是年九月子龍伏誅之後，三編蓋據實録也。明書系之辛丑，爲九月朔日，今從之。

20 庚申，湖廣總兵官李震，以平靖州苗功封興寧伯。

時趙輔、劉聚皆先後以功封侯伯，論者多訾議之，惟震以功高，無異言。

21 冬，十月，辛巳，京師地震。

22 丙戌，太白晝見。

23 十一月，癸亥，南京大雷雨。【考異】明史五行志書「是月癸亥」，三編目中亦云「是月二十三日」，癸亥也。是月辛丑朔。

24 是月，巡撫四川右副都御史張瓚討播州灣溪苗，破之。

瓚以十年冬巡撫四川，會播州致仕之宣慰使楊輝言：「所屬天壩、干地、灣溪諸寨及重安長官司爲生苗竊據，請王師進討」，詔瓚「諭還侵地，不服則征之」。時輝子愛年幼，仍起輝暫理軍事。詔瓚「親至播州，征調機宜悉聽裁處」。至是瓚督諸軍及輝攻破諸苗，凡平山寨十六，斬首四百九十六級，撫男婦九千八百餘口。請設安寧宣撫司，灣溪隸焉。事聞，賜敕奬勞。【考異】平灣溪事，見明史瓚傳及四川土司傳，今參書之。惟瓚傳言「十二年七月命瓚兼督松茂、安綿、建昌軍務」，似平灣溪苗又在其前。蓋苗始叛在十年之冬，平則當在十一二年間，土司傳系之十二年，與本紀合。若是年七月兼督之命，則灣溪之捷尚未報至也。諸書皆不載，今據本紀年月。

25 十二月，壬午，陝西蘭州地震。【考異】此據三編，本之實録，在是月壬午，統系之十月地震目中，今依之。

26 己丑，始開設鄖陽府治。

原傑既受撫治之命，乃相度地勢，以襄陽所轄鄖縣，居竹房、上津、商洛諸縣中，道路四達；且去府治遠，山林深阻，將吏鮮至，猝有盜賊，遥制爲難。乃拓其城置鄖陽府，以縣附之，並置湖廣行都司，增兵設戍。而析竹山置竹溪，析鄖置鄖西，析漢中之洵陽置白河，與竹山上津房咸隸新府。又于西安增山陽，南陽增南召、桐柏，汝州增伊陽，各隸其舊府。制既定，薦知鄧州吴遠爲鄖陽知府，諸縣皆擇鄰境良吏爲之，流人得所，四境乂安。以功進右都御史。

傑數歎歷于外，既居内臺，不欲外出。荆襄之命，非其意也。事竣，請還朝。既，以地界湖廣、河南、陝西，事無統紀，因薦御史吴道弘自代。——鄖陽之有撫治自此始也。

【考異】原傑撫治鄖陽之命在是年五月，開設鄖陽府及行都司在十二月。證之明史地理志，鄖陽府下分隸各縣，皆書「成化十二年十二月置」，其沿革固可考也。憲章録系之是年七月，據其經營之始，猶爲近之。若紀聞及明書，書于是年之正月，是時傑尚未受撫治之命，亦非牽連記事之體。令據明史紀、志分書之。

27 是月，以巡撫延綏余子俊移撫陝西。

先是子俊知西安府，興修水利，鑿渠引河西水灌田，民賴其利。行之既久，水溢無所洩，至是復于城西北開渠洩水，使經漢故城達渭，公私益便，號「余公渠」。又于涇陽鑿山引水，溉田千餘頃；通南山道直抵漢中，以便行旅；學校公廨圮者悉新之；奏免岷、河、洮三衛之戍南方者萬有奇，易置南北之更戍者六千有奇，就戍本土。于是邊境乂然，民以不擾。

十三年（丁酉、一四七七）

1 春，正月，丙午，以水災，免浙江税糧四十一萬有奇。

2 庚戌，大祀南郊。

3 己巳，置西廠。

初，永樂中，設東廠，令宦官刺事，權勢與錦衣衛均。至是别設西廠刺事，以汪直督之，所領緹騎倍東廠，勢遠出衛上。自是大獄屢興。

4 是月，增孔子廟籩豆樂舞之數。

初，洪武四年，定祀孔子禮，籩豆以十，舞以六佾。前年秋，祭酒周洪謨請備天子之制，章下禮部，尚書鄒幹駁寢之。

洪謨再疏争，言：「孔子像以冕旒十二，既用天子之禮，而佾舞乃諸侯之樂；以禮論樂則樂不備，以樂論禮則禮爲僭。乞如前所請，增籩豆爲十二，舞爲八佾，庶禮樂相稱，足章尊崇之典。」從之，乃命大學士商輅以增定禮制告孔子廟，學士王獻告于闕里。

5 二月，甲戌，安慶大雪，雷電間作。

應天巡撫牟俸言：「雷者陽氣之發，雪者陰氣之凝。十一月一陽初復，而震雷早發，已乖二氣之常；二月四陽既盛，而恒雪不已，雷電復作，陰陽雜糅，尤天變之大者。乞修人事以弭之。」上從其奏，乃下詔求直言。【考異】事見明史五行志。牟俸所奏，本傳不具，三編據實録采入去年十一月目中，今據增。是月庚午朔，甲戌則初五日也。

6 甲午，浙江山陰縣地忽湧泉如血。

7 是月，汪直以刺事籍建寧指揮同知楊䰄。

䰄，少師榮曾孫也，坐與其父泰殺人，爲仇家所訐，詔刑部主事王應奎、錦衣百户高崇往勘。而䰄亡入京師，因其姊婿禮部主事董序求計于中官韋瑛。瑛素無賴子，鬻于宦官韋姓爲家人，冒延綏功授百户，方欲從直刺事無由也。乃諸䰄爲營解，傾取其貲而潛報直，謂「䰄父子殺人懼罪，輦金鉅萬匿序所，將賄諸用事者以緩其獄」。直信之，即遣人捕䰄、序。顧䰄貲已盡于瑛，大索序家，無所得，因考訊䰄，琶之三。——「琶」者，錦衣酷刑也，以加人，骨節皆寸解。緦不勝笞，妄言寄金于其叔父兵部主事仕偉所，瑛遂夜率邏卒突入仕偉家，縛仕偉拷掠，及其妻子。翰林侍講陳音，與仕偉比屋居，聞其聲甚楚，乘墉大呼曰：「爾擅辱朝臣，不畏國法耶！」邏卒應曰：「爾何人？不畏西廠！」音厲聲曰：「我翰林陳音也。」瑛尋縶仕偉去。而應奎、崇勘獄猶未報，直奏其受泰賂，與泰並械至京。獄具，緦瘐死獄中，泰坐棄市，籍其家。時崇亦死于獄。乃論應奎遣戍，仕偉、序並謫官。

直既發緦事，頗誣左右大臣多得緦賄，上隱不發，然愈謂直可倚任。而瑛亦以此結直，直遂倚瑛如左右手，氣焰薰灼。凡西廠逮捕朝臣，初不俟奏請，下至民間鬥詈雞狗瑣事，輒（真）〔置〕重法。中外騷然。【考異】明史本紀不具，事見宦官傳。蓋直方見倚任之始，傳及三編皆系之武清等下獄之前。憲章録、法傳録、明書及紀事本末皆書于是年之二月，今據之。楊緦，明史楊榮傳作「業」，宦官傳作「曄」，法傳録作「畢」。「業」與「畢」以形似而誤。惟三編作「緦」，蓋本之實録，疑即據奏報之文，今從之。董序，「序」諸書皆作「璵」。又其官爲中書，非主事，今皆據三編書之。惟質實以楊緦爲榮之孫，蓋脱去「曾」字也。

8 閏月，辛酉，免山東被災税糧凡四十一萬有奇。

9 三月，戊子，免河南被災税糧凡三十九萬有奇。

10 是月，諭法司慎勘妖言獄。

時西廠旗校以捕妖言圖官賞，多爲贋書誘愚民而後捕之，寃死相屬，廷臣莫敢言。有通判曹鼎、知縣薛方者，寧晉人也。會罷閒家居，廠校誣其邑人王鳳與瞽者康文秀受妖書，株連及之，發卒圍其家，拷掠誣伏。既論死，鼎、方兩家人數聲寃，下法司覆驗，獄果妄。而分守懷來中官廖禮，復興妖人趙大獄，所收繫甚衆，巡撫殷謙等具奏如禮言。獄成，命官按之亦妄。于是左都御史李賓奏請「今後妄報妖言者坐斬」。上但下詔責禮等，諭「法司慎鞫，毋或瞻徇以虐非辜」，而西廠之刺捕者如故。【考異】三編系此事于三月，云「上悟其誣，始下詔責禮等」云云。證之憲章録，云「都察院奏擬妄報妖言坐斬」。紀事本末以爲李賓。時賓正居憲職，後坐商輅黨致仕去，正以此也，今據書之。

11 夏，四月，戊戌，甘肅地裂，又震有聲。寧夏大震。榆林涼州及山東沂州之郯城、滕、費、嶧等縣，同日俱震。

12 癸丑，刑部郎中武清，廣西勘事還，至通州，廠校謂其有所賷載，不俟奏，執而繫之獄。尋訊鞫無驗，釋之，竟不以聞。

13 丁巳，汪直令韋瑛執太醫院院判蔣宗武，下之獄，以通政使方賢及之也。瑛以索院中藥不得，遂並執宗武。

14 庚申，禮部郎中樂章、行人張廷綱及浙江布政使劉福，俱下西廠獄。

章、廷綱同使安南還，廠校執之，鞫其受饋遺有跡。奏聞，詔冠帶閒住。福先已擢副都御史，以母憂去，尋坐爲浙江布政時督造戰船不如法，當鐫一級，服除，命以三品官外補。有搆之于直者，遂執繫廠獄。旋以鞫無實，釋之，改授陝西按察使。

15 是月，商輅兼謹身殿大學士，萬安加太子少保，劉珝晉吏部尚書，劉吉晉禮部尚書。

16 召原傑爲南京兵部尚書。

時傑在鄖陽，屢請還朝，遂有是命。傑以疾疏辭，不許。遂卒于南陽，年六十一。鄖襄民爲立祠。詔贈太子太保，謚襄毅。【考異】明史原傑傳，言「傑薦吳道弘自代，遂請還」。憲章録召爲南京兵尚系之是年四月，今據書之。

17 五月，甲戌，執左通政方賢，下西廠獄。

時賢掌太醫院事，韋瑛以索藥不與，遣人恣檢其家，得片腦沈香，以爲盜之官庫，且藏有御墨及龍鳳甆器，俱以違法論。尋謫戍遼東。【考異】諸人下獄，明史本紀繫之四月，皆無日，其方賢下獄，別系之是月甲戌，蓋先後之次第也。今四月干支，皆據明史稿書之。三編統系之正月置西廠目中，其諸人下獄之本末，悉據明實録所載，詳著于質實中，證之憲章録、紀事本末皆同。有繫獄而後奏聞者，有旋執旋釋竟不以聞者。史謂「逮捕朝臣，不俟奏請」，即指武清等也。今據三編分書之。

18 丙子，罷西廠。

時汪直、韋瑛用事，官校勢日横。大學士商輅憂之，因率同官條直十二罪，言：「陛下委聽斷于直，直又寄耳目於群小如韋瑛輩，皆自言承密旨，得專刑殺，擅作威福，賊虐善良。陛下若謂摘奸禁亂，法不得已，則前此數年何以帖然無事？且曹欽之變，由逯杲刺事激成，可爲懲鑒。自直用事，人心疑畏，士大夫不安于位，商賈不安于塗，庶民不安于業。若不亟去，天下安危未可知也。」上得疏，愠曰：「用一内竪，何遽危天下！誰主此奏者？」命太監懷恩等傳旨詰責。輅正色曰：「朝臣無大小，有罪皆請旨逮問。直擅抄没三品以上京官；大同、宣府，邊城要害，守備俄頃不可缺，直一日械數人；南京祖宗根本地，留守大臣，直擅收捕；諸近侍在上左右，直輒易置。直不去，天下安得無危！輅等同心一意爲朝廷除害，無有先後。」詞意慷慨。懷恩等以實覆奏，傳旨慰勞。

會兵部尚書項忠亦倡九卿劾之，上不得已，令直歸御馬監，調韋瑛邊衛，散諸旗校。人心大悦。然諸人奏皆留中，上意猶未釋也。

時蔣宗武尚繫獄中，聞罷西廠，竟衣囚服反其家。【考異】事見明史商輅傳。惟傳言「同時萬安、劉珝、劉吉亦俱對，引義慷慨」，輅因有「諸公皆爲國如此，輅復何憂」之語。按萬安、劉吉，中官之黨，當輅在閣正言，不得不相與附和。若謂「引義慷慨」，在劉珝或有之，而安、吉未必敢也，此蓋劉吉後修實録之飾詞，故三編目中雖據明史輅傳，而删却三人同對語，最爲得之矣。

19 是月，太監懷恩傳內旨，令錦衣副千户吳綬同在鎮撫司問刑。綬貌陋而心險，頗通文移，善詞翰。時上雖革西廠，猶密召汪直伺外間動靜，且令訪能文事者爲之輔。有軍卒以綬能寫本通行移報之于直，直召至，擬三批答，封進稱旨，遂有是命。

初，綬從項忠征荆襄，以罪被劾，銜之。至是忠劾直，直任綬爲腹心，相與伺之急。忠不自安，乞疾歸，未行而東廠校之獄起。

20 六月，甲辰，罷兵部尚書項忠爲民。

方忠之倡九卿劾直也，既具草，令郎中姚璧持詣諸尚書署名。——璧，夔之子也。——時尹旻爲吏部尚書，璧先詣旻。而旻素交懽直，因言：「奏出項尚書，兵部宜爲首。」璧曰：「公六卿之長也。」旻怒曰：「今日乃知六卿長耶！」既署名，即馳報直，直遂與吳綬謀，嗾東廠校誣忠以劉江事。

劉江者，金吾左衛都指揮也，注選爲江西都司巡按御史，以其未諳軍政，檄使領操，而更令僉事掌都司印。江不勝忿，疏其事以請。事下兵部，言「江妄奏當罪」，而上方以都指揮例得掌印，直江而責兵部阿御史言。一時東廠官校受直指，忽騰蜚語，謂「江選都司非例，乃夤緣中官黃賜屬兵部得之」。賜故與陳祖生爲司禮監，直忮其位在己上，不相能；商輅之劾直，直疑出賜、祖生意。二人皆閩産，直譖其爲鄉人楊爔報復，出之南京，意猶未慊，因搆江事誣忠，且以傾賜。

給事中郭鏜等，遂上章劾忠，詞連興武伯李震交通忠狀。——震初佐忠平荆襄賊，亦綬所惡也。詔並下法司，會錦衣衛廷鞫忠，忠抗辯不少屈。衆雖知忠枉，而重違直意，會綬擢錦衣問刑官，遂周内其獄。

忠既罷，江論遣戍，璧亦坐牽引，與震等謫有差。

21 庚戌，復設西廠。

時上雖罷西廠，而任直如故。有御史戴縉者，性險躁干進，以九年秩滿不遷。至是探知上意，乃假災異上疏，言：「近歲以來，災異屢臻，敕諭廷臣修省，未聞大臣進何賢，退何不肖，亦未聞群臣祛何稗政，效何嘉猷。獨有太監汪直，緝捕楊爔等之奸惡，懲治高崇、王應奎之贓貪，凡所摘發，允協公論，足以警衆服人；特其部下官校韋瑛輩，行事或涉張皇，爲大臣奏罷。伏望陛下推誠任人，務俾宿弊盡革，然後天意可回也。」

縉初爲此奏，以屬所善吴綬示直草，直得之大喜，爲言于上。疏入，遂復開西廠，直之權勢愈熾云。

三編發明曰：明自宦官王振亂政，御史李鐸以遇振不跪謫戍鐵嶺衛，于是言官之氣始懾于宦官，然未嘗顯與宦官比也。前七年，雲南鎮守中官錢能以疾將召還，巡按御史郭陽譽能剛果有爲，乞留鎮守，爲士論所鄙，然猶不至傾朝士以悦宦官也。戴縉險躁干進，諂諂詘詘，頌西廠之功而揚其焰，且以傾直所不悦者，嗣後宦官用事，遂多與言官相表裏。馴至末流，崔呈秀、倪文焕之徒，皆甘心效逆閹鷹犬，毒痡海内，以速明祚之亡，而作俑實自縉始，縉罪可勝誅哉！

22 壬子，京師雨錢。

23 丁巳，大學士商輅請致仕，許之。

輅奏罷西廠，汪直譖其「嘗納指揮楊曄賄，欲脱其罪」，輅不自安。會戴縉復頌直功，請復西廠，輅遂力求去。詔加少保，賜敕馳傳歸。輅既去，士大夫益俛首事直，無敢與抗者。

24 秋，七月，辛未，詔翰林院會内閣自考察其屬。

舊制，諸司官屬考察，俱由吏部都察院會覈，至是以翰林職居清要，聽其長自覈奏聞。【考異】事見憲章録、明書。而明書系之是年七月辛未，今從之。

25 是月，召陝西巡撫余子俊爲兵部尚書，南京右都御史林聰爲刑部尚書。

汪直治楊曄之獄，謗諸大臣受賄，自商輅外，並及刑部尚書董方、都御史李賓等，上頗信之。乃戴縉上書，並乞令兩京大臣自陳，以傾直所不悦者，于是方、賓皆致仕去，一時如署尚書薛遠及侍郎滕昭、程萬里等，以次陳免者凡數十人，而縉以媚直，尋擢尚寶少卿。

26 八月，壬戌，錦衣官校執通政使張文質下獄。

時東廠官校發雲南百户左昇私事，詞連文質，遂執送錦衣衛獄，上不知也。左通政何琮等以掌印請，上始知而釋之。詔錦衣衛官以擅繫大臣，停俸三月。【考異】明史、三編，皆書「工部尚書」，而三編目中又書「兵部」，疑「兵」字誤也。然是時王復任工尚，文質則以通政司兼署，故目中有「左通政請印」之語。今仍書其本官，删去「工部尚書」字。

27 是月，以應天之淮安、揚州、徐州、鳳陽及山東兖州水災，分遣刑部郎中張文、兵部郎中張謹等五人馳往，發倉粟振之，並賜文等敕：「所在有司貪酷者，許請逮治。」【考異】振應天等府，明紀系是年之末，三編據實録在九月。其分遣之官，據質實言，「文之兖州，謹之淮安，揚州則户部郎中谷琰，徐州則吏部員外國泰，鳳陽則户部郎中李炯」，然皆據實録中所載也，附記之。

28 免江西、福建被災秋糧。

29 九月，甲戌，京師夜地震者凡三。【考異】見明史五行志，三編書于目中，云「月之十日甲戌夜」。按是月乙丑朔，甲戌正初十日也。

30 甲申，吉王見浚之國長沙。

31 是月，王恕改南京都察院右都御史，參贊軍務。

先是恕巡撫雲南，盡廉得鎮守太監錢能私通安南及諸不法狀，遣騎捕詐稱「安南寇至」之郭景，景懼，自殺。因劾能「私通外國，罪當死」，詔遣刑部郎中潘蕃往按之。能又以其間驛進黃鸚鵡，恕請禁絕。會巡按雲南監察御史甄希賢，劾奏「能索守礦千户三人賄，意不滿，以巨梃杖千户至死者一人」，下都察院。而王越畏能勢，獨緩其獄。及蕃自雲南勘還，奏「恕所劾能遣郭景以玉帶蟒衣私通安南及遣盧安、蘇本等通干崖、孟密等事皆實」。都察院請逮能等至京治罪，上特宥能，但降敕切責，罪其下九人。恕因再疏言：「昔交阯以鎮守非人，致一方陷没；今日之事，殆又甚焉。陛下何惜一能，不以安邊徼？」能大懼，急賂貴近，請召恕還。而是時商輅、項忠諸正人方以忤汪直罷，遂有是命。

恕居雲南九月，威行徼外，黔國以下咸惕息奉令。疏凡二十上，直聲震天下。【考異】據明史王恕傳，「恕在雲南九月」。計恕以去年秋奉巡撫雲南之命，當以歲底至滇，而中間勘能之疏屢上，皆在是年九月改南之前。故弇州中官考，遣潘蕃往勘及甄希賢劾奏能杖殺千户事，俱記是年之秋，又傳言在商輅、項忠忤汪直罷後，正是時也。今彙記其巡撫雲南以後事，統系之九月下。

32 冬，十月，戊申，以土爾番久據哈密，乃命邊臣築城于苦峪谷，移哈密衛治之，仍給以土田牛種。

33 是月，余子俊還，掌兵部事，【考異】明史年表，子俊任兵尚，以七月召，十月任。憲章録記子俊自陝西還于是月，與明史合，今從之。奏申明條例十事；又列上軍功賞格，俾中外有所遵守。

34 十一月，辛未，冬至，杭州大雷雨，虹見。巡按御史似鍾言：「月令，八月雷始收聲，二月雷乃發聲。」今十一月初旬，一陽始生，正閉藏之時，而乃雷電交作，虹（蜿）〔蜺〕出見，皆爲非時，乞加修省。」下禮部，「移文三司及撫、按等官，撫恤軍民，操練士馬」。【考異】見明史五行志。憲章録、二申録皆系之是月雷雨下，有「虹見」二字，證之似鍾奏疏，是也。今據增入。

35 戊寅，湖廣荆門州大雷電，雨雪。

36 是月，張瓚討四川松潘衛叛苗。

瓚既平播州苗，會松茂番寇邊，乃以去年七月命兼督松茂、安綿、建昌軍務。瓚至軍，審度形勢，改大壩舊設副使于安綿，而令副總兵堯彧軍松潘，參將孫暠軍威疊，爲夾攻計。乘間修河西舊路，作浮梁，治月城，避偏橋棧道，軍獲安行，轉餉無阻。

37 十二月，丁巳，免南畿蘇、松、常、鎮四府水災夏税凡五十萬有奇。

38 是月，進王越兵部尚書。

先是項忠之罷，越自謂當遷，而廷議推余子俊爲兵部尚書。越彌不平，講解領團營，優詔不許。因自陳：「擣巢功爲故尚書白圭所抑，從征將士多未録，乞移所加官酬之。」

子俊亦言「越賞不酬功」。而越方結汪直，有内援，遂有是命。

初，内閣之論罷西廠也，越遇大學士劉吉、劉珝于朝，顯謂之曰：「汪直行事亦甚公。如黄賜專權納賂，非直不能去。商、萬在事久，是非多有所忌憚。二公入閣幾日，何亦爲此？」珝曰：「吾輩所言，非爲身謀。使直行事皆公，朝廷置卿大夫何爲？」越不能對。【考異】史所載劉珝多貶語，蓋本憲宗實録。如謂折王越者乃劉吉而珝默然，弇州考誤力辨之，今明史已删之矣。蓋實録出自劉吉所修，多不足信，今據明史本傳。

越素以才自喜，不修小節，爲朝議所齮。至是乃破名檢，與群小關通，因奸人韋瑛自結于直。而同時有陳鉞者，亦以夤緣直擢右副都御史，巡撫遼東。

39 是冬，南京鎮守太監覃力朋進貢還，以百艘載私鹽，騷擾州縣。行至武城，典史詰之，力朋怒，擊折其齒，射殺一人。會汪直刺事廉得之，以聞。明年，逮力朋，下獄論斬，竟以倖免，而上益謂「直不私可倚任」云。【考異】力朋進貢事，紀聞系于是年之冬。弇州中官考書於十四年，而三編書於復設西廠目中，亦以力朋事在明年，蓋明年始逮治也。今仍據紀聞系之是年冬。

40 是歲，擢陝西參政秦紘爲右僉都御史，巡撫山西。

紘至，劾鎮國將軍奇潤等罪，奇潤父慶城王鍾鎰爲奏辯，且誣紘。上重違王意，逮紘下法司治，事皆無驗。而内官尚亨籍紘家，以所得敝衣數事奏，上嘆曰：「紘貧一至此耶！」賜鈔萬貫旌之。于是奪奇潤等三人爵，王亦削祿三之一。未幾，復改紘撫河南。

41 以太僕少卿李綱爲右僉都御史，轉左，出督漕運，與平江伯陳鋭共事。綱以進士授御史，歷按南畿、浙江，劾去浙江贓吏至四百餘人，時目爲「鐵御史」。督運踰年，卒。鋭見笥中惟敝衣，揮淚曰：「君子也！」爲具棺斂，聞其清節于朝。特詔賜祭葬，不爲令。綱清剛似李侃，並爲時所重云。

十四年（戊戌、一四七八）

1 春，正月，甲戌，大祀南郊。

2 己卯，襄王瞻墡薨。王自四年來朝歸，六年又召，以老辭。歲時存問，禮遇之隆，諸藩所未有。謚曰獻。

3 是月，吏部考察朝覲官，奏免二千十六員，浙江按察使劉釪、江西按察使趙敔預焉。時論惜之。【考異】事見明書，而憲章録所記尤詳。惟劉釪，據明史劉球傳，係雲南按察使，今仍據憲章録書之。

4 二月，戊申，皇太子出閣講學。上命太常少卿王獻等入侍，學士彭華等充講讀官，閣臣萬安、劉珝、劉吉董督之。

時有老宦官覃吉者，朝夕侍太子，口授四書章句及古今政典。上賜太子莊田，勸勿受，曰：「天下皆太子有也。」太子偶從内侍讀佛經，聞吉入，曰：「老伴來矣」，急手孝經。是年，太子方九歲，端本正始，吉有力焉。【考異】明史本紀不載。三編系之是月，日分據明書。

三編御批曰：太子出閣就學，豫教所當慎重。覃吉即老成舊閹，亦衹可謹視起居。若口授章句，廷臣中豈無可簡備宮僚以資啓迪？乃委之寺人，實爲非體。幸而吉尚謹愿，不致貽累蒙求。然欲以是垂訓後人，則如馮保等之挾勢攬權，未嘗不由于承華保護。史家不知履霜堅冰之義，反以「端本正始」歸功于吉，無識甚矣！

5 是月，改萬安吏部尚書兼謹身殿大學士，劉珝、劉吉加太子少保兼文淵閣大學士，尚書尹旻、楊鼎、鄒幹皆加太子少保。

6 三月，甲子朔，皇太子冠。

禮部請「每月朔望，文武百官奉天殿朝參後，皆赴文華殿謁太子」，制曰：「可。」

7 戊辰，免浙江被災秋糧。

8 己卯，賜曾彦等進士及第、出身有差。

9 辛巳，罷四川烏撒衛銀場。

10 丙戌，復開遼東馬市。

初，朵顏等三衛，以饑困再四請復開馬市，皆不許。至是陳鉞巡撫遼東，復爲之請，乃許之。

時們都爾已死，伊斯瑪音主兵柄，三衛復數爲所窘。而通事劉海、姚安肆侵牟，三衛怨之，不復來市。及鉞内召，始請治二人罪，令參將布政司官一人監市，毋有所侵尅。于是通市如故。【考異】陳鉞請治通事罪，事見三編。鉞以明年十二月内召，乃開市，今類記之。

11 丁亥，以浙江饑，罷採辦花木之役。

12 是月，福建上杭盜起。

初，天順中，巡按御史伍驥平上杭盜，擣其巢，亂乃定。至是有曾宗、鄧嵩等，復聚衆屯結出掠，敕鎮守中官盧勝、巡按戴用督捕之，而勢益熾。時前僉都御史高明方服闋，特起爲福建巡撫，任以討賊。

明至汀州，即督兵入山，不數月，盜皆以次禽縛。誅首惡三十六人，餘減死遣戍，析其地置永定縣，由是上杭無盜患。

13 夏，四月，丁酉，免南畿、山東被災秋糧；尋以襄陽江溢，壞城郭，並免之。

14 是月，吏科都給事中趙侃等上言：「州縣守令，親民之職，不宜以監生序補。乞諭吏部取科目出身者選授之。」部臣覆稱：「先年大學士李賢，請選監生有學識者授以知州、知縣等官，至今行之。且歲貢久在太學，固難以科目拘。今後但嚴加考覈，仍循舊制爲便。」報可。

15 五月，以戴縉爲右僉都御史。

縉既擢尚寶少卿，意猶未慊，汪直復力薦之，遂有是命。于是御史王億等競效縉尤，相率媚直，謂「西廠摘伏發奸，不惟可行之今日，實足爲萬世法」。傳之四方，無賢愚皆唾罵之。群指縉爲罪首，而縉驟躋顯秩，甘爲鷹犬而不辭，臺中紀綱爲之掃地。【考異】諸書但載縉請復西廠事，惟明書于上年六月庚戌書戴縉、王億二人，明史紀事本末亦並及之。證之三編，則王億所奏，蓋慕縉之遷擢而效之，未必同在一月事也。三編記王億事于戴縉擢僉都御史目中，今從之。

16 汪直奏武舉設科，鄉、會、殿試如文科例。

時直用事，欲以建白爲名，吴綬爲撰草。奏上，上令「兵部移文天下，教養數年，俟有成效，巡按、提學等官具奏處置」。卒行之。

17 六月，庚子，歲星、太白同晝見。

18 癸卯，命汪直行遼東邊。

先是巡撫遼東陳鉞，以掩殺冒功激變，直欲自往定之，【考異】鉞掩殺冒功，據明史馬文升傳在十四年春，三編目中則云前年冬，蓋掩殺在前，被劾在後。三編本之實録，今類記之，系以「先是」云云。上令司禮監懷恩等詣内閣，會兵部議。恩欲遣大臣往撫以沮直行，文升疾應曰：「然。」恩入白，上即命文升往。直不悦，欲令私人王英與俱，文升謝絶之。疾馳至鎮，宣璽書撫慰，無不聽撫者。

事垂定，直思攘其功，固請于上，挾英俱往。日馳數百里，箠撻守令，遠近驛騷。鉞聞之，懼，先遣人賂直左右，令所過居民跪迎道左。比至，鉞出迓于郊，望塵蒲伏，又盛供帳娱直，賂其左右，皆争稱鉞賢，直大喜，至開原，再下令招撫，文升乃推功于直。然直内慚，文升又與抗禮，奴視其左右，直益不悦。而鉞與文升素不合，日夜譖之直，于是直必欲傾文升矣。

19 是月，四川巡撫張瓚，自率兵攻白草壩、西坡、禪定數大寨，斬獲無算；徇茂州疊溪，所過降附，又討平白草壩餘寇、先後破滅五十二寨，殲其魁，他一百五十寨悉獻馬納款，諸番悉平。留兵戍要害，增置墩堡，乃班師。

上嘉其功，徵拜户部左侍郎。以請終制辭，許之。【考異】瓚平松潘、疊溪叛苗，明史本紀書于十三年十一月之下，明史稿則書于是年四月，證之明史張瓚傳，亦書十四年。蓋瓚以十二年七月兼督松茂軍務，閱兩年而後平，故奏報之先後互異。三編書于是年六月，今從之。

20 秋，七月，丁丑，京畿、山東大水，分遣郎中林孟喬、劉道、員外郎袁江、王臣往勘災，振之。

21 是月，江西人楊福，以僞稱汪直伏罪。

福嘗爲崇府内使，隨入京。既，逃還過南京，遇所識者謂其貌似直，福乃冒直名，而所識者亦冒充校尉。自蕪湖乘傳食廪，歷蘇、常，由杭州抵四明，有司及市舶中官亦屏息奉命，威福大張。既抵福州，爲鎮守太監盧勝所覺，執問如律。時直勢震天下，故小人乘之以擾害人，大率類此。【考異】據弇州中官考，系之成化十四年。憲章録、紀事本末，皆系之是年之七月，今據增。

22 八月，癸巳，遣南京刑部侍郎金紳巡視江西。

時江西亦大水，上以各路災傷，詔廷臣條卹民事宜。于是科、道應詔言：「近歲工匠以斧斤微勞濫膺禄秩，旗校以捕獲妖言輒得遷官。前雖敕法司慎鞫斯獄，而緝捕希求陞職，其中豈無誣枉？刑賞過中，災祲或亦由此。」疏入，下所司議之。

23 戊戌，早朝，東班官若聞有甲兵聲者，因辟易不成列，衛士争露刃以備不虞，久之始定。【考異】明史本紀不載，事見五行志，明史稿書作「戊申」。然按之志及憲章録、二申野録皆作「戊戌」，疑稿中誤「戌」爲「申」也，今據明史志。

24 庚戌，免湖廣被災秋糧凡十六萬有奇。

25 甲寅，下巡撫蘇松副都御史牟俸于錦衣衛獄。

初，俸巡撫山東，陳鉞爲布政使，兩人負氣不相下，遂相惡也。鉞既爲汪直所喜，欲修前憾于俸，數短之于直，直信之。會俸議事至京，直請執俸下詔獄。先是俸所親學士江朝宗，除服還朝，俸迓之九江，聯舟並下，所至有司供張頗盛，直因謂朝宗有所關説，並下獄。詞連僉事吴瑞等十餘人，俱逮繫。

26 九月，己未，命御史三人捕盜畿南。【考異】明史本紀不載，見明史稿。畿南，畿輔以南也。是時畿内並無捕盜事，諸書不見。證之憲章録，言「甲兵之異，上命御史究其事所從起，竟不能得」。疑即以甲兵之異遣御史密捕，借盜爲名耳。今據書之。

27 是月，擢嘉興知府楊繼宗爲浙江按察使。

繼宗守嘉興，以一僕自隨，署齋蕭然。性剛廉孤峭，人莫敢犯。時集父老問疾苦，爲袪除之。大興社學，遇學官以賓禮，師儒競勸，文教振興。御史孔儒來清軍，里老多撻死。繼宗榜曰：「御史杖人至死者，詣府報名。」儒怒。繼宗入見曰：「爲治有體，公但釐剔奸弊，勸懲官吏；若比户稽核，則有司事也。」儒不能難，心銜之。瀕行，突入府署發視之，敝衣數襲而已，儒慚而去。

中官過者索錢于繼宗，即發牒令取庫金，曰：「金俱在，與我印券。」中官咋舌莫敢受。比入覲，汪直欲見之，不可。上一日問直：「朝覲官孰賢？」直對曰：「天下不愛錢者，惟楊繼宗一人耳。」至是秩滿，超擢是職。數與鎮守中官張慶忤，慶兄敏在司禮，每于上前毀繼宗，上曰：「得非不私一錢之楊繼宗乎？」敏惶恐，遺書慶曰：「善遇之，上已知其人矣。」【考異】三編系繼宗事于是年之九月，蓋本實録。按法傳録，「是年七月，浙江按察使楊瑄卒，九月，以楊繼宗爲浙江按察使」，與三編同。他書皆不載，今據增。

28 河決開封，壞護城堤五十丈。

河南巡撫李衍上言：「河南累有河患，皆下流壅塞所致。宜疏開封西南之新城，下抵梁家淺舊河口，以洩杏花營上流；而自八角河口抵南頓，則當分導之以散其勢，庶可免祥符、鄢陵、睢、陳、歸德之災。」詔衍酌行之。踰年，遷滎澤縣治于河北。然衍所疏浚者，不久亦壅。

29 冬，十月，加萬安太子太保、尚書，余子俊、林聰皆加太子少保，王越加太子太保。

30 十二月，甲午，免畿内被災秋糧凡二十萬有奇。

31 是歲，占城齊亞麻弗菴遣使朝貢請封。

初，安南既執槃羅茶悅，立前王孫齊亞麻弗菴爲王，以國南邊地予之。至是請封，上遣給事中馮義，行人張瑾往封之，義等多攜私物行。至廣東，聞齊亞麻弗菴已死，其弟古來遣使乞封。義等慮空還失利，亟至占城。占城人言：「王孫請封之後，即爲古來所殺，安南以僞敕立其國人提婆苔爲王。」義等不俟奏報，輒以印幣授提婆苔，封之，得所賂黄金百餘兩，又過滿剌加國，盡貨其私物以歸。

義至海洋病死，瑾具其事，並上僞敕于朝。而安南黎灝方請遣朝使，申畫郊圻，興滅繼絶，其踞占城如故。朝廷知其誕妄，亦卒弗能討也。【考異】事見明史占城傳，特書其朝貢于十四年，明書及憲章録皆系之是年八月。今書于是年之末。

32 土爾番蘇勒坦阿爾死，其子阿哈穆特舊作阿黑麻。嗣爲蘇勒坦，遣使來貢。甘肅巡撫王濬請乘間納哈商，俾復其國，敕以便宜圖之。

明通鑑卷三十四

紀三十四

起屠維大淵獻（己亥），盡昭陽單閼（癸卯），凡五年。

江西永寧知縣當塗夏　燮編輯

憲宗純皇帝

成化十五年（己亥、一四七九）

1 春，正月，丁卯，大祀南郊。

2 庚辰，免山東被災秋糧。

辛巳，振山東饑。

3 是月，加吏部尚書尹旻太子太保，汪直爲之請也。

4 改王恕以兵部尚書兼左副都御史，巡撫蘇松，代牟俸也。

恕參南京軍務，考選官屬，嚴拒請託，同事者咸不悦；而錢能歸，屢譖訴于上，上亦浸厭恕數直言，遂有是命。

尋起致仕薛遠爲南京兵部尚書。吏科都給事中趙侃、御史王濬等，交章劾遠「濳住京師，貪緣起用」，蓋指汪直也。不聽。

5 二月，庚寅，免湖廣被災稅糧凡二十二萬餘石。【考異】明史稿，「以去歲旱免秋糧」，而明書、憲章録皆云「水災」。今仍據明史，但書「被災」云云。

6 壬子，免廣東廣、肇、高、雷、廉五府逋賦。

7 甲寅，詔修開國功臣墓。

時南京禮部上言：「國初勳臣李文忠等十三人墓，俱在南京城外，文忠曾孫李萼等以歲久頹壞，請修治」，許之，並令無後者置守冢一人。

明年，復命修耿再成墓，從其曾孫俊之請也。【考異】三編質實據明實録，勳臣十三人，常遇春、李文忠、鄧愈、湯和、馮國用、吴復、俞通海、康茂才、趙德勝、張得勝、丁德興、吴禎、吴良，凡十三人，附記于此。

8 三月，癸未，免江西被災秋糧。

9 是月，遼東巡撫陳鉞，復以邀功失事激變爲言官所劾；上遣汪直偕定西侯蔣琬、尚書林聰往勘。

時馬文升自遼東還，仍掌部事，會兵部尚書余子俊亦劾鉞，鉞疑出文升，傾之益急。

【考異】明史本紀系文升下獄于五月，諸書皆並記鉞激變及直往勘事，明書系鉞激變于三月。證之明史文升本傳，亦云「是年春」，蓋文升下獄張本也，今據書之。

10 夏，四月，丙午，免南畿被災秋糧凡四十萬有奇。

11 壬子，下駙馬都尉馬誠于錦衣衛獄。【考異】諸書不載，惟見明史本紀。其下獄之由，亦無可考，疑出自汪直搆陷也。今據書。

12 是月，以方士李孜省爲太常寺丞，尋改上林苑副監。

孜省者，初爲江西布政司吏，骫法受贓，既，歷京考，得冠帶，而贓事發，褫爲民，不敢歸。時上好方術，孜省乃學五雷法，厚結中官梁芳、錢義，以符籙得幸，中旨授太常寺丞。御史楊守隨言：「祖宗官人之制，必考素行，是以奸邪衰止，流品不淆。孜省故犯贓之吏，其資格則刀筆也，其情罪則胥靡也。太常職司祭祀，厥選尤重，奈何用此贓賄罪人以瀆事天地宗廟！」給事中李俊亦以爲言。上不得已，乃改命之。然寵幸日甚，賜以印章二：曰「忠貞和直」，曰「妙悟通微」，許密封奏請。孜省因與芳等表裏爲奸，干亂國事。

13 五月，壬戌，下兵部右侍郎馬文升于獄。

汪直故惡文升而庇陳鉞，欲卸其罪，因奏言：「文升行事乖方，禁互市農器，故致邊患。」然文升在邊，實禁市軍器，非農器也。蔣琬、林聰畏直勢，不敢異，奏皆如直言，遂逮文升下錦衣衛獄，尋與牟俸論謫戍。戊辰，謫俸戍湖廣鎮遠衛。庚午，文升戍四川重慶衛。

初，俸爲江西按察使，治吉安知府許聰之獄，入同知黄景隆言致死。至是巡按御史奏劾「景隆升任吉安府，自十一年至十三年，以淹禁凌虐故勘人犯至死者凡三百八十七人」。逮治至京師，下獄瘐死。會俸獄方竟，而以前事不爲公論所與，故人皆知其爲直所陷，然無白其冤者。踰年，卒戍所。【考異】俸治許聰獄，見明史本傳。證之憲章録，黄景隆以上年逮治，是年三月死獄中，正與俸被陷謫戍皆同時事，因牽連並記之。

14 癸酉，以牟俸、馬文升事，中旨責科、道官互相容隱，緘嘿不言，令自陳狀。于是給事中李俊等二十七人，御史王濬等二十九人，合詞請罪，詔廷杖各二十。

時文升謫不以罪，俸贓證不明，俊等畏直勢不敢辯，冀以巽詞獲免，卒拜杖去。

論曰：汪直之勢焰甚矣！當其時，如戴縉、王億等欲以媚直求遷擢者，不足論矣；若廷之大臣，如王越、陳鉞、尹旻輩，欲借直以張權勢、邀邊功者，亦不足論矣；至如萬安、劉吉、薛遠之等，亦保禄充位之鄙夫，固不復望其有所論列。而如劉珝、林聰輩，亦一時之錚錚矯矯者。今據史所記，珝能折王越于朝，而卒不能持之于西廠復設之日。其後萬安見直寵衰，復邀珝奏罷之，珝辭不與，安乃譖之于帝，卒與吉排而去之，豈非授之以瑕乎？聰奉使勘文升獄，而直稍假之詞色，遂不敢自樹異同。然則史謂其「以舊德召用，時望益峻」，特據其傳狀中歸美之諛詞耳。至于直庇陳鉞，聰不能争，卒亦不能不爲之惜，則甚矣晚蓋之難也！

15 己卯，免湖廣、河南被災税糧七十六萬有奇。

16 秋，七月，癸酉，命汪直行大同、宣府邊。

時宣、大鎮巡官屢以邊警報，而糴嘉策淩已爲伊斯瑪音所殺，部下方内亂，實無意南侵。邊臣欲虚張守禦功以覬賞，兵部不知而誤信之，乃有是請，上竟命直往。所至飾廚傳供張百里外，都御史服櫜鞬偕其屬伏道左，泥首迎謁，須過乃敢起；至館，易服請見，膝行起居，叱之出，乃唯唯退。左右索賂不貲，各傾帑以應之，邊儲爲之一空。

17 八月，乙未，遣户部郎中裴慧等七人巡視兩畿、山東、河南水災。

18 九月，四川播州諸蠻復亂。

初，張瓚平播州灣溪苗，置安寧宣撫使，以楊輝之庶長子友爲之。所屬天壩、干地等寨，舊以僻阻，棄不問，生苗耕其地居之，頗相安。及立宣撫，爛土諸蠻惡其逼，遂引齎果等攻圍安寧。時輝子愛新襲，友告警，力不能支，求援于川、貴二鎮。兵部奏請仍起輝再統兵勦之，又敕川、貴兵爲助。

至是齎果復糾合九姓、豐寧及荔坡賊萬人，攻剽愈亟。巡撫貴州陳儼，請調川、湖等官軍五萬，合貴州兵，聽儼節制。時貴州總兵官吴經，綬之兄也，與儼合請。兵部尚書余子俊曰：「賊在四川，而貴州請討，是邀功也。五萬之師，以半年計，須軍儲十三萬五千石，山路險峻，輸運之夫須二十七萬衆。况天暑，瘴癘可虞。」上然之，敕責守臣玩寇，命鎮守太監張成及經、儼等相機勦撫，然迄不能靖。【考異】據憲章録，言「是時總兵吴經請兵會勦，余子俊以經乃吴綬之兄，畏勢，欲准其奏。上不許」。核與明史子俊及四川土司傳所記不合。今按録中又言：「儼奉命相機進止，畏經弟綬之勢，遷延于家，以致經大肆殺戮，冒濫邀功。」據此，則畏綬勢者乃陳儼，非子俊也，今參二傳書之。

19 陳鉞既傾馬文升，復諷汪直請大發兵樹邊功，直言于上，遂許之。冬，十月，丁亥，命撫寧侯朱永爲靖虜將軍，充總兵官，直監軍，鉞參贊軍務。

是行也，王越急功名，私于永，諷其薦己督師，而鉞以計沮之于直，遂有是命，于是越益心艷之。

20 閏月，汪直、陳鉞等出遼東塞，遇貢使六十人，誣以窺邊，掩殺之，焚其廬舍，更發墓斮髑髏以張級數。

先是直奉使東征，余子俊議，以「自古羈縻之國不犯邊者，毋令驚擾」，而鉞欲以媚直邀功，謂「如此則損威示弱」。故六十人之死，皆以招誘得之，自是報復爲有名矣。【考異】朱永、汪直東征，明史本紀系之十月，諸書牽連並記，遂及其掩殺貢使事。惟憲章録分書之，是也。但録中所記，謂「建州貢使四十餘人，俱械至京師，令都察院錦衣衛禁錮之」，核與明史宦官傳及三編目中所載不同，今仍據明史、三編書之。

21 十一月，庚子，振河南饑。

22 是月，吏科給事中王瑞上言：「天下布、按二司進表官，令各陳地方利病。」上惡其紛擾，命杖之。

時湖廣、江西撫、按官，以所部災傷盜起，請免有司朝覲。瑞偕同官言：「歲祲民困，由有司不職，正宜加罪，乃復爲之請留。如此則人才進退，何由審辨？是朝覲考察大典，皆從此廢壞矣。」上從其言，命吏部禁之。【考異】王瑞被杖，見明史本傳。憲章録系之是月，今從之。

23 十二月，辛未，論東征功，進朱永保國公，加汪直歲禄，陞賞者二千六百餘人。

24 丙子，太白晝見。

25 是月，户部尚書楊鼎、禮部尚書鄒幹、工部尚書王復俱致仕，許之。

時汪直用事，廷臣謀遷擢者，嗾科、道以災異劾大臣，于是鼎等請賜骸骨歸。

召陳鉞還，以功晉户部尚書，張文質禮部尚書，劉昭工部尚書。

26 免四川、江西被災税糧。

27 是冬，安南黎灝遣兵八百餘人，越雲南蒙自界，聲言捕盜，築室據居，守臣力止之，始退。

灝自破占城，志意益廣，親督兵九萬，開山爲三道，攻破哀牢；侵老撾，復大破之。又頒僞敕于車里，徵其兵合攻八百，爲所敗。邊吏守臣以聞，上敕廣西布政使檄灝斂兵，而灝妄稱「未侵老撾，且不知八百疆宇何在」。

是時汪直好邊功，欲乘間取安南，言于上，索永樂間討安南故牘。兵部郎中劉大夏匿不予，密告尚書余子俊，謂「邊衅一開，生民糜爛」，子俊悟，事得寢。——大夏，華容人。【考異】據國史紀聞，兩書此事，一成化八年，言「是時朝廷好寶玩，有中官迎合上意，欲仿三保太監下西洋故事，因至兵部查取西洋水程。時項忠爲兵部尚書，劉大夏任郎中，檢舊案，匿他處，忠索之不可得」云云。以下所記，與此略同。按此係野史傳聞之異詞。而八年任兵尚者確係項忠，是年任兵尚者確係子俊，所記亦俱不誤。惟西洋與安南事異，而證之安南傳，則灝侵老撾正在十五年之冬。惟大夏傳言安南敗于老撾，所記微誤，蓋安南自侵老撾後，徵兵復攻八百。據安南本傳所記，則敗于八百，非敗于老撾也。今據正史，並參明史二傳書之。

28 是歲，擢吴道弘爲大理少卿，撫治鄖陽、襄陽、荆州、南陽、西安、漢中六府。【考異】此即鄖陽設撫治之始。據原傑傳，「傑將還，薦道弘自代」，是道弘撫治鄖陽在十三年。三編書于十五年，據其擢大理時也，是時道弘已任鄖陽撫治。明自景泰末，巡撫例加京官銜，定授副都、僉都御史之等。此以撫治官秩亞于巡撫，故僅授京卿之職撫治之，加卿銜，猶巡撫之加都御史銜也。**起張瓚左副都御史，總督漕運，兼巡撫江北諸府。**

十六年（庚子、一四八〇）

1 春，正月，辛卯曉，雨（水）〔木〕冰。

2 甲午，大祀南郊。

3 丁酉，伊斯瑪音犯延綏，詔朱永爲平虜將軍，充總兵官禦之，汪直監其軍，改命王越提督軍務。

越垂涎督師不可得，會延綏守臣奏寇潛渡河入靖虜，越乘機説汪直，而陳鉞時已内召，遂改命越。時謂「越鉞相競」云。

4 辛丑，免南畿被災税糧。

5 是月，遼東寇復内犯，擁衆深入雲陽、清河等堡，殺掠男婦，皆支解以徇。邊將斂兵不出，而陳鉞方内召，亦隱匿不以聞。于是邊地騷然。

6 兵科給事中孫博奏陳數事，末言：「東、西二廠緝事旗校，多毛舉細故以中傷大臣。旗校本廝役之徒，大臣乃股肱之任，豈旗校可信反有過于大臣？縱使所訪皆公，亦非美事，一或失實，所損實多。乞嚴加禁革。」奏入，上以爲不諳事體，姑宥之。而汪直聞事涉西廠，怒甚，呼博面加詰責。時皆爲博危之。

7 二月，癸酉，免湖廣被災稅糧凡七十五萬有奇。

8 戊寅，王越襲寇于威寧海子，敗之。

越偵知敵無犯延綏意，河冰方泮，移帳威寧，欲以計襲之。而惡遼東之役，永不援己與偕也，乃説直，奏令永率大軍由南路，己與直將輕騎循塞垣而西，俱會榆林。越至大同，告直以敵帳在威寧，則盡選宣、大兩鎮兵二萬出孤店，分數道進，值大風，雨雪晦冥，潛行至威寧海子。時伊斯瑪音等並無寇邊意，不虞師之猝至也，倉猝乘馬避之不及。因殺其老弱，報首功四百三十餘級，獲馬駝牛羊六千，師不至榆林而還。永至榆林不見敵，故無功。【考異】明史本紀作「戊寅」，明史稿作「庚辰」，相差二日耳。其事皆據本傳書之。

9 是月，逮河間知府滕佐下獄。

時中官陳喜，以事出河間，會歲饑，佐率屬分振在外，失迎謁，倉猝治供具不當意。喜怒，歸白于上，遂逮佐等，尋論謫戍有差。

10 三月，戊子，以歲歉，詔減光禄寺供用物。

時京畿、山東洊饑。諭禮部曰：「比歲以來，順天、北直隸、山東府縣，旱潦相仍，朕甚憂之。書云：『民惟邦本，本固邦寧。』朕重賴吾民供奉，玉食于上，而吾民有不飽半菽者，日當典膳進御，興念及此，爲之輟食。其令被災府縣應徵入光禄寺供用，量爲減省。自今有可恤民之事，其議以聞。」

11 是月，王越還，論功，封威寧伯，歲禄千二百石，又增汪直歲禄至三百石。

越以文臣受封，宜入西班，不得復領都察院事。【考異】威寧之捷在二月，王越受封在三月。諸書有系之二月者，有系之三月者，皆牽連並記體也。證之七卿表，越以三月回院，封威寧伯，則捷在二月封在三月明矣。今參明史越傳分書之。于是御史許進等請援王驥、楊善例，仍領都察院事，並兼督十二團營，汪直從中主之，制曰：「可。」

是役也，朱永以無功，賞不行。久之，進太子太傅。

薛應旂曰：王越之逢迎汪直，躐取爵位，許進等又從而附會之，一時皆謂之名臣，士風習尚可知矣。予謂進以率同官論救强珍，爲汪直所怒，搆之下獄，摘進他疏譌字，廷杖之幾殆。此同時事，何前後之不類？毋亦與王越有舊而論之獨寬，遂同預于頌功之列與？不然，吾未見此越之賢于彼鉞也。

12 夏，四月，巡按遼東御史强珍，劾陳鉞冒功啓釁事，不問。

初，御史王崇之巡按遼東，即上書劾鉞。鉞恐，謀之汪直，以崇之受都指揮庭參不爲禮違制，下獄輸贖，謫延安推官。

至是珍代其任，見汪直與鉞方論功，而寇謀大入，鉞與鎮守中官韋朗等匿不以聞；鉞既召入爲户部尚書，朗始上聞。珍往巡按，得其狀，請正鉞等欺罔罪。事下兵部，尚書余子俊覆奏如珍言，乃命停鉞等歲禄。【考異】强珍劾鉞，諸書皆系之是年六月，三編據之。證之弇州中官考，珍之奏劾在前，吴原之奏劾在後，故原奏中已有「停俸帶罪」之語，蓋因珍劾後始有此處分也。三編目中綜其前後，故並王崇之之劾亦牽連記之。其實珍之劾在四月，原之劾在六月，紀事本末並吴原之劾系之四月者，亦牽連記事體也。今分書之。

13 五月，免河南被災秋糧三十五萬有奇。

14 六月，癸丑，禁勢家侵占民田。

15 是月，兵科都給事中吴原，復劾陳鉞及總兵官緱謙、鎮守太監韋朗，謂：「鉞等啓衅冒功，失機匿罪，以祖宗法度爲不足畏，生靈血肉爲不足恤，不忠不仁，莫此爲甚！今因强珍之劾，僅予停俸，不免情重法輕，請重治之，以爲人臣欺罔者戒。」御史許進等亦以爲言，且謂「陳鉞如宋黄潛善、賈似道」，語甚剴切。上是之，卒置鉞等不問。

16 秋，七月，甲午，倭寇福建。

17 八月，辛酉，申存恤孤老之令。

時户部言：「大興宛平，歲廩孤老七千四百九十餘人，凡贍糧二萬六千九百餘石。近有司疎于稽察，董其事者日肆侵牟，無告之民不霑實惠。宜敕府尹月再巡視，俾惠澤下流，毋負朝廷恫瘝至意。」上俞其請，且敕諭「天下有司殫心存恤，所在巡按御史，廉其怠者，請逮治之。」

18 是月，汪直自遼東還，聞强珍劾陳鉞罪，銜之。

會鉞聞直還，郊迎五十里，訴珍誣己。直益怒，奏珍所劾皆妄，詔遣錦衣千户蕭聚往勘，械赴京。比至，直繫治珍于御馬監，榜掠備至，然後奏聞。命法司廷鞫，皆不敢忤直意，坐以奏事不實，當輸贖。直心未慊，降中旨責珍欺罔，謫戍遼東，而免鉞等所停歲禄，且責兵部及言官先嘗劾鉞者各停禄三月。

19 冬，十月，南京十三道御史徐完等，復劾「陳鉞停俸罰輕，不誅何以示戒！」六科給事中章元應等，亦言「鉞玩寇殃民，冒功希賞，乞明正典刑！」皆不報。

20 十一月，以旱災，免直隸順德所屬九縣秋糧一萬八百石有奇。

21 十二月，庚申，伊斯瑪音犯大同，報威寧海子之怨也。大同鎮守官告警，丙寅，命朱永、汪直、王越禦之。永等師未出，己巳，大同鎮將范瑾拒之出境。【考異】此據明史本紀月日。蓋邊寇自秋入塞，至此始命將也。明史韃靼傳言「是年之秋」，諸書有系之九月十月者，皆類記耳。

22 是月，潯、梧、高、廉賊起，總督兩廣都御史朱英與總兵官陳政分道擊之。再戰，俘斬甚衆。——政，平鄉伯懷之孫也。

是時廣西田州頭目黃明聚衆爲亂，知府岑溥走避思恩。英復調參將馬義率軍捕明，明敗走，爲恩城知州岑欽所殺，並族屬誅之，傳首軍門。

英在粵，持法無所假借，與市舶中官韋眷忤，眷劾其專權玩賊，潯州知府史芳以事見責，亦訐英奸貪欺罔，按皆無驗。上責眷，鐫芳二官，而諭英協和共事。

23 是歲，擢湖廣布政使何喬新爲右副都御史，巡撫山西。

初，項忠驅流民過當，原傑奉招撫至南陽，引喬新自助。民聞傑至，益竄山谷。喬新躬往招之，附籍者六萬餘户，遂遷湖廣右布政。

至是撫山西，禁邊地軍民出塞伐木捕獸，曰：「此輩苟遇敵，必輸情求生，皆賊導也。」尋進左副都御史。歲饑，奏免雜辦及户口鹽鈔十之四。

24 廣東布政使彭韶請罷市舶。其略曰：「國家昇平百十餘年，生齒之繁，田野之闢，商旅之通，可謂盛矣。然而官府倉庫，少有儲蓄，人民衣食，艱于自給。比之國初，無經營戰伐之需，無造作營繕之費，而富强反不及，何者？以害財之多也。文武之煩冗日增，宗戚之親疎日衆，僧道則寺觀聯翩，賓貢則四夷絡驛。加以進獻多門，供御無紀，徵斂煩苛，採辦馳騁，若不及今撙節，一旦更啓他端，益以雜用，其何以善後耶？」

時中官奉使紛遝，鎮守顧恒，市舶韋眷，珠池黄福，皆以進奉爲名，所至需求，民不勝擾。韶先後劾奏，不避權勢，遂爲中官所銜。然韶與何喬新同官内外，並有重名，一時稱「何彭」云。

十七年（辛丑、一四八一）

1 春，正月，壬午，大祀南郊。

2 是月，兵部尚書余子俊以母憂去，改陳鉞代之。以户部侍郎翁世資爲本部尚書代鉞。

先是子俊論陳鉞掩殺貢夷罪，上以汪直故宥之。鉞多方搆子俊于直，會以憂歸，得免。

3 以方士顧玒爲太常寺少卿。

玒以扶叶術得幸于上，遂由傳奉爲太常丞，至是復晉少卿。

時李孜省用事，玒與趙玉芝、凌中倚以爲奸；玉芝亦善方術，因中官高諒進。中善書，給事文華殿，皆累擢至太常卿。【考異】事見明史宦官傳。三編據實録系之正月，今從之。

4 二月，甲寅，南京地震。鳳陽、廬州、淮安、揚州、和州、兖州及河南州縣，同日地震有聲。

禮部奏言：「考之傳記，地動千里有大災；春動者歲凶，二月動者水。今所動不止千里，又況鳳陽、南京，皆祖宗根本之地，宗廟社稷所在，關係尤重。乞敕有司恤冤抑，矜孤寡，以弭災異，廣儲蓄以備歲荒，修渠堰以防水患。」從之。【考異】甲寅地震事，見明史五行志。三編書之目中，云「是月初十日甲寅也」。是年二月乙巳朔，憲章録書初十月，正甲寅也。惟五行志有和州，憲章録則但云「南畿四府」，三編有和州，無淮安，二申録兼有江西。今仍據明史志書之。

5 壬戌，詔遣官分覈天下庫藏出納之數。

6 是月，免山西太原等府及浙江杭、嘉、湖等府被災税糧凡九十五萬有奇。

7 以禮部侍郎周洪謨爲本部尚書，時張文質以憂去也。

8 方士顧玒以母喪乞祭誥。故事，四品官未滿三載，無給誥賜祭者，上特予之。時吏尚尹旻欲獻媚于玒，因請並賜誥贈其父。未幾，玒二子亦以中旨授官。上方崇信左道，故佞倖之徒猝致榮顯如此。

9 王越偕汪直、朱永出師大同，會寇掠邊境，追擊至黑石崖，斬首百二十餘人，獲馬七百匹。

踰月還，加越太子太傅，永世襲。于是越從勳臣例，改掌都督府事，且覬封侯矣。

10 三月，辛卯，賜王華等進士及第、出身有差。

11 是月，傳陞戴縉爲右都御史。

12 西域撒馬兒罕進二獅子，至嘉峪關，乞命大臣迎受。職方郎中陸容上言：「獅子爲獸，在郊廟不可以爲犧牲，在乘輿不可以備服馭，無用之物，不宜受。」禮部尚書周洪謨亦言不當遣大臣，乃敕内臣往迎之。

13 夏，四月，庚申，以久旱風霾，敕群臣修省。

戊辰，命法司慎刑獄，並遣太監懷恩同三法司録囚。

自定五年一審例，率以丙、辛之歲，京師内臣審録以爲常，謂之「大審」，南京則命内守備太監行之。初，成祖始定「熱審」例，決遣輕罪，仁宗命閣臣會審重囚，英宗又命三法司同公、侯、伯會審，謂之「朝審」。至是罷閣臣會審之制，而内臣大審，所矜疑放遣，常倍于熱審云。三編質實：「按明史刑法志，成化時，會有弟助兄毆殺人者，太監黄賜欲從末減，尚書陸瑜持不可。賜曰：『同室鬥者被髮纓冠救之，況其兄乎！』瑜不能難，卒爲屈法。」考瑜于成化八年致仕，賜于十三年以汪直譖罷斥，則憲宗之遣内官會審，不自是年始矣，特是年始定爲大審之例耳。

三編御批曰：中涓録囚，濫觴于正統，體統淩夷，已非一日。但「熱審」「朝審」

之制，自永樂以來，守而不變，何至憲宗竟盡改舊章，概行罷廢。而以會讞大典專任宦官，廷臣遂無由過問，紀綱倒置甚矣。況其矜疑放遣，較常倍增。則由若輩欲假姑息博美名，不復顧明刑本意，濫縱之失，豈可勝言。乃權勢既崇，法司惟視其意指，則其所寬者，必其通苞苴者也；不然，必其流離貧賤，與彼無涉者也；而其所嚴者，必其有釁隙，或受囑託而欲致之于死者也。國法尚可問乎？而史家猶以多所矜放爲美，真不識事體之甚矣！

14 癸酉，伊斯瑪音犯宣府。

15 五月，己亥，王越爲平胡將軍，充總兵官，汪直監督軍務，率京軍萬人禦之。比至，參將吴儼等已追之出塞，復爲寇所遮，死者過半。上皆置不問，仍命直、越留屯宣府。

16 六月，癸亥，雨雪。【考異】明史五行志不載，三編蓋據實録也。其目云：「是月十九日癸亥。」按是年六月甲辰朔，則癸亥當爲二十日，疑大小建各異也，今但據書「癸亥」。

17 秋，七月，甲戌朔，免南畿被災秋糧。

18 丙戌，南京大風雨，社稷及太廟殿宇俱摧。

19 甲午，詔所在鎮守、總兵、巡撫，聽汪直、王越節制。

20 己亥，雷震郊壇。【考異】三編書之七月，其目云：「是月二十五日己亥也。」按是年七月甲戌朔，推之十三日爲丙戌，亦見三編目中。己亥當爲二十六日，非二十五日，疑轉寫之誤也。

21 八月，癸亥，太白晝見。

22 是月，以李孜省爲右通政。

上寵孜省，欲驟貴之，乃命寄俸于通政司，仍掌上林苑事。同官王㬚惡其奸邪亂政，遇之無加禮，孜省銜之，譖之于上，左遷㬚太仆少卿。故事，寄俸官不預郊壇分獻，上特以命孜省，自是廷臣懲㬚事，無敢執奏者。

23 冬，十月，壬戌，振河南饑，又免湖廣被災田租十之六。

24 是月，以道士鄧常恩爲太常寺卿。

自李孜省進後，方伎僧道，無不夤緣中官以冀恩澤。一時取中旨授官者累數千人，名「傳奉官」，有白衣躐至卿寺者。

常恩因中官陳喜進，導上祀淫祠，上爲之動。是時嶽鎮海瀆諸祠，並置石函，周以符篆，中藏金書道經一卷，雜貯金銀錢寶石及五穀爲厭勝，皆常恩所爲也。

25 十一月，戊子，取太倉銀三分之一入内庫。

初，太倉庫之設，始于正統七年，後積至數百萬兩，續收者又分「老庫」、「中庫」之目。至是以内府供應繁多，乃取中庫三分之一以供内庫之用。

丁酉，江南大雷雨雪。26

是冬，汪直、王越以寇退，請班師，不許。27

初，陳鉞、王越交結直，邀邊功，遂先後進官膺封爵。自强珍等發其奸狀，於是惡直者指王越、陳鉞爲「二鉞」。

有小中官阿丑，工俳優，一日，於上前爲醉者謾罵狀，人言「駕至」，謾如故，言「汪太監至」則避走，曰：「今人但知汪太監也。」又爲直狀，操兩鉞趨上前，人問之，則曰：「吾將兵，仗此兩鉞耳。」問：「何鉞？」曰：「王越、陳鉞也。」上忻然笑，稍稍悟，然廷臣尚未敢攻直也。

有東廠中官尚銘者，始因直進，附于直。直方自威寧還，會有盜西内物者，上命廠校按之急，而銘在東廠捕得之以聞，上大喜，賚銘甚厚。直且怒銘之自以爲功也，曰：「銘敢負我！」銘聞之，懼將傾己，謀發直事以先之。

直初與王越甚昵，時或泄禁中語于越。後直主陳鉞議用兵遼東，言官多以啓釁劾鉞，越方領都察院事，不能制也。而鉞譖于直，謂皆越所嗾者，直怒而窘辱越，越乃挾前所泄語以抵之，直乃沮。尋二人意釋，交如初。

顧所泄語頗聞于人，銘悉廉得之，乘直監軍在外，白于上，上始疑直，直請班師者再，皆不許其還。而鉞尚未之知也，時鉞方長兵部，遂復爲直請班師，上切責鉞。于是直、越乃大懼。已，大同總兵孫鉞卒，即命越代之，而以直總鎮大同、宣府，悉召京營將士還。

【考異】直等請班師，明史本傳皆在是年。三編統書之五月寇犯宣府目中，以請班師爲是冬事，今據之。

28 是歲，復以書諭安南黎灝。

先是安南侵老撾，據占城如故，詔諭解之，不奉命。本年之秋，滿剌加又以被侵告。而占城遣使朝貢，故王之弟古來，奏稱：其兄「齊亞麻弗菴權國未幾，遽爾隕没，臣當嗣立，不敢自專，仰望天恩，賜之册印。臣國所有土地，本二十七處，四府、一州、二十二縣，凡三千五百餘里。請特諭交人，盡還本國」。章下廷議。英國公張懋等，請遣有威望之近臣，賜敕諭安南使還侵地。會安南貢使方歸，即賜灝敕，令毋抗朝命。

先是安南攻老撾，議者恐其内寇，詔問兩廣總督朱英處置之宜。英奏言：「彼不過争甌脱耳，諭之當自悔懼。」上從其言。未幾，安南果上表謝，入貢如故。

29 初，遼東貢使之役，邊境驛騷。會朝鮮入貢舊由鴉鶻關，至是請改由鴨緑江。尚書議許之，郎中劉大夏曰：「鴨緑道徑，祖宗朝豈不知？顧紆回數大鎮，此殆有微意，不可許。」乃止。

時有中官何九者，其兄任京衛經歷，以罪爲大夏所笞。九譖之于上，捕大夏繫詔獄，令東廠偵之，無所得。會太監懷恩力救，乃杖二十，釋之。

十八年（壬寅、一四八二）

1 春，正月，壬午，大祀南郊。

2 庚寅，閣臣劉吉，以父憂奉詔起復，吉三疏懇辭，而陰屬貴戚萬喜爲之地，得不允。

3 二月，逮沛縣知縣馬時中于獄。

時大監郭文自南京還，過沛，怒時中供張不時，搒掠時中子，不勝楚，溺于河，時中赴救之，起，呼冤。文益怒，褫時中衣，縶以行，縣民憤甚，繞船大呼，叱之不退。文使家人持兵擊之，殺二人。時中訟于朝，而上先入文愬，命錦衣衞械時中至京，尋謫降廣西慶遠府經歷。

未幾，有尚膳監中官，齎薦新節物，道出南旺湖，辟行舟。或避之緩，縛其人懸于檣，笞之死。管河通政楊恭以聞，命刑部郎中朱守孚往勘。守孚右中官，請治恭等巡河不能禁約之罪，上皆勿問。【考異】此事諸書皆不載，弇州中官考亦遺之。今據三編，增入是年二月下。

4 三月，己巳朔，振南直隸饑。

先是淮揚巡撫張瓚，以鳳陽、淮安饑，請發兩淮鹽直五萬振之。至是南京給事中劉畿復告南直隸諸府州災，詔「以淮安倉糧三萬石振鳳陽，以蘇、松、常、鎮四府歲儲餘米及徐州倉糧一萬石各振其地之民，以南京常平倉三萬石振應天、滁州，以揚州鈔關及稅課司夏季應征之鈔，準貫納米，振淮安、揚州」。敕瓚與蘇松巡撫王恕董其事。敕甫下而瓚已卒。恕奏免秋糧六十餘萬石，周行振貸，全活二百餘萬口。

5 壬申，罷西廠。

先是汪直、王越以久鎮不得還，寵日衰。于是言者始交章請罷西廠，未報可。閣臣萬安知尚銘譖已行，上已浸惡直，乃上章極言「東廠法制之善，人易遵循，西廠事出權宜，當革」。從之。一時中外欣然。

6 是月，陳鉞以罪免。

時右軍都督馬儀言：「鉞撫遼東時，侵牟帑金，交結近侍，私役軍官，入京詷事，擅殺貢使，乾沒方物，與汪直誣陷侍郎馬文升、御史强珍謫戍。其子澍，冒功授錦衣千户，亦倚勢爲奸利。」事下都察院，請遣官按治。

時上已知鉞爲直黨，儀所劾皆實。而馬文升諸人之謫，雖由鉞等所搆，實上命也，頗惡儀言及之，不欲窮其事。乃令鉞致仕去，調澍于永平衛右所，而儀亦南京閒住。

7 以張鵬爲兵部尚書。

鵬自寧夏巡撫召還，歷任兵部左右侍郎，至是遂晉尚書。

時守珠池中官韋助，乞往來高、肇、瓊，廉會守巡官捕寇，鵬執不可，上竟許之。南北印馬，率遣勳臣、内侍，後以災傷，止遣御史。是年，上欲復遣内侍，鵬執不可，上勉從之。後仍如舊制。

8 夏，四月，癸丑，哈密故王子哈商舊譯見前卷。興師攻哈密，復其城。

初，哈商寄居苦峪十年，土爾番將伊蘭守哈密城，甘肅總兵王璽遣人間諜，悉得其虛實。于是哈商糾罕東、赤斤二衛，得兵一千三百人，與其部下兵共萬人夜襲哈密城，破之；伊蘭遁走。乘勢連復八城，遂還居故土。王璽及巡撫王朝遠上其事，上喜，賜敕奬勞。朝遠請封哈商爲王，且言：「土爾番已與哈商議和，宜乘時安撫，取還王母孫女及金印，俾隨王母共掌國事。」哈密國人亦乞封哈商。廷議不從，乃進左都督。

9 甲子，免山西被災夏税凡五十四萬有奇。

時山西大同等處饑，户部主事汪洪奉命往徵邊儲，知其狀，請緩徵，故有是命。已，洪又請命山西巡撫何喬新、大同巡撫郭鏜檄所屬振卹，從之。【考異】此據明史本紀。汪洪之請，具見三編三月振南畿目中。

10 是月，召鉛山知縣張昺爲監察御史。

昺善治獄，所雪冤獄至多。其令鉛山時，邑有嫁女者，及壻門而失女，訟于前令，不能決。昺至，行縣界，見大樹妨稼，欲伐之，民言有神巢其顛，不聽。率衆往伐，有衣冠三人拜道左，昺叱之，忽不見。比伐樹，血流出樹間，衆懼，欲止，昺手斧之，卒仆其樹，則二婦人墮焉，一即前所失女也。有巫以隱形術宣淫邑中，昺執巫痛杖之，無所苦，已，並巫失去。昺馳縛歸，印巫背鞭之，立死。乃悉毀諸淫祠。嫠婦子爲虎所噬，其母訴于昺。昺齋戒檄城隍神，期五日必驅虎至縣廷聽鞫。及期，二虎伏庭下，昺叱曰：「孰傷吾民？法當死，無罪者去。」一虎起，斂尾去。一虎伏不動，昺射殺之，以畀嫠婦曰：「虎抵而子死矣。」一時政聲聞于朝，乃有是命。

時與昺先後以治行稱者，有陳綱、丁積。

綱令黔陽縣，城當沅、湘合流，數決壞廬舍。綱募人採石，甃堤千餘丈，水不爲害。南山崖官道數里，徑仄甚，行者多墮崖死，綱積薪燒山，沃以醯，拓徑丈許，行者便之。綱病，民爭籲神，願減己算益長官壽。遷長沙通判。其卒也，黔陽、長沙並祠祀之。

積爲新會知縣，宦者梁芳，邑人也，時方用事。其弟長，橫于鄉，官吏莫敢誰何，積捕之繫獄，自是權貴屏迹。令甲民出錢輸官供役，曰「均平錢」，其後吏貪，復使甲首出錢供用，曰「當月錢」，貧者至鬻子女。積一切杜絕。歲大旱，築壇祈雨，昕夕伏堂下八日，雨大澍，而積遂得疾卒。士民聚哭于途。一嫗哭極哀，或問之，曰：「來歲當甲長，丁公死，吾無以聊生矣。」

然三人者，惟昺以最遷，陳、丁二人竟以吏終。【考異】張昺事見本傳，諸書皆不載。惟三編據實録書之，蓋擢御史之年月也。昺爲都御史楷之孫，見明史本傳。三編質實則但言「昺先世慈谿人，後徙鄞」，不言昺與楷爲祖孫。而據陸粲庚己編，則昺爲楷之子，俟考。至陳綱、丁積等，同見質實中，並見明史循吏傳，今彙著之。

11 五月，甲申，免山東被災税糧。【考異】明史本紀無日。史稿書五月甲申，今據之。

12 六月，壬寅，伊斯瑪音犯延綏，都指揮劉寧敗之于塔爾山，巡撫何喬新、指揮同知支玉敗之于天窊梁中觜，千户白道山敗之于木瓜園，總兵官許寧敗之于三里塔，參將周璽、游擊董升等敗之于黑石崖。越以調度功，益禄五十石。

方余子俊之築邊牆也，或疑沙土易傾，寇至未可恃；至是寇入犯，被扼于牆塹，不得出，遂大衂。于是邊人益思子俊功云。【考異】明史本紀，「是月壬寅，寇犯延綏，汪直、王越調兵禦，敗之。」證之三編，則以余子俊邊牆之築，寇爲所扼，故直與越因之以邀功也。今據三編目中書之。

13 秋，七月，庚午，詔副都御史程宗往雲南勘木邦獄。

初，木邦置宣慰司，其所轄有孟密蠻婦曩罕弄者，即故木邦宣慰之女，嫁于孟密者也。故宣慰曰罕揲法，已卒，孫落法嗣。于是曩罕弄以尊屬，不受節制，嗾族人與之争，遂以景泰中叛木邦，逐宣慰。成化十年，侵掠隴川，兵力日盛，自稱「天娘子」，其子思柄，自稱宣慰。黔國公沐琮奏委三司官往撫，曩罕弄益驕蹇不服，且欲外結交阯，逼脅木邦、八百諸部。

至是琮等復以聞，兵部尚書張鵬主用兵。詔廷臣集議，皆以「孟密與木邦仇殺，並未侵犯邊境，止宜撫諭。」乃遣宗馳傳與譯者序班蘇詮往。【考異】明史本紀不載，此據明史稿月日。證之明史土司傳，特書云「時成化十八年」，今據之。

14 是月，劉吉起復，仍入閣。南京太常少卿陳音貽書勸其固辭，不悦，遂與音有隙。

15 八月，癸丑，遣使振畿内及山東饑。

16 辛酉，免河南被災税糧。

17 是月，調王越鎮守延綏，以延綏都督同知許寧代鎮大同。

時汪直與越俱留鎮大同，大學士萬安等以越有智計，恐誘直復謀内召，乃調越延綏以離之。兩人勢益衰。【考異】越調延綏，明史本傳在寇退之後。紀事本末系之是年八月，今從之。憲章録系之閏八月。

18 衛、漳、滹沱並溢，潰漕河岸。自清平抵天津，決口八十六。河南霪雨三月，漂損廬舍三十一萬四千二百餘間，渰死軍民一萬一千八百餘人。

19 閏月，壬申，下倉副使應時用于獄。

時內府供用日繁，守備分守中官布列天下，率以進奉爲名，糜帑納賂，動以巨萬計。而江西浮梁之景德鎮，燒造御用瓷器尤多，且久費不貲。時用請罷遣中官，卒論謫輸贖。

時又有中都留守指揮郭玉，亦上言：「守備中官，徇奴隸之言，掣諸司之肘，決獄惟貨，多不以情，請罷勿設。」上以「臨濠乃祖宗根本之地，特命中官往鎮，寄以守備之權，循祖制也。玉何人，敢議罷革！」下巡按御史，逮問妄奏之罪。【考異】按以上二事，諸書皆不載。一見明史本紀，一見三編，今據月日增。

20 是月，詔天下刑官毋滯訟。

時山西巡撫何喬新，奏劾按察僉事尚敬、劉源視獄多淹滯。乃下詔曰：「刑獄，重事也。周書曰：『要囚服念五六日至于旬時』，蓋言慎也。今有司乃或瘝厥職，推鞫不以時，凡罪囚應省釋者，亦梏拲而久囹圄之，一旦瘐死，是有司殺之也。喬新言是，其即治敬、源曠官罪。自後有司滯訟半年以上者，所在巡按御史奏聞逮治。令天下刑官勤于決讞，以副朕意。」

21 刑部尚書林聰卒于任。

自景泰以來，論諫之臣，聰獨稱首。後偕汪直鞫遼東陳鉞獄，不能争，時論惜之。

卒，諡莊敏。

22 以刑部侍郎張鎣爲本部尚書。

23 九月，庚戌，太白晝見。

24 癸亥，歲星晝見。

25 冬，十月，取太倉銀四十萬入内庫。

26 十一月，免畿内、陝西、遼東被災秋糧。

27 十二月，庚午，御製文華大訓成，以教皇太子也。書凡二十八卷，列綱四：曰進學，曰養德，曰厚倫，曰明治。上親製文弁其首，命詹事彭華、中允周經等進講文華殿。太子每起立拱聽，首輔萬安以爲勞，請坐聽，華與經不從，乃止。

28 是月，以書成，晉萬安太子太傅兼華蓋殿大學士，劉珝太子太保兼謹身殿大學士，劉吉太子太保兼武英殿大學士，彭華以下纂修官陞賞有差。

十九年（癸卯、一四八三）

1 春，正月，丙午，大祀南郊。

2 二月，録故大理寺丞鍾同次子越爲通政司知事。

同長子起，已録入國子監授官，至是上復念同死于忠義，雖已蔭一子，未足酬之，詔賜越一官，並給同妻羅氏月廩。

3 以職方郎中劉大夏爲福建右參政。

大夏在兵部久，明習故事，尚書皆倚重之。時兵部左侍郎缺，中官有欲薦之者，冀大夏一見，卒不往。吏部議遷太僕卿，大夏私語所知曰：「郎中轉京堂，豈不甚願！但吾做秀才時，見府縣政事不得其平，輒曰：『使我做時，某事當如何行，某事當如何罷。』今幸登朝，不得一親民之官，非素志也。況郎中一出，非知府即參議，官階崇重，何爲不可，但恐人負官耳。」吏部乃陞大夏授是職，以政績聞。未幾父喪，聞赴，一宿即行。【考異】大夏爲福建參政，明史本傳系之是年。惟大夏方在兵部，爲尚書所倚重，一旦外遷，傳中不言其故。檢國史紀聞，言「大夏不願轉京堂，自請外任」。證之本傳，「大夏改庶吉士，館試當留，自請試吏」。以此推之，福建之任，出自大夏自請明矣，今據之。

4 三月，丙辰，免湖廣被災税糧。

5 是月，户部尚書翁世資致仕，召余子俊代之。

6 改戴縉南京工部尚書，以副都御史李裕爲都察院右都御史。

7 中官梁芳有寵，假市珍玩名，侵盜庫金以數十萬計，不足則給以鹽。上即位之初，太監李棠等乞開中遼東鹽萬引，許之，自是請者益衆。芳前後請兩淮存積餘鹽不下數十萬引，皆怙寵輒行。于是戚畹家人亦有希恩妄乞者，計臣不能執争。凡所乞中鹽至無算，商引壅不行，邊儲日匱。

至是中官王錮復請支河東鹽二萬四千引，上始厭其擾，曰：「祖制，内臣無私産，矧敢牟利中鹽！」乃命户部榜諭禁之。三編質實：「明史食貨志，洪武時，定額兩淮歲辦大引鹽三十五萬二千餘引，弘治時，改辦小引鹽倍之，所輸邊甘肅、延綏、寧夏、宣府、大同、遼東、固原、山西、神池諸堡，歲入太倉餘鹽銀六十萬兩。浙歲辦大引鹽二十二萬四百餘引，弘治時改辦小引倍之，所輸邊甘肅、延綏、宣府、大同、薊州，歲入太倉餘鹽銀十四萬。長蘆歲辦大引鹽六萬三千一百餘引，弘治時改辦小引十八萬八百有奇，所輸邊宣府、大同、薊州，歲入太倉餘鹽銀十二萬。河東歲辦小引鹽三十萬四千引，弘治時增八萬引，歲輸寧夏、延綏、固原餉銀三萬六千餘兩。凡大引四百斤，小引二百斤。『餘鹽』者，竈户正課外所餘鹽也。『存積鹽』者，正統時從巡撫周忱議以淮、浙、長蘆鹽十分爲率，八分給守支商曰『常股』，二分收貯于官，遇邊警始召商中納，謂之『存積』。」

8 夏，四月，癸亥朔，太白晝見。

9 丁丑，免河南被災税糧。

10 五月，汪直報大同寇警，請調京軍赴援。兵部尚書張鵬，以「時方盛暑，師難久戍。計大同各邊士馬數及四萬，使内外守臣戮力同心，足敷守禦」，奏止勿遣。

鵬又言：「控制邊方，必須養精蓄鋭于無事之時，方能折衝禦侮于有事之日。邇來工役頻繁，未遑訓練，猝有徵發，恐不足用。乞罷遣歸營，停諸雜役。」是時盧溝堤岸及京倉、通州倉諸役，一時並興。是春，又命襄城侯李瑾督軍萬人修大慈恩寺。凡團營見軍九萬三千四百有奇，更番赴工者至五萬二千人，故鵬言及之。會保國公朱永亦以爲言，乃罷京倉之役，餘令趣工速竣，即休舍之。

然于時團營弊日滋，營帥中官習以軍士供私役，謂之「應役」。市井游販之徒，以賂竄名軍籍，避操憚調，率賄將弁祈免，謂之「買閒」。而提督守營諸官，又詭以空名支餉，缺伍輒以萬計。尋定西侯蔣琬奏其狀，上命懷恩偕户尚余子俊閲實之，而其弊迄莫能革云。

11 六月，乙亥，調汪直南京御馬監。

時許寧既與王越易鎮，至大同，以爭坐不協于汪直。巡撫郭鏜以聞，遂調直南京，別遣中官蔡新代鎮，而邊警已屢告矣。

12 丁丑，廣西桂林、平樂諸猺叛，攻城殺將，總督朱英，會總兵官平鄉伯陳政分兵十二道擊破之。【考異】據明史本紀，但云「廣西猺」，今據朱英傳書之。

13 秋，七月，辛丑，迤北小王子犯大同。

先是諜報寇至，巡撫郭鏜問戰守計于許寧，寧皆不應。至是小王子驟率三萬騎大入，連營五十里。寧既未有備禦，猝見敵至，勢方盛，不敢攖其鋒，乃欲示以持重，伺其惰邀擊之。因斂兵城守，而令別將劉寧、董升軍西山，周璽屯懷仁相掎角。

癸卯，寇縱兵大掠，焚代王別墅。王趣戰，使衆哭于轅門，寧猶不聽。會有自京師至者，服佩頗異，守門卒報曰：「行事校尉來矣。」寧不得已與郭鏜、蔡新等將中軍營城外。寇以十餘人爲誘，新遣部騎馳擊，寧將士争赴之，遇伏，大敗，死者千餘人。劉寧、董升聞中軍失利，督衆自守，寇圍之數重，幾陷，發巨礮擊之，圍乃解。

時許寧奔夏米莊，鏜、新馳入城，勢方急。會璽自懷仁還兵來援，道遇敵乘勝前，鋭甚，璽厲將士曰：「今日有進無退！」大呼陷陣，寇少却。久之，短兵接，璽臂中流矢，拔鏃戰益急，與子鵬及麾下壯士擊殺數十人。會劉寧兵至，中軍潰卒亦稍集，寇乃退。而許寧竟掩敗以捷聞。

14 己未，授朱永鎮朔大將軍，充總兵官，率京軍禦之，以蔡新監其軍。

時寇得志，長驅入順聖川大掠，謀犯宣府。劉寧將兵三千，遇之聚落站西，連戰，敗之。

15 八月，甲子，小王子寇宣府，都督同知周玉將二千人前行，巡撫秦紘率兵繼進，至白腰山，擊敗之。指揮曹洪邀擊，敗之于西陽河，都指揮孫成又敗之于七馬房。時寇乘勝，氣鋭甚，竟爲玉等所挫。未幾，復至，玉伏兵又敗之。會朱永至大同，復會玉軍擊敗之鵓（鴒）〔鴿〕峪。而山西巡撫邊鏞、參將支玉等亦邀擊，破之。大同西路參將莊鑑復遮其歸路，戰于牛心山，寇遂遁。

先是諸將失利，許寧以下皆被逮，惟周璽、劉寧轉敗爲勝，而莊鑑以所部無亡失，皆論功陞賞有差。

16 乙丑，命户部侍郎李衍、刑部侍郎何喬新巡視邊關。

時寇入大同，畿内震驚。喬新至，相險阻，築城堡，簡精壯，厲器械，爲戰守備。又獲虜諜，知小王子在邊守者多老弱，請選精兵間道出擣之。會虜引去，不果行。【考異】巡視邊關，明史喬新傳不載。此據本紀月日，又證之紀聞同，並據史稿增入李衍。

17 壬申，貶汪直南京奉御，其黨王越、戴縉等皆罷黜。

直既失勢，言官劾其八罪：「一負恩欺罔，二冒功濫殺，三侵盜帑金，四誣善獎奸，五擅作威福，六招納無藉，七朋邪亂正，八妄開邊釁。」詔從末減，遂有是譴。

越以黨直，奪誥券，編管安陸州，二子以功蔭得官者皆削籍；戴縉、吳綬並斥爲民；韋瑛前已調萬全衛，陳鉞亦先致仕，皆不問。明年，瑛欲邀功，希復用，誣報衛人劉德興謀不軌，覆驗之妄，上惡其稔惡，誅之。而直後竟得良死。又有工部侍郎張順，亦以媚直得遷，至是亦令致仕去。

一時直黨先後斥逐，公論快之。而越、鉞、縉、順之等，皆進士出身，時以爲科名之玷云。

18 九月，【考異】明史稿，「九月丁巳，應天、鎮江、太平、寧國、廣德量加田租」，明史删之。今按諸書皆不載，而明史食貨賦役志中亦無是年量加田租之事，不知明史稿何據，今亦删去。妖人王臣伏誅。

時中官進奉，多借購書採藥之名，所在騷擾，賄賂公行。臣以妖術爲内監王敬所信任，敬奉使蘇、常等府，挾臣及百户王完等十九人以從，所至陵虐官吏，矯旨搜括民間珍玩，因奪室女縱淫，長吏不從者多被辱。至蘇州，召諸生寫妖書，辭不赴，即令有司捕繫至驛中亂箠之，諸生大嘩。敬奏其抗命，下巡按御史逮問。

巡撫王恕疏言：「當此凶歲，宜遣使振濟，顧乃横索玩好。昔唐太宗諷梁州獻名鷹，明皇令益州織半臂褙子，進琵琶桿撥鏤牙合子諸物，李大亮、蘇頲不奉詔。臣雖無似，有慕斯人。」又言：「王敬賫來駕帖，止開『前往蘇、常採取藥餌，收買書籍』，别無行拘大户索要銀兩緣由。何期敬動以朝廷爲名，需索要求，無有紀極，東南騷然，民不堪命。目下王敬方來，太監段英又至，造辦藥材冰梅，蘇、松、常三府已辦與價銀六千兩，鎮江、太平、池州、寧國、安慶、徽州、廣德七府州與銀一千五百兩，又發鈔于松江，索銀二千兩。王敬又發鹽一萬五千五百引與寧國等府，逼銀三萬二千五百兩，又有鹽艘數百，發去江北廬州等府衛、江西南昌等處逼賣，不知又得幾千萬兩。至蘇、常等府，倚勢逼取官民銀三萬六千餘兩。其在江、浙二布政司及南京沿途索要官民金銀，不知又有幾千萬、數千户。王臣專弄左道邪術，而敬聽伊撥置，舳艫相銜，滿載而歸，虧損國體，大失人心。謹將臣該管地方索取金銀開數具題。伏望留意于難保之天命，割恩于壞事之小人，明正法典以告天下。」

時常州知府孫仁，爲敬誣奏被逮，恕抗章救之，凡三疏劾敬。會中官尚銘亦發敬奸狀，上乃下敬等獄，戌其黨十九人，而棄臣市，傳首江南，中外稱快。然以爲敬等猶倖免云。【考異】王敬事，明史本紀不載。三編系之九月，與明書、憲章録同。弇州中官考則兩載之，一云「九月」，則尚銘始發其事之月日也，一云「十一月」，則王恕所劾。蓋是時恕凡三疏劾敬，又論救孫仁，故弇州據國史分書之。今仍據三編，統系之九月下。

三編發明曰：汪直、王敬之横恣甚矣，憲宗一旦譴斥，時共快之。然商輅發直之奸甫踰月而直復用，王恕論敬之罪至三疏而敬自如。特以尚銘一言譖訴，乃始貶直而下敬于獄，則憲宗之譴斥宦官者，仍以信任宦官，直、敬貶而尚銘用事，銘固直、敬之類也。厥後梁芳之廢以蔣琮，劉瑾之誅以張永，亦皆其類之自相傾軋，而非在上者果能察其亂政，務決去之，此明世宦官之禍所以蔓延而不可圖也。

19 都察院右都御史李裕，以汪直既敗，偕副都御史屠滽請雪諸忤直得罪者。上以事已處分，惡其紛擾，各停俸半年。尋復馬文升、强珍官。

20 召廣東舉人陳獻章。

獻章舉正統中鄉試，再上禮部不第，從吴與弼講學，歸，築陽春臺，静坐其中。其學以静中養出端倪爲指要，即喜怒哀樂未發之中也。久之，游太學，祭酒邢讓重之，言于朝，以爲楊龜山復出，由是名藉甚京師，朱英、彭韶交章薦之。至京，令就試，辭疾不赴，乞放歸田里，就醫奉母，乃授翰林院檢討歸。

21 江夏僧繼曉，以祕術因中官梁芳進，封國師，至是爲其母朱氏乞旌，許之。朱本娼家女也，詔不必勘覈，遽旌其門。

22 冬，十月，壬申，召朱永還。

永之復將也，以王越、汪直已得罪。至則會周玉、李琠等擊敗之，歸，仍督團營。或投匿名書言永圖不軌，永乞解兵柄，不許。尋手敕加太傅、太子太師。

23 十二月，始罷傳奉官。

先是陝西巡撫鄭時上言：「傳奉之官，日益冗濫」，因首劾中官梁芳及其引用之李孜省、僧繼曉等，上不懌，謫降貴州參政，陝西人哭送，如失父母。上微聞其事，頗悔悟。

至是吏科都給事中王瑞倡同官上言：「爵賞天下公器，自非功德才能，難以弋獲。近年倖門大開，鬻販如市，恩典内降，徧及吏胥，武階蔭襲，下逮白丁。或選期未至，超越官資，或外任雜流，驟遷京職。以至厮養賤夫，市井童稚，皆得攀援，妄竊名器，踰濫至此，有識寒心。乞斷自宸衷，悉予斥汰，以存國體。」

御史張稷等亦言：「傳奉各官，至于末流賤伎，妄厠公卿，屠狗販繒，濫居清要。文臣有未識一丁，武階亦未挾一矢，白徒驟貴，間歲頻遷。或父子並坐一堂，或兄弟分踞各署。甚有軍匠逃匿，易姓進身，官吏犯贓，隱罪希寵。一日而數十人得官，一署而數百人寄俸。自古以來，有如是之政令否？」

上得疏，爲之動。居三日，貶李孜省一秩，凌中等十二人皆罷黜，朝野稱快。然上特借以塞中外之望，卒亦不罪芳也。

24 是歲，調廣東布政使彭韶于貴州。

時太監梁芳之弟錦衣千户海，在雷、廉私採禽鳥，以進貢爲名，官民被擾。韶奏劾，觸芳怒，遂有是調，廣州父老皆涕泣送之。

明通鑑卷三十五

江西永寧知縣當塗夏燮編輯

紀三十五起閼逢執徐（甲辰），盡彊圉協洽（丁未），凡四年。

憲宗純皇帝

成化二十年（甲辰、一四八四）

1 春，正月，庚寅，京師地震。永平諸府及宣府、大同、遼東，皆同日地震。

壬辰，敕諭廷臣曰：「朕仰惟祖宗丕緒，夙夜兢惕，圖治未遑。邇者地震京師，天戒至矣。齋心滌慮，省愆修德。爾文武群臣與朕共天職者，得毋有竊位苟禄以召災咎者乎？自今宜痛自懲艾，以毗朕志。」

于時御史徐鏞、何珖，請「暫免慶成宴，以法古者減膳徹懸之意」。上以其妄議變制，下錦衣衛獄訊之。已，並謫知縣。【考異】是年正月己丑朔，庚寅初二日，見三編目中。惟憲章録書于是月己丑朔，且有星變。二申録則己丑星變，庚寅地震。今按星變在明年正月朔。是年元朔星變，明史志傳中皆無所見，今從正史。明史稿書地震於壬辰者，據下詔之日也。

2 詔以災異，減貢獻，飭備邊，罷營造，理冤獄，寬銀課、工役、馬價，卹大同陣亡士卒。

3 丁酉，大祀南郊。

4 是月，太監尚銘有罪。

銘既傾汪直，益擅權勢，鬻爵市官，恣爲奸利，聞京師有富室，輒以事羅織，得重賄乃已。上尋覺之，杖之百，謫充南京浄軍，籍其家，輦送内府，數日不絶。

初，銘以附直得領東廠，其黨李榮、蕭敬，援之入司禮監，銘既貶而榮、敬猶用事。于是都給事中王瑞上言：「二人者，昔黨汪直壞事于前，繼黨尚銘壞事于後。祖宗大業，豈容小人屢壞之！京師之人皆曰：『直開西廠，兆以黑眚之變；銘入司禮，應以地震之災。若非宸衷内斷，早見而勇去之，後日壞事，或不止此。』今榮、敬尚在，竊恐汪直、尚銘之禍未艾也。乞並加貶斥以絶根株，則宗社生靈幸甚！」疏入，上竟置榮、敬不問，而以太監陳準代銘督東廠。

準爲人謹愿，既莅事，誡諸校尉曰：「有大逆告我。非此則有司之事，若勿預也。」自是都人稍稍安之。

5 二月，命户部尚書余子俊兼左副都御史，總督大同、宣府軍務，兼理粮餉。尋加太子太保。

6 小王子寇大同。

7 三月，庚寅，賜李旻等進士及第、出身有差。

8 己酉，以定西侯蔣琬充總兵官，會余子俊備寇大同、宣府，太監張善監督軍務。【考異】明史本紀：「琬會余子俊備大同。」證之諸書，蓋先命子俊，後命蔣琬，故七卿表亦書子俊督大同于二月。今分書之。

9 是月，以大理少卿似鍾爲右副都御史，巡撫保定等處兼提督紫荆等關。改南京刑部侍郎盛顒爲左副都御史巡撫山東。

寇入大同，廷議遣大臣巡視保定諸府，乃以命鍾，至則巡撫其地。

山東自牟俸後，不設巡撫者十年。至是，歲旱饑，盗起，廷議復遣大臣往撫之。遂以命顒。

顒下車，禱雨大澍，槁禾復蘇。條荒政數十事，下所司修舉。顒前令東鹿，以縣多豪家，徭役不均，乃立爲九則法，豪家皆奉法惟謹。及撫東省，頒九則于諸府行之，盗不禁而戢。

10 處士餘干胡居仁卒。居仁性行淳篤，聞吳與弼講學，往從之游。其學以主忠信爲先，以求放心爲要，操而勿失，莫大乎敬，遂以「敬」名其齋。端莊凝重，對妻子如嚴賓。手置一册，詳書得失，用自程考。鶉衣簞食，晏如也。築室山中，四方來學者日衆。皆告之曰：「學以爲己，勿求人知。」又曰：「吾道相似，莫如禪學。世之學者誤認存心，多流于禪，或欲屏絶思慮以求静。不知聖賢惟戒慎恐懼，自無邪思，不求静未嘗不静也，騖于空虚與溺于功利者均失之。其患有二：一在所見不真，一在工夫間斷。」時以爲篤論。居平不求仕進，闇修一室，布衣終其身。人以爲薛瑄之後，粹然一出于正者，居仁一人而已。

卒，年五十一。萬曆十三年，追謚文敬。

11 夏，四月，戊午，録囚。

12 是月，增設山西副使、僉事各二員。

時余子俊奏：「大同、宣府二處，倉場隔遠，政務殷劇，請增設監司督理糧餉。」乃舉南陽知府雍泰、成都知府毛松齡，授爲山西副使，慶陽同知李蕚、鄜州知州周寧，授爲山西僉事。

13 五月，甲午，再録囚，減死罪以下。

14 甲寅，山西代州地凡七震。

15 是月，起馬文升爲左副都御史，巡撫遼東。

文升至是凡三至遼東。民聞其來皆鼓舞。益禁仰中官總兵，使不得朘削，衆益大喜。

16 改王恕仍爲南京兵部尚書，參贊軍務。

時錢能仍守備南京，語人曰：「王公，天人也。吾敬事而已。」恕坦懷待之，能卒斂戢。【考異】文升巡撫遼東，恕改南京兵部，據明史本傳，皆在是年。憲章録系之五月，今從之。

17 逮大同失機之許寧、郭鏜、蔡新俱下獄，巡按程春震發之也。

法司會鞫，以寧等輕率致敗，降指揮同知，閒住，鏜降六官，新以初任降三官。

18 六月，庚午，設雲南孟密安撫司。

先是曩罕弄之役，遣程宗、蘇詮往勘。而曩罕弄貳于木邦，畏鄰境不平，潛使人從間道至京獻寶石黃金，且重賂閹臣萬安，「請別立孟密安撫司，開設治所，直隸雲南布政司。」下內閣議。安欲許之，劉珝、劉吉曰：「孟密故隸木邦。今叛而請命于朝，若許之，是周天子命三晉大夫爲諸侯也。土官誰不解體？」安曰：「不從則當伐之。往日麓川之敗不可不戒。」珝對曰：「何以伐爲！但命守臣嚴邊備，而敕鄰境土官合兵蹙之，彼奚能爲？」事遂寢。

及宗率詮往，詮受囊罕弄子思柄金，導宗迎安風旨，示意囊罕弄，復遣人入貢如前請。會雲南巡撫吴誠卒于官，即令宗代，下其事于宗，議可否。宗遂言：「囊罕弄與木邦仇殺已久，勢難再合。別立安撫司，因命思柄爲孟密安撫使，于事爲便。」從之。孟密地有寶井，恣行賄遺，而木邦兵力積弱，不能報。思柄恃有朝命，益肆侵奪，先後占踞木邦地凡二十七所。自是諸部擾攘，中國用兵且數十年。

19 己卯，免陝西延安等處被災税糧六十萬有奇，又免南畿江北等府被災税糧。【考異】明史稿：「是月己卯，免陝西被災税糧。」明史但書「六月」，無日，又同月，「免南畿被災税糧」，證之明書，蓋南直隸江北諸府也，今統系之六月下。

20 是月，改都察院右都御史李裕爲南京都御史。裕承戴縉之後，欲振臺綱，諸不悦者咸謗之。至是上亦厭其紛擾，遂有是命。召朱英爲右都御史。

21 秋，七月，庚寅，以陝西旱，命停歲辦物料。

22 八月，壬申，太白、歲星同晝見。【考異】三編書于八月，其日分見明史天文志，今據之。

23 九月，乙酉朔，日有食之。

24 戊子，陝西、山西旱，大饑，人相食。山西巡撫葉淇請發帑金三萬振山西。

是年夏秋間，山東、湖廣、河南及畿南、江北各省災傷疊告，遣大臣分道振之，並免稅糧。不足，又預度天下僧道六萬人，令輸粟給牒，濟山、陝饑。【考異】各省災傷，三編統系之六月下，明史本紀書之是秋。今仍據明史稿分書之。

25 是月，北寇伊斯瑪音等復入居河套。

26 冬，十月，丁巳，下刑部員外郎林俊及都督府經歷張黻于獄。

時歲大饑，僧繼曉方以左道擅寵，先後賜美姝十餘人，金寶不可勝紀。又請建大永昌寺于西市，逼（徒）〔徙〕居民數百家，糜帑數十萬。

于是俊上言：「今年以來，災異迭臻，京師地震，陵寢動摇，日月繼蝕，監戒之昭，莫此爲甚！陝西、山西、河南，頻年饑饉，人民流離，道殣相望，振濟無從，可爲流涕。而僧繼曉，以妖言熒惑聖聽，遂竭有用之財，供無益之費，工役不息，人怨日興，臣謂當斬繼曉以謝天下。然縱繼曉之惡者梁芳也，芳傾覆陰狠，引用邪佞，排斥忠良，數年之間，假名乾没，祖宗百餘年之府藏殆盡。家貲山積，尚銘不足多；所在騷擾，汪直莫能過。今内而朝臣，外而市井之徒，皆痛心饑民之死，莫不欲食芳與繼曉之肉，而卒不敢以此言進者，所惜者官，所畏者死耳。臣何忍畏罪不言，以誤陛下！」疏入，上大怒，下俊錦衣獄拷訊。

黻上疏論救，言：「今三邊未靖，四方災旱，軍民愁苦萬狀。凡有世道之憂者，惟恐陛下不得盡聞，人臣不敢盡言耳。今林俊上言而反得罪，則遠近相傳，以言爲戒，豈朝廷之福哉！」上怒黻回護，並下之獄，欲誅二人。

司禮監懷恩力爭，上怒，投以硯，曰：「若助俊訕我。」恩免冠伏地號哭，上叱之出。恩遣人告鎮撫司曰：「汝曹諂芳傾俊，俊死，汝曹何以生！」遂稱疾不起。

上怒亦漸解，命各杖三十，謫俊雲南姚州判官，黻師宗知州。

時言路久塞，兩人直聲震都下，爲之語曰：「御史在刑曹，黄門出後府。」

27 癸酉，罷雲南元江諸府銀坑。

28 是月，以倉場侍郎殷謙爲户部尚書，仍兼倉場事。

29 十一月，南京兵部尚書王恕，聞林俊、張黻先後得罪，復上言：「天地止一壇，祖宗止一廟，而佛至千餘寺。一寺立而移民居且數百家，費内帑且數十萬，此舛也。人皆知此事之非而不言，獨林俊言之；人皆知林俊之是而不言，獨張黻言之；今悉置之于法，人皆以言爲諱。設再有奸邪誤國，陛下何由知之？」疏入，留中。

先是，懷恩諷兵尚余子俊救俊，子俊謝不敢。至是恩見恕疏，嘆曰：「天下忠義，斯人而已！」

30 中旨進吏部尚書尹旻爲太子太傅。

舊制，凡加大臣保、傅，皆賜敕授，而旻獨以傳奉得之，又與丁憂之中書杜昌同日受命，皆前此所未有也。

31 陝西之饑，待振孔急。有陝西人南京户部主事張倫，以事至京師，因陳餽運事宜，言：「黄河自河南入淮，直抵南京，水路無礙。請量撥淮安、瓜洲軍糧十萬石，南京常平倉糧十萬石，運至澠池縣，令河南、山西、陝西三司委官轉運，以五萬石存留懷慶等處，五萬石給平陽等處，十萬石給潼關、西安等處，以備振濟。又以兩浙鹽七十四萬餘引，兩淮鹽一百二萬餘引，賣銀送京，以給軍餉。」下所司議行，並令倫督運。

32 封哈商爲忠順王。

哈商貪殘，國人失望。

33 十二月，辛未，免山西被災夏税，乙亥，免河南被災税糧，凡共三十八萬有奇。

34 是冬，余子俊還朝。

35 是歲，大學士萬安等言：「漕運多取給于江南，運道水利，所係甚重。如河南懷慶地方，築堤障沁水，以濟徐、吕二洪及邳、宿、桃源運道，山東、兖州等處，導引汶、泗、洸河諸泉，以濟濟寧上下運道。今沁水衝決堤岸，流入黄河，汶、泗、洸諸泉歲久不浚，亦多淤塞，以致河流淺澀，運道稽遲。請敕工部重臣，自通州至淮、揚，會山東、河南撫、按相度經理。」從之，敕工部侍郎杜謙率郎中蕭冕、員外郎李濬往董其役。【考異】事見明史河渠志，杜謙之往在明年，憲章録系之是年，據朝議之始也，今從之。

36 初，占城遣使請封，其使者具言：「古來實王弟，其王病死，非弑。惟提婆苔不知何許人。」乃命使臣暫往廣東，俟提婆苔使至，審誠僞處之。使臣候命經年，提婆苔使者不至，乃令還國。仍敕古來諭提婆苔，使納原降國王印，宥其受僞封之罪，仍爲頭目。提婆苔不受命，乃遣給事中李孟暘，行人葉應，册封古來爲占城國王。孟暘等言：「安南搆兵不已，提婆苔又竊據占城邊地，稍或不慎，反損國威。宜令來使傳諭古來，使詣廣東受封。」古來乃自老撾挈家赴岩州，孟暘等竣封而還。古來又欲躬詣闕廷奏安南罪，許之。

二十一年（乙巳、一四八五）

1 春，正月，甲申朔，申刻，有光自中天墜，化白氣，曲折上騰。踰時，復有赤星如椀，自中天西行，轟然如雷震。【考異】星變在是年正月之朔甲申也。明史稿書「丙戌」者，據下詔之日。自庚寅以下，類記發帑金及分遣大臣振饑事，明史皆各有日分，今據紀中分書之。

2 丙戌，詔群臣極言時政。

庚寅，赦天下，詔行寬恤之政。

諭曰：「往者災沴迭興，天時亢旱，歲竟不登，河南、山東、畿内率多饑饉，山西、陝西尤劇，至有棄恒産家室不顧者。元元何辜，罹此危阨！朕博采群議，發内帑倉儲，敕所司多方振濟，期此矜人，咸歸樂土。不意歲首星變有聲，朕愈兢陽載，敕廷臣備陳時政得失，采納而行。方春時和，祇承資始之仁，誕敷寬恤之典。」

3 乙未，大祀南郊。

4 乙巳，遣户部侍郎李衍、刑部侍郎何喬新，僉都御史賈俊，以帑金二十五萬振山西、陝西、河南饑。

喬新奉使山西，所全活三十餘萬人，還流冗十四萬户。

5 是月，廷臣以星變，各應詔上封事，吏部尚書尹旻、户部尚書余子俊，都御史朱英等，皆條陳政事，而於傳奉官論者尤多。

吏科給事中李俊率同官上疏曰：「今之弊政，最大且急者，曰近倖干紀也，大臣不職也，爵賞太濫也，工役過煩也，進獻無厭也，流亡未復也。天變之來，率由于此。

夫内侍之設，國初皆有定制。今或一監而叢十餘人，一事而參六七輩，分布藩郡，總領邊疆，援引憸邪，投獻奇巧。司錢穀則法外取財，貢方物則多方責賄，兵民坐困，官吏蒙殃，殺人者見原，僨事者逃罪。如梁芳、韋興、陳喜輩，不可枚舉。惟陛下大施剛斷，無令干紀，奉使于外者悉爲召還，用事于内者嚴加省汰，則近幸戢而天意可回矣。

今之大臣，非夤緣内臣則不得進，非依倚内臣則不得安，此以財貿官，彼以官鬻財，無怪其賂受四方而計營三窟也。如尚書殷謙、張鵬，侍郎艾福、杜銘，南京尚書李本，侍郎劉俊，皆老而懦；尚書張鎣，大理卿田景暘，南京尚書張瑄，侍郎尹直，皆清論不倕。惟陛下大加黜罰，勿爲姑息，則大臣知警而天意可回矣。

爵以待有德，賞以待有功，今或無故而爵一庸流，或無功而賞一貴倖；方士獻煉服之書，伶人奏曼延之戲；掾吏胥徒，皆叨宫禄；俳優僧道，亦玷班資。一歲而傳奉或至千人，數歲而數千人矣；數千人之禄，歲以數十萬計，是皆國之租税，民之脂膏，不以養賢才，乃以飽奸蠹，誠可惜也！如李孜省、鄧常恩輩，尤爲誕妄，此招天變之甚者。乞盡罷傳奉官，毋污玷朝列，則爵賞不濫而天意可回矣。

都城佛刹，迄無寧工，京營將士，不復遺力。如國師繼曉，假術濟私，糜耗特甚，中外切齒。願陛下内惜資財，外惜民力，不急之役，姑賜停罷，則工役不煩而天意可回矣。

近來規利之徒，率假進奉爲名，或録一方書，市一玩器，購書圖，製簪珥，所費不多，獲利十倍。願陛下留府庫之財爲軍國之備，則進獻息而天意可回矣。

陝西、河南、山西，赤地千里，屍骸枕藉，流亡日多，萑苻可慮。願陛下體天心之仁愛，憫生民之困窮，追録貴倖鹽課，暫假造寺貲財，移振饑民，俾苟存活，則流亡復而天意可回矣。」

疏入，上優詔答之。

一時先後陳言者，兩京諸臣則給事中盧瑀、秦昇、童柷，御史汪奎，員外郎崔陞、彭綱，主事張吉、蘇章、周軫、李旦，中書舍人丁璣等，言尤剴直，大都爲李孜省、僧繼曉及傳奉之冗濫而發。

上時遇天變，方懼，乃降孜省上林丞。繼曉先爲林俊所論，自知清議不容，乞空名度牒五百道歸養其母，許之，至是亦革國師，黜爲民。傳奉官以次斥罷。而林俊、張黻得免謫，授南京散官。一時朝野稱快。

然是時瑀等所言，因中官、方士之等，浸及宮闈，上銜之，因密諭吏部尹旻等，「且書六十人姓名于屏，俟奏遷則貶遠惡地」。于是自瑀以下，相繼貶斥，俊亦尋調外。惟陞、章應遷，以部臣遲奏得免。奎尋以糾儀稍緩，廷杖，謫夔州通判。而孜省、常恩等寵卒不替云。

6 星變之言事也，一時在外大臣，則彭韶方以副都御史巡撫應天，上言：「彗星示災，見于歲暮，遂及正旦。歲暮者天道之終，正旦者歲事之始，此天心仁愛，欲陛下善始善終也。陛下嗣位之初，家禮正，防微周，儉德昭，用人慎。乃邇年以來，進奉貴妃加于適后，褒寵其家，幾與先帝后家埒，此正家之道未終也。監局內臣，數以萬計，利源兵柄，盡以付之，犯法縱奸，一切容貸，此防微之道未終也。四方鎮守中官，爭獻珍異，動稱敕旨，科擾小民，此持儉之道未終也。六卿並加師、保，監寺兼領崇階，及予告而歸，廩食輿夫，濫加庸鄙，爵賞一輕，人誰知勸？此用人之道未終也。惟陛下慎終如始，天下幸甚！」

南京兵部尚書王恕亦言：「近者林俊、張黻蒙召復職，繼曉亦已遣歸。惟是諸司之中，固嘗有先林俊、張黻而被謫者，天下之大，亦豈無後繼曉而肆術者？請敕吏部通查數年以來因言事而降調閒住者，悉令復職，仍許直言無隱。及敕都察院行委巡城御史，嚴加禁治，如有奸妄巧技邪術之徒，不許潛住京師，敢有藏匿者，並罪鄰（佑）〔右〕。如此則崇正黜邪，災變可弭而和氣交應矣。」

上得疏，皆不懌。而韶時方召爲大理卿，遂停其擢。【考異】星變言事諸臣，悉據三編目中書之，而所指爲言尤剴直之盧瑀等，即下文所云「書六十人姓名于屏」者是也。據憲章録、法傳録，言「一時言者浸及宮闈祕密事」，蓋指萬貴妃也。帝以其干涉貴妃，遂密書其姓名而斥逐之。彭韶一疏，明斥貴妃，是以上不懌而停其內召，今據明史韶傳增入。

7 二月，己未，吏部奏放免傳奉官凡五百六十餘人。上爲留六十七人，餘皆斥罷。

時御馬監王敏請留馬房傳奉者，上許之。敏謁司禮監懷恩，恩大罵曰：「星變專爲我曹壞國政故。今甫欲正之，又爲汝壞，天雷行擊汝矣！」敏遂愧恨死。

8 壬申，泰安地震。

9 丁丑，免陝西被災夏稅。

10 是月，復命余子俊兼副都御史，往宣府、大同等處總督軍務。

初，子俊巡歷宣大，請以延綏邊牆行之兩鎮，因歲歉而止。及復出，銳欲行之，言：「東起四海冶，西抵黄河，延袤千三百餘里，舊有墩百七十，應增築四百四十，墩高廣皆三丈計，役夫八萬六千，數月可成。」而是時巡撫宣府李岳等，以「連歲兵荒，軍民罷困；今東作方興，驟以修邊爲事，未免動衆妨農，乞暫停止，以俟豐年。」兵部尚書張鵬等謂：「差官修邊，已有成命，請自聖裁。」詔以明年四月即工。

然是時公私耗敝，驟興大役，上下難之。子俊又欲責成于邊臣，而己不親其事，由是謗議紛起。【考異】據明史子俊傳，總督宣大軍務，在去年二月，其冬還朝，是年復奉行邊之命，因有請築宣大邊牆之議。據此，則子俊去冬還朝，今春復出，而以議修邊與廷臣議不合，謗議之起，實始于此。今參憲章録及子俊本傳書之，爲是冬改鎮大同及明年被劾致仕張本。

11 三月，壬午朔，泰安又震聲如雷，泰山動摇。丙戌，復震。

12 庚寅，開納米例，振河南饑。

13 癸巳，乙未，泰安相繼震。　庚子，又震。

是時太監梁芳、韋興，糜帑藏爲奇技淫巧，結萬貴妃。林俊之下獄也，上亦疑芳等，一日，視内帑，見累朝金七窖俱盡，謂芳、興曰：「糜費帑藏，實由汝二人。」興不敢對。芳曰：「建顯靈宮及諸祠，爲萬歲祈福耳。」上不懌，曰：「吾不汝瑕，後之人將罪汝矣。」芳大懼，遂説貴妃勸上廢太子而立邵賢妃之子。上爲之動，召司禮監懷恩，微示其意，恩免冠叩頭曰：「奴死不敢承命。寧陛下殺恩，無使天下之人殺恩也！」伏哭不起。上怒，謫鳳陽守陵。次及覃昌，昌曰：「以恩力猶不能回天，況昌乎？」會泰山屢震，占者謂應在東宮，上懼，事得寢。【考異】易太子事，見明史萬貴妃及懷恩傳，恩之斥居鳳陽，三編亦據之。惟明書記其伏地痛哭之語，此野史之可信者。蓋恩非强諫，不至上寢其事而仍斥居鳳陽也，今據書之。

14 夏，四月，戊午，以泰山屢震，遣官祭告于東嶽之神。

15 壬戌，轉江南漕運四十萬石振陝西饑。

16 戊辰，録囚。

17 甲戌，免南畿、山東被災税糧凡五十七萬有奇。【考異】明史本紀書免税糧于是月，今日分據明史稿。

18 是月，以康永韶爲禮部侍郎。

永韶故爲御史，以言事謫知縣。久之，有薦其知天文者，中旨召還，授欽天監正，進太常少卿，掌監事。

永韶爲御史有直聲，及是乃以迎合取寵，占候多隱諱，甚者以災爲祥。是時陝西大饑，永韶言：「今春星變，當有大咎，賴秦民饑死足當之，誠國家無疆之福。」上甚悦，中旨擢是職，仍掌監事。未幾，坐曆多謬字，落職歸。

19 閏月，兵部尚書張鵬罷。

鵬初爲御史，抗直負重名，後敭歷中外，惟事安靜。群小竊柄，閣臣萬安、劉吉陰附之，鵬不能有所匡救。

是春星變，鵬偕僚屬言：「傳奉武職至八百餘人，乞悉令閒住，並軍功毋濫授。四方鎮守、守備内官，非正統間原設者，悉宜召還。」廷臣亦交請之，下兵部覆覈。而鵬畏中官，卒不敢堅其議，遂盡留之，時論皆咎鵬。奸民章瑾，獻寶石求爲錦衣衛鎮撫，懷恩不可，鵬知上意屬瑾，即推用焉。故臺諫劾大臣不職者多及鵬。鵬力求去，遂賜敕給驛歸。

20 五月，壬戌，京師地震。【考異】三編目中書云：「是月十三日夜。」

21 丙子，振京師饑民。

22 是月，左遷巡撫順天右僉都御史楊繼宗爲雲南副使。

繼宗撫順天，按行關塞，武備大飭。會星變，應詔陳言，歷指中官及文武諸臣貪殘狀，且請召還中官出鎮者，益爲權貴所嫉。治中陳翼訐其過，諸權貴因中之，遂左遷。

23 市舶中官韋眷，奏乞均徭户六十人，添辦方物。廣東布政使陳選，以時方減省貢獻，持詔書爭之，上命予其半。眷由是怒選。

番人馬力麻，詭稱蘇門答剌使臣入貢，私市易，眷利其厚賄，將許之，選立逐之去。撒馬兒罕使者自甘肅貢獅子，將取道廣東浮海歸，云「欲往滿剌加更市以進」，選疏言「不可許，恐遺笑外番，輕中國」。上納其言。而眷憾選益甚。【考異】三編系選卒于二十二年九月，據其在道卒之年月也。證之明史選傳，事發于二十一年。是年因星變減省貢獻，與傳中書二十一年韋眷添辦方物之語合，今據憲章録書于是月下。

24 六月，辛巳，令武臣納粟襲軍職。

時廷臣條時政闕失，多以官爵太濫爲言，詔下兩京部臣覈實澄汰。至是南京兵部覈武職之冒濫者，具名以聞，率多内臣廝養。乃寢前詔，令援納粟事例，任如故。

25 癸未，詔：「盛暑祁寒，朝臣所奏毋得過五事。」以星變陳言，惡紛擾也。

26 秋，七月，都察院右都御史朱英卒。

英入掌院事，尋加太子少保。星變，疏陳八事：「請禁邊將節旦獻馬；鎮守中官武將不得私立莊田侵奪官地；燒丹符咒左道之人，當置重典；四方分守監槍內官，勿進貢品物；罷撤倉場、馬房、上林苑增設內侍；召還建言得罪諸臣；清內府收白糧積弊；治奸民投獻莊田及貴戚受獻者罪。」權倖皆不便，執政多持之不行，英造內閣力爭，竟不能盡從也。時流民集京師者多，英請人給米月三斗，幼者半之。報許。

卒，贈太子太保。正德中，追謚恭簡。

英既卒，以副都御史屠滽爲右都御史。

27 八月，己卯朔，日有食之。

28 是月，以萬通家人徐達爲指揮僉事，予世襲。

通少業賈，以萬貴妃弟驟貴，貪黷驕橫。刑科給事中馬中錫再疏劾之，再被杖，後遂無敢言者。日命家人牟利四方。達以善居奇爲通所喜，因得官百户。通歿，上眷通不已，庶子方二歲，養子方四歲，俱授官，而達亦以此擢四品秩，並傳襲不替。達嘗奏請兩淮鹽引三萬，時上已漸惡乞鹽之擾，猶命立予之，其荷恩寵如此。

初，通父貴，性醇謹，見子姓皆得官，每憂形于色，曰：「吾家德不勝福，何以堪之！」諸子或屑越賜物，輒戒曰：「縣官所賜皆著籍，他日復宣索，汝曹將重得罪。」諸子竊笑以爲迂。自貴卒後，通與其兄喜、弟達等，遂日驕横。其家憑倚恩眷，聲勢烜赫矣。【考異】萬通家人世襲事，諸書皆不載。三編據實録系之八月，今從之。

29 九月，甲子，劉珝致仕去。

時閣部大臣萬安與南人相黨附，珝及尹旻、王越又黨于北人。顧珝性疎直，自以宮僚舊臣，遇事無所回護。林俊之劾繼曉下獄也，珝于上前解之；李孜省輩左道亂政，欲動摇東宮，珝密疏諫；上皆不悦。

珝又素薄安，嘗斥安負國無恥，安忿，日夜思中珝，未有以發也。會汪直寵衰，安偵知西廠可罷，邀珝同奏；珝懲商輅前事，且見言官方交章請罷，因辭不預。及疏上，上頗訝無珝名，安陰使人訐珝與直有連。會珝子鎡邀妓狎飲，安又使人爲劉公子曲，增飾穢語，雜教坊院本奏之。

上大怒，欲罷珝，遣中官覃昌召安、吉赴西角門，出上手封書一函示之，安等佯驚救。次日，珝具疏乞休，令馳驛，賜月廩金幣甚厚。其實排珝使去者，安、吉二人謀也。【考異】按弇州考誤，謂「萬安、劉吉力救珝，然二人實合策逐珝者也」，明史傳中本之。若明人國史，則有「珝言西廠事有何不公道」及「安言公不欲，吾當自爲之」，弇州以爲誣史，蓋以憲宗實録修自劉吉故也。至傳旨謂「珝貪財好色」及「納王越賄」等事，皆不可信，諸書多載之，明史傳中删之，是也。惟珝不預罷西廠事，而以爲汪直寵尚未衰，此似亦實録中鍛鍊語，今並删之。

維時内閣三人，安貪狡，吉陰刻，珝稍優，顧喜談論，人目爲狂躁。珝既倉猝引退，而安、吉之黨如彭華、尹直者相繼入内閣，于是安、吉之寵乃益固。

30 冬，十月，免山東、山西、陝西、河南、四川被災税糧凡合二百五十五萬有奇。

31 是月，復李孜省左通政，鄧常恩太常卿。

32 十一月，丙辰，太白晝見。

33 丙寅，京師地震。

34 韋眷之通番也，番禺知縣高瑶没其賂貲鉅萬，陳選移檄奬之，且聞于朝。至是眷誣奏選、瑶朋比爲貪墨，詔遣刑部員外郎李行會巡按御史徐同愛往勘之，又行巡撫都御史宋旻勘報，皆畏眷勢，不敢發。未幾，選與瑶俱坐罪。

35 是月，召馬文升爲兵部尚書。

文升撫遼之踰年，進右都御史，總督漕運。淮、徐、和饑，請移江南糧十萬石，鹽價銀五萬兩振之。至是召掌兵部。

時李孜省方怙寵，文升入朝，頗惡其爲人，而孜省亦深嫉文升，不相容。

36 十二月，甲申，以彭華爲吏部左侍郎兼翰林學士，入内閣預機務。

當是時，朝多秕政，四方災傷日告。上崇信道教，李孜省、鄧常恩方進用，安因華潛與結，藉以排異己，一時諸大臣相繼被逐，而華遂由詹事擢侍郎入閣。華深刻，多智數，善陰伺人短，與安、孜省比，一時人皆惡而畏之。尋又晉劉吉户部尚書兼謹身殿大學士。

37 甲午，振南畿饑。

38 是冬，小王子犯蘭州莊浪、鎮番、涼州。

39 是歲星變，南京兵部尚書陳俊，率九卿陳時弊二十事，皆極剴切。上亦多采納，而權倖所不便者終格不行。明年，致仕去。

二十二年（丙午、一四八六）

1 春，正月，己未，大祀南郊。

2 乙丑，免河南被災秋糧。

3 是月，寇犯臨洮。

4 二月，庚辰，免畿南六府及湖廣被災秋糧。

5 余子俊築宣、大邊牆未成，遽以去冬疏請還朝。上入蜚語，命改左都御史，巡撫大同。于是中官韋敬譏之于上，謂子俊假修邊，多侵耗，又劾其以私恩怨易置將帥，兵部侍郎阮勤等爲之白。時勤方以巡撫陝西内召，力言「子俊築邊牆，實一勞永逸之舉」，上怒，譲勤等。而給事、御史復交章劾子俊，中朝多欲傾之者。上命工部侍郎杜謙等往勘，平情按之。是月，謙等還，奏「子俊在邊未及二年，費雖無私，然用官銀百五十萬，米菽二百三十萬，耗財煩民，不得無罪」。遂落太子太保，致仕去。【考異】諸書記子俊事，有系之去年者，有系之今年者。證之明史本傳，子俊改撫大同，在去冬請還朝之時。時上已入蜚語，因中官韋敬之讒，復命杜謙往勘，來往數月，故傳中于其致仕下特書云：「時二十二年二月也。」證之憲章録亦同，今據其致仕年月書之。

6 三月，小王子復犯開原。

7 夏，四月，戊寅，録囚。

8 乙未，清畿内勳戚莊田。

9 是月，封金闕、玉闕二真君爲上帝，命大學士萬安祭于靈濟宮。【考異】祭二闕真君，憲章録系之是年四月。證之明史萬安傳，正李孜省等搆逐朝臣之時，今據之。

10 奪尹旻太子太傅，授太子少保。

旻掌銓衡最久，而與閣臣萬安不協。安屢欲去之，以劉珝與旻同鄉相厚，數爲所沮。及珝罷歸，安欲援尹直入閣，而直與旻尤有怨。安與直因彭華謀之李孜省，遂搆尹龍之獄。龍，旻子也。先是旻有鄉人武選郎鄒襲者，以司吏樊忠、韓錫盗敕事發，坐防範不謹調外。襲素與龍及侍讀焦芳善，因謀爲指揮張旺等一百二十三人保留襲，疏上之。下吏部議，旻曰：「此公論也，乞復襲官。」時上已疑旻有私于襲，問曰：「爾何由知爲公論？」然猶勉從旻議，不深詰也。未幾，東廠緝事者發襲等交通狀，旻自伏罪。上責其徇情妄奏，遂有是貶。又未幾而龍諸陰事並發矣。【考異】尹旻子龍事，諸書多系之五月，據龍下獄之月日也。證之三編質實載憲宗實録，言旻先因鄒襲交通事奪一秩，而特書云：「時二十二年四月也。」下文云：「甫踰月而廠校又發龍納賄事，乃下龍獄，命旻以尚書致仕。」諸書所載，但言發龍諸陰事，而不及鄒襲交通一獄，又但言革旻太子少保，而漏脱前月旻落太子太傅事，由未見實録耳。惟明史七卿表，于尹旻下注云，「四月，奪太子太傅，授太子少保，五月，劾免」，與三編所載實録同。今分書之。並據實録書其子龍下獄之本末。

11 五月，東廠復發尹龍交通官吏納賄狀，萬安、彭華等又嗾給事中張雄、劉清、劉昊、御史陳孜等交章劾龍，並及旻，上宥旻而下龍錦衣衛獄。

詔法司會鞫于午門，通判王範，經歷張璲，並以賂龍得官逮訊，詞連郎中劉紳，員外郎董寧，同知朱紳，副使謝顯、王錦、馮蘭六人。獄上，命旻以尚書致仕，龍削籍，範等謫有差，侍郎耿裕、黎淳以阿默停禄三月，而焦芳坐爲襲草保留疏謫同知。于是御史吕璋等復劾侍郎似鍾、秦紘，大理寺丞劉瓛，寺副蘇泰，太僕寺卿張海，順天府丞黄傑，洗馬羅璟，給事中馬龍，御史劉璧、于璧、高輔、張鼐，編修王敕，員外郎楊棨、袁弼，皆以山東人坐旻黨，或調或降云。【考異】尹龍一獄之本末，悉據三編所載明實録書之。惟憲章録載張雄等原疏，又有「知縣孫盛送銀三百兩，指揮吴昂送銀五百兩」，實録何以不及？而詞連之劉紳、董寧等六人，憲章録亦不及也，今據實録增入之。

12 六月，乙亥，敕群臣修舉職業。【考異】明史稿：「敕群臣修省。」按是年無災荒事，明史作「修舉職業」爲是。蓋是時尹旻等事發，以此敕戒也。今據明史。

13 乙酉，免南畿、陝西被災稅糧。

14 甲午，諭法司慎刑。

15 是月，户部尚書殷謙致仕。

16 秋，七月，小王子犯甘州，指揮姚英等死之。

17 故致仕少保、謹身殿大學士商輅卒。

輅再入閣，前後預機務二十一年，家居十年，卒，年七十三。贈太傅，謚文毅。

輅平粹沈重，寬厚有容，臨大事，決大議，毅然不可奪。既謝政，劉吉過訪邸第，見其子孫林立，嘆曰：「吾與公同事歷年，未嘗見公筆下妄殺一人，宜天之報公厚也！」輅曰：「正不敢使朝廷妄殺一人耳。」

18 八月，謫江西巡撫閔珪爲廣西按察使。

江西南贛諸郡多盜，率獻貲强宗，投爲僕，事發，輒倚庇拒有司捕。珪請連坐其主以清盜源，法司議從之。而尹直、謝一夔即王一夔，見前卷。皆江西人，怒珪，謀之李孜省，取中旨責珪以不能弭盜，遂被謫。孜省亦江西人也。珪被謫命下，一夔喜，謂人曰：「珪之謬也！非吾，則孜省密啓上前，吾（卿）〔鄉〕縉紳尚得高枕乎？」人乃知珪之左降，孜省爲之也。

珪撫江西，以風力聞，故江西人官于京師者皆忌之。

時尹直比孜省以傾尹旻父子，又搆珪及羅璟、馬文升、楊守隨等，一時物論喧騰，朝野側目。【考異】三編書閔珪、鄭時二人左降于是年八月。證之諸書及明史列傳，時謫貴州參政，在成化十九年冬罷傳奉官十二人之前，言：「時首劾中官梁芳，謫貴州參政，陝人哭送如失父母。上頗悔悟。尋因王瑞之言，乃罷傳奉官十二人。」據此，則時之左降，與閔珪相差三年，疑三編牽連並記，而目中所云「斥傳奉官十人，繫六人獄」者，仍是十九年事。今據明史鄭時、王瑞諸人傳，但書閔珪左降事，而仍系時謫貴州于十九年下。

19 是月，以吏部侍郎耿裕爲本部尚書，改工部尚書劉昭于户部，以李裕爲工部尚書代昭。

20 御史姜昂，偕同官劾李孜省罪，上怒其妄言，命杖之午門外。

21 九月，丁卯，以尹直爲户部左侍郎兼翰林學士，入閣預機務。

直躁于進取，性矜忌，不自檢飭。前爲侍讀學士，覬擢禮部侍郎，而尚書尹旻不欲薦直，直竟以中旨得之。翌日，遇旻于朝，舉笏謝旻曰：「公所謂簡在帝心者。」由是兩人益交惡。

直尋以憂去。服闋，起南京吏部侍郎，就改禮部。凡在南部八年，鬱鬱不得志，屬其黨萬安謀內召，旻輒持不可，諸朝臣亦皆畏直，幸其在南。卒倚安及李孜省力，召爲兵部侍郎，益比孜省，與彭華共傾旻以洩怨。至是復由中旨改户部入閣，時論鄙之。

22 是月，免河南、廣東被災税糧。【考異】明史稿但書「是月乙巳，免河南被災税糧」，今據明史本紀增廣東。

23 罷南京兵部尚書王恕，改馬文升爲南京兵部尚書。

恕以論救林俊、張黻，侃侃論列無所避。先後應詔陳言者二十一，建白者三十九，皆力阻權倖。天下傾心慕之，遇朝事有不可，必曰：「王公胡不言也？」或又曰：「公疏且至矣！」已而果然。時爲謡曰：「兩京十二部，獨有一王恕。」于是貴近側目，上亦浸厭苦之。

是時傳奉官前罷者復夤緣干進，恕言「政令不宜數改」，語尤激切，遂忤旨。會南京兵部侍郎馬顯乞致仕，忽附批曰：「王恕老劣矣，亦令致仕。」而文升爲孜省所譖，遂出以代恕。一舉而閒廢兩名臣，朝野大駭。

工部主事王純，疏請留恕，比之漢汲黯，以爲「無愧古社稷臣」。上怒純出位妄言，命杖之，尋謫貴州推官。

24 改都御史屠滽于南京，召劉敷代之；明年，任不久尋罷。

25 逮廣東布政使陳選，道卒。

先是勘使李行等至粵，中官韋眷以選及高瑤貪墨無跡，賄選所黜吏張褧令誣證，褧堅不從，拷掠無異詞。行等畏眷，竟以誣獄上，于是選及瑤俱被逮，士民數萬號泣遮留，使者辟除乃得出。選行至南昌，疾作，行等阻其醫藥，竟卒，年五十八。編修張元禎爲治喪斂之。

褧痛選死，乃上書曰：「竊見故罪人選，孑處群邪之中，獨立衆憎之地。太監韋眷，通番敗露，知縣瑤按法持之，選移文獎勸以激貪懦，固賢監司事也。都御史宋旻及徐同愛，怯勢養奸，致眷横行胸臆，穢衊清流。勘官李行，頤指煅煉，竟無主證。臣本小吏，詿誤觸法，被選黜罷，實臣自取。眷意臣憾選，啗以厚賂，臣雖胥役，敢昧素心！行等乃文致其罪，選故剛直，不堪屈辱，憤懣旬日，身嬰重疾。行等幸其隕身，阻其醫療，訖命之日，密走報眷。小人佞毒，一至于此！臣屏黜罪人，秉耒田野，百無所圖，誠不忍忠良銜屈，而爲聖朝累也。」不報。

選以天順間進士巡按江西，斥貪殘吏。上即位之初，督學河南。汪直出巡，都御史以下皆拜謁，選獨長揖。久之，進按察使，重囚多所平反，決遣輕繫數百人，囹圄爲空。治尚簡易，獨于贓吏無所假。在粤數年，卒以發奸及難。

瑶即前請復景帝年號者，以訓導遷知縣，至是同被逮，竟謫戍永州，釋還，卒。

26 遣刑部侍郎何喬新往四川，勘播州土司之獄也。

初，巡撫張瓚設安寧宣撫，以授楊輝庶長子友爲使，而友忮其弟愛嗣輝宣慰職，欲害之。輝既没，友與長官張淵謀刺愛，不果，遂誣奏「愛居處器用僭擬朝廷，又通唐府，密書往來，私習兵法天文，謀不軌事」。

喬新奉勘，將行，請曰：「楊氏主播州五百餘年，諸蠻服從久矣。歷代寛以文法，蓋治之以不治也。今但宣二人面質真僞，無令驚疑。」上是之。及至，盡得其始末，白愛誣而奪友官，遷保寧羈管，斬張淵。播州遂安。

27 冬，十月，乙亥，録囚。

28 是月，内閣萬安晋少傅兼太子太師，劉吉晋少保兼太子太傅，彭華晋禮部尚書、太子少保，尹直晋兵部尚書、太子少保。

29 改耿裕爲南京禮部尚書，李裕代爲吏部尚書，謝一夔代裕爲工部尚書。

耿裕以持正，不爲萬安所喜，而李孜省方用事，欲引其鄉人爲援。會李裕自南都御史赴都考績，留爲工部尚書，至是遂以代裕；而一夔之擢，亦孜省主之也。李裕與一夔皆有時望，至是以孜省故，名頓損。

30 刑部尚書張鎣以憂去，進刑部侍郎杜銘爲尚書代之。

31 十一月，癸丑，占城王古來來奔。

先是古來爲安南所逼，欲來求援，朝議欲遣大臣兩解之。未行而兩廣總督宋旻之奏至。

32 十二月，免江西、廣西被災稅糧。

33 户部尚書劉昭罷。

昭，尹旻黨也。旻子龍交通事發，詞連昭子紳，于是六科、十三道，交章劾「昭比尹旻而聲勢相倚，子紳復比尹龍而夤緣陞官」，上勿問。至是昭子綺以納粟授錦衣千户，復夤緣遷官。事覺，科道復交章劾昭，乃奪太子少保，令致仕去。

二十三年（丁未、一四八七）

1 春，正月，庚戌，大祀南郊。

2 辛亥，貴妃萬氏薨。

妃服用器物，窮極僭擬。中官、佞倖錢能、覃勤、汪直、梁芳、韋興輩，皆假貢獻，苛斂民財，傾竭府庫以結妃歡，四方進奉異物皆歸之。父、兄、弟、姪皆授都督、指揮、千百户等官。性嫉妬，掖廷御幸有身，飲藥傷墜者無數。至是薨，上輟朝七日，謚曰恭肅。【考異】據明史后妃傳：「妃以暴疾薨。」而憲章録則云：「是日，慶成宴罷，上還宫，忽報妃卒。」凡云「暴卒」者，皆不良于死，傳中加一「疾」字，是貴妃之薨亦一疑案，所謂「多行不義必自斃」，其爲謀易東宫，憤事不成，他日恐受魚肉之禍，因自經耳。今據正史。

3 己巳，免陝西、湖廣被災税糧。

4 是月，遣南京右都御史屠滽護送占城國王古來歸國，並傳檄安南，宣示禍福。滽至廣東，募健卒二千人，駕海艘二十至占城。安南以滽大臣奉特遣，不敢抗，古來乃得入。【考異】據明史占城傳，言「古來欲躬詣闕奏安南罪，二十三年，總督宋旻以聞。朝議遣大臣往，乃命屠滽」云云。是古來但有躬詣闕廷之請，並未自至，而本紀記其來奔于去年十一月癸丑，意彼時古來已至廣東，而宋旻以來奔上聞，故史據實録書之。今分書，仍據明史紀、傳。

5 應天府丞楊守隨以母憂起復至京師。

初，守隨劾李孜省，改上林監副，孜省銜之。至是吏部以無缺，議添注，不許，命除外任，遂謫南寧知府。

6 召余子俊復爲兵部尚書。

子俊致仕去，上徐悟其無罪，會馬文升改南，遂召代之。尋加太子太保。

7 以李敏爲户部尚書，代劉昭也。

是時敏督漕運，召拜之。

敏昔撫大同，見山東、河南轉餉至者，道遠耗費，乃會計歲支外悉令輸銀，民輕齎易達，而將士得以其贏治軍裝，交便之。至是並請「畿輔、山西、陝西州縣歲輸糧各邊者，每糧一石徵銀一兩，依時值折軍餉，有餘則召糴以備軍興」。從之。自是北方二税皆折銀，由敏始也。

8 二月，乙酉，命副都御史邊鏞、通政司參議田景賢巡視大同諸邊，以備北寇。

9 是月，以李孜省爲禮部右侍郎。

初，孜省復用，益作威福，既搆尹旻父子，又假扶鸞術言「江西人赤心報國。」於是致仕副都御史劉敷，禮部郎中黄景，南京兵部侍郎尹直，工部尚書李裕，禮部侍郎謝一夔，皆因之以進。間採時望，若學士楊守陳、倪岳，少詹事劉健，都御史余子俊、李敏諸名臣，悉密封推薦。搢紳進退，多出其口，執政大臣萬安、劉吉、彭華，從而附麗之，所喜者則援之通顯，所怒者則搆之貶斥。至是進官，仍掌通政司如故。一時佞倖竊權寵者，無與侔比。

10 三月，丁未，彭華得風疾，致仕去。華以賄孜省得擢，時人爲之語曰：「八百憲台升李裕，三千館閣薦彭華。」【考異】華得風疾去，見明史萬安傳。「八百」「三千」二語，據三編質實，言華之卒，孝宗實録載此二語，今于華致仕下增入。

三編發明曰：明季門户之習，爲一代深錮之患，然當成化以前，未有顯然援結，庇其鄉里，連及闔省者也。

自李孜省擅寵，薦引鄉人彭華入閣，復假邪術言「江西人赤心報國」，而同省大臣皆因之以進，厥後孜省既敗，焦芳用事，銜孜省輩之黜己，遂減江西解額，且榜禁之使不得選朝官。譽北詆南，相尋報復，黨禍之結，自此始矣。

夫人臣植黨樹援，未有不害于而國者，然多以學術意氣私相矜許，久之乃成角立之勢。若孜省者，一佞倖小人，習五雷道法，迎合憲宗意旨，與奸僧繼曉竊取尊顯。偶假扶鸞仙鬼之伎，遂開朋黨比附之門，使朝局爲之一變，可不慎歟！

11 丁巳，賜費宏等進士及第、出身有差。

12 癸亥，免山東被災税糧。

13 夏，四月，乙亥，免浙江被災秋糧。

14 庚辰，録囚。

15 丙戌，上周太后徽號曰「聖慈仁壽皇太后」。【考異】明史本紀不載，據后妃傳在是年四月。明書據詔書系之丙戌，今從之。

16 五月，乙卯，旱，遣使分禱天下山川。

丙辰，敕群臣修省。

17 是月，工部尚書謝一夔卒。

先是僧繼曉請建大永昌寺，未成而去，梁芳輩復請興工。一夔前有「謹妄費以足財用」之疏，因使督建永昌寺以難之，一夔遂憤懣得疾卒。【考異】一夔，即王得仁子，本姓謝，已見前。憲章録以閔珪之謫乃尹直所爲，而鄉人有忌一夔者，因入之憲宗實録中。然一夔江西人，其因李孜省以進，蓋亦不能爲之諱也。今據明史直書之。

18 朶顔三衛數爲韃靼所窘，去年，有韃靼別部那孩，擁三衛衆入大寧金山，涉老河，攻殺三衛頭目巴延等，掠去人畜以萬計。是月，三衛攜老弱走避邊塞。守臣劉潺以聞，詔予芻糧，令于近邊地駐牧。【考異】韃靼別部侵三衛，據明史韃靼傳，事在二十二年，此據其避入邊塞，依本紀書之。明史稿書于六月己巳，今從明史。

19 六月，己丑，免陝西、南畿被災秋糧。【考異】明史無日，此據明史稿。又，稿中無陝西，據憲章録，「是月，以災傷免陝西西安等府糧十八萬六千四百餘石」，與明史合。

20 是月，以賈俊爲工部尚書。俊歷工部左、右侍郎，時專重進士，舉人無至六卿者，俊獨以重望得之。

21 秋，七月，戊申，封皇子五人爲王，祐杬興王，祐棆岐王，祐檳益王，祐樿衡王，祐橒雍王，皆以年幼不之國。

三編御批曰：史家紀萬妃之事，皆謂其驕妬横行，至于後（官）〔宫〕有娠，盡遭藥墮。今以憲宗封建諸子證之，知其説殊不足盡信。蓋憲宗偏寵萬妃及妃之恃寵驕妬，固當時情事所有。若謂其專房溺惑，則後宫必進御無期，何就館之多，竟爾繩繩相繼？如是年及孝宗初受封，共有十人，其最幼者乃憲宗第十四子，而所云「飲藥墮胎」者尚不可勝計，其生不爲不蕃。萬妃果妬毒，豈能聽貫魚及衆，而誕生成立者且如是之多乎？總之宫闈事祕，傳聞已不可憑，或由衆人深嫉萬安之假附亂政，遂飾爲無稽之語以歸罪萬妃。紀載家耳食滋訛，于成化間事，幾不啻漢成時之昭陽禍水，而不顧其跡之矛盾，亦可怪也！

22 是月，萬安進少師。

23 八月，庚辰，上不豫。

甲申，命皇太子視事于文華殿。

戊子，大漸。

己丑，帝崩。遺詔，皇太子即位。諭文武群臣。

帝早正儲位，中更多故。而踐阼之後，上景帝尊號，雪于謙冤，抑黎淳而召商輅，恢恢乎有人君之度矣。顧以寵萬貴妃，中官乘之以進，遂任汪直，開西廠。至于季年，韋興、梁芳擅寵于內，李孜省、僧繼曉通賂于外，婦寺之禍，遂與之終始云。

24 九月，壬寅，太子即皇帝位。詔赦天下。以明年爲弘治元年。

25 丙午，太白晝見。

26 丁未，斥諸佞倖李孜省及太監梁芳、外戚萬喜等。

時六科、十三道交章劾孜省及其黨鄧常恩、趙玉芝交結太監芳、外戚喜等諸不法事。上以宅憂，謫芳南京少監，喜指揮使，孜省、常恩、玉芝等皆戍陝西邊。

27 乙卯，上大行皇帝尊謚曰純皇帝，廟號憲宗。

28 是月，御史曹璘上言：「梓宮發引，陛下宜衰絰杖履，送至大明門外，並率宮中行三年喪。貴妃萬氏有罪，宜告于先帝，削其謚，遷葬他所。」上納其奏，而戒勿言貴妃事。

29 冬，十月，丁卯朔，汰傳奉官，罷右通政任傑、侍郎蒯鋼、指揮僉事王榮等凡二千餘人。又罷遣禪師、真人及西番法王、國師之等一千數百人。【考異】明史稿，任傑等五百六十四人，蒯鋼等一千三百五十八人，未及武職。明史加入僉事王榮等，故據其總數云「二千餘人」也。明史稿又云：「罷左善世等一百二十人，法王、佛子、國師等七百八十九人。」證之明史佞幸傳，尚有僧道官等，今據佞幸繼曉傳書之。

初，傳奉之例既開，文武僧道濫恩澤者數千。李孜省用事，群奸中外蟠結，士大夫附者日益多。進士郭宗，由刑部主事以篆刻爲中人所引，擢尚寶少卿，日與市井工技伍，趨走闕廷。兵部左給事中張善吉謫官，因祕術干中官高英得召見，因自陳乞復官，士論以爲羞。一時諸雜流，加侍郎、通政、太常、太僕、尚寶者，不可悉數。至是上即位，用科、道言，斥革謫戍有差。

憲宗初即位，以道士孫道玉爲真人。厥後西番法王、國師之等皆錫誥命，服食器用，僭擬王者，出入乘椶輿，衛卒執金吾仗前導，錦衣玉食幾千人。取荒冢頂骨爲數珠，髑髏爲法盌。僧繼曉貴幸，所引用緇衣羽流，加號真人、高士者，亦盈都下。自二十一年星變之後，稍稍斥罷，而諸番僧如故。

至是詔禮官議汰，奏：「諸寺法王至禪師四百三十七人，喇麻諸僧七百八十九人，中國人爲禪師及善世、覺義諸僧官一百二十人，道士自真人、高士及正一、演法諸道官一百二十三人，請俱貶黜。」詔：「法王、佛子遞降國師、禪師、都綱，真人、高士降正一、演法，餘悉落職爲僧道，遣還本土，並追奪誥敕、印章及儀仗諸玉器等物。」

30 乙亥，尊皇太后周氏爲太皇太后，皇后王氏爲皇太后。

上在東宮，太皇太后親加撫育，省視萬方，故上事祖母至孝。時以爲兩世孝同一揆云。

31 丙子，立妃張氏爲皇后。

32 丁亥，萬安罷。

安以首輔草登極詔書，禁言官風聞言事，中外譁然，安亦悔之。至是詔廷臣廣陳天下利弊。御史壽州湯鼐詣閣，安從容曰：「此非内廷意，吾輩維持君等耳。」鼐以告人，謂「安歸過于君，無人臣禮。」于是庶吉士合州鄒智、御史廣德姜洪等交章列安罪狀。

先是有歙人倪進賢者，粗知書，無行，諂事安，日與講房中術。安暱之，因令就試，得進士，授庶吉士，除御史。上一日于宮中得疏一小篋，皆論房中術者，末署曰「臣安進上」。令懷恩持至閣，曰：「此大臣所爲耶？」安愧汗伏地，不能出聲。

及諸臣彈章入，復令恩就安讀之，安數跪起求哀，無去志。恩直前摘其牙牌曰：「可去矣！」始惶懼歸第，乞休去。安時年七十餘，在道猶望三台星，冀復用。居一年卒。

安在政府二十年，每遇試，必其門生爲考官，子孫甥壻多登第者。子翼爲南京禮部侍郎，孫弘璧編修。安卒後皆相繼死，遂絶。

33 壬辰，追謚母淑妃爲孝穆皇太后。

初，孝穆之薨，外廷藉藉指萬貴妃。上即位，魚臺丞徐頊請上母妃尊謚，遷葬，並追究薨故，于是廷臣議逮萬氏戚屬下錦衣衛鞫治。萬安懼，不知所出，曰：「我久與萬家無往來。」劉吉亦以有連自危，與尹直共擬旨寢之。然上仁厚，終恐傷先帝意，卒不問。

34 癸巳，以吏部左侍郎徐溥兼翰林學士，入閣預機務。

35 萬安之被劾也，湯鼐實首發之。鼐上疏之明日，宣至左順門，中官森列令跪，鼐曰：「此旨耶？抑太監意耶？」答曰：「有旨。」鼐始跪。及宣旨，言「疏已留中」，鼐大言曰：「臣所言皆國家大事，奈何留中！」

安既斥，鼐亦出畿輔，印馬馳疏言：「陛下視朝之餘，宜御便殿，擇侍臣端方謹厚若劉健、謝遷、程敏政、吴寬者，日與講學論道，以爲出治之本。至如内閣尹直，尚書李裕，都御史劉敷，侍郎黄景，奸邪無恥，或夤緣中官，或依附佞幸，不早驅逐，必累聖明。司禮中官李榮、蕭敬，曩爲言官劾罷，夤緣復入，遂摭言官過，貶竄殆盡，致士氣委靡，宜亟正典刑，勿事姑息。諸傳奉得官者，請悉編置瘴鄉，示天下戒。且召致仕尚書王恕、王竑，都御史彭韶，僉事章懋等，而還建言得罪諸臣，以厲風節。」疏入，報聞。

36 初，萬安等居政府，鄒智時在諸生中，惡之。會上年舉鄉試第一，入都，道出三原，謁致仕尚書王恕，慨然曰：「治天下在進君子，退小人。方今小人在位，毒痡四海，而公顧屏棄田里！智此行非爲科名，欲上書天子，別白賢奸，拯斯民于塗炭耳。」恕奇其言，笑置之。

是年，成進士，授庶吉士。遂上疏曰：「陛下於輔臣，遇事必咨，殊恩異數必及，亦云任矣。然或進退一人，處分一事，往往降中旨，使一二小人陰執其柄，是既任之而又疑之也。陛下豈不欲推誠待物哉？由其進身之初，多出私門，先有以致陛下之厭薄；及與議事，又唯諾惟謹，伈伈俔俔，若有所不敢，反不如一二俗吏足以任事，此陛下所爲疑也。臣竊以爲過矣！昔宋仁宗知夏竦懷詐則黜之，知呂夷簡能改過則容之，知杜衍、韓琦、范仲淹、富弼可任則不次擢之，故能北拒契丹，西拒元昊，未聞一任一疑可以成天下事也。願陛下察孰爲竦，孰爲夷簡而黜之容之，孰爲衍，琦、仲淹、弼而擢之，日與講論治道，不使小人得參其間，則天工亮矣。

臣又聞天下事，惟輔臣得議，惟諫官得言；諫官雖卑，與輔臣等。乃今之諫官，以軀體魁梧爲美，以應對捷給爲賢，以簿書刑獄爲職業，不畏天變，不恤人窮。或以忠義激之，則曰：『吾非不欲言，言出則禍隨，其誰吾聽？』嗚呼！既不能盡言效職，而復引過以歸於上，有人心者固如是乎？ 臣願罷黜浮冗，廣求風節之臣，令仗下糾彈，入閣參議，或請對，或輪對，或非時召對，霽色接之，溫言導之，使得畢誠盡蘊，則天聽開矣。

臣又聞汲黯在朝，淮南寢謀，君子之有益人國也大矣。以陛下之聰明，寧不知君子可任而故屈抑之哉？ 乃小人巧讒間以中傷之耳。今碩德如王恕，忠鯁如强珍，亮直剛方如章懋、林俊、張吉，皆一時人望，不宜貶錮，負上天生才之意。陛下誠召此數人置要近之地，使各盡其平生，則天心協矣。

臣又聞高皇帝制，閹寺惟給掃除，不及以政。近者舊章日壞，邪徑日開，人主大權盡出其手，內倚之爲相，外倚之爲將，藩方倚之爲鎮撫，伶人賤工倚之以作奇技淫巧，法王佛子倚之以恣出入宮禁，此豈高皇帝所許哉？ 願陛下以宰相爲股肱，以諫官爲耳目，以正人君子爲腹心，深思極慮，定宗社長久之計，則大綱正矣。

然其本則在陛下明理何如耳。竊聞侍臣進講無反覆論辨之功，陛下聽講亦無從容沃心之益，如此而欲明理以應事，臣不信也。願陛下念義理之難窮，惜日月之易邁，考之經史，驗之身心，使大業日新，終歲無間，則聖學明而萬事畢治矣，豈特四事之舉措得其當已耶！」

疏入，不報。

未幾，上嗣位，御史姜洪亦上時政八事，歷詆太監蕭敬，内閣萬安、劉吉，學士尹直，侍郎黄景、劉宣，都御史劉敷，尚書李裕、李敏、杜銘，大理丞宋經，而薦致仕尚書王恕、王竑、李秉，去任侍郎謝鐸，編修張元禎，檢討陳獻章，僉事章懋，評事黄仲昭，御史强珍、徐鏞、于大節，給事中王徽、蕭顯、賀欽，員外林俊，主事王純及見任尚書余子俊、馬文升，巡撫彭韶，侍郎張悦，詹事楊守陳，且言「指揮許寧，内官懷恩，並拔出曹輩，足副任使」。他所陳多斥近倖。疏幾萬言，大指與智及湯鼐合。上嘉納之，卒爲所斥者憾不置云。

時又有麻城進士李文祥上封事，其略曰：「祖宗設内閣六部，贊萬幾，理庶務，職至重也。頃者在位多匪人，權移内侍，賞罰任其喜怒，禍福聽其轉移。讎視言官，公行賄賂。阿之則交引驟遷，忤之則巧讒遠竄。朝野寒心，道路側目。望陛下密察渠魁，明彰國憲，擇謹厚者供使令。更博選大臣，諮諏治理，推心委任，不復嫌疑，然後體統正而近習不得肆也。

祖宗定律，輕重適宜。頃法司專徇己私，不恤國典，豪强者雖重必寬，貧弱者雖輕必罪，惠及奸宄，養成玩俗。兼之風尚奢麗，禮制蕩然，豪民僭王者之居，富室擬公侯之服，奇技淫巧，上下同流。望陛下申明舊章，俾法曹遵律令，臣庶各守等威，然後禮法明而人心不敢玩也。

然國無其人，誰與共理？ 致仕尚書王恕、王竑，孤忠自許，齒力未衰；南京主事林俊、思南通判王純，剛方植躬，才品兼茂；望陛下起列朝端，資其議論，必有裨益，可翊明時。且賢才難得，自古爲然，習俗移人，豪杰不免。惟茲臣庶，不盡庸愚，能知自愧，即屬名流，樂其危菑，乃爲猥品。願陛下明察群倫，罷其罔上營私，違天蠹物者；餘則勉以自新，既開改過之路，必多遷善之人。

臣見登極詔書不許風聞言事，古聖王懸鼓設木，自求誹謗，言之縱非其情，聽者亦足爲戒。何害於國，遽欲罪之。昔李林甫持此以禍唐，王安石持此以禍宋，遠近驟聞，莫不驚駭。願陛下再頒明詔，廣求直言，庶不墮奸謀，足彰聖德。大率君子之言，決非小人之利，諮問倘及，必肆中傷，如有所疑，請試面對。」

疏奏，宦官及執政萬安、劉吉、尹直等咸惡之，數日不下。忽詔詣左順門，以疏內有「中興再造」語，傳旨詰責，文祥從容辨析而出。謫授陝西咸寧丞。

37 萬安之既去也，尹直亦尋罷，而劉吉獨留爲首輔。

會是月星變，鄒智復上書言：「今日君子所以不進，小人所以不退，大抵由宦官權重也。漢元帝嘗任蕭望之、周堪矣，卒制於弘恭、石顯；宋孝宗嘗任陳俊卿、劉珙矣，卒間於陳源、甘昪；李林甫、牛仙客與高力士相附和而唐政不綱；賈似道、丁大全與董宋臣相表裏而宋室不振；君子小人進退之機，未嘗不繫此曹之盛衰。願陛下鑒既往，謹將來，攬天綱，張英斷，凡所以待宦官者，一以高皇帝爲法，則君子可進，小人可退，而天下之治出於一矣。」

是時上新嗣位，多更弊政，智喜以爲其志且得行，乃更上之。

38 十一月，癸丑，尹直罷。

時給事中宋琮、御史許斌，劾「直自爲侍郎以至入閣，夤緣攀附，皆取中旨」，上于是薄其爲人，令致仕去。

一時言官復交章劾「吏部尚書李裕，工部尚書劉敷，皆因孜省以進」。裕連疏辨，遂與敷同乞休去。

39 乙卯，以詹事劉健爲禮部侍郎兼翰林學士，入閣預機務。尋進禮部尚書。

健自爲編修，謝交游，鍵户讀書，人以木强目之。然練習典故，有經濟志，曾充東宮講讀，受知于上，遂有是命。【考異】劉健入閣，憲章録、紀聞皆系之弘治元年正月，今據明史紀及七卿表。

40 戊午，復逮梁芳、李孜省等下獄。

芳等既被謫，太監蔣琮復發其罪大不當赦狀，遂有是逮。孜省不勝搒掠死，芳廢死，而玉芝、常恩等尋遇赦免。

41 是月，召王恕爲吏部尚書，調馬文升爲左都御史。

恕致仕家居，一時論萬安、劉吉者輒首薦恕，司禮監懷恩亦力言于上，遂即家起用之，而文升亦以時望得内召。【考異】馬文升任左都，諸書亦系之明年正月，今據明史年表。

42 禮部左侍郎邱濬進大學衍義補。

濬以真德秀大學衍義止述修身、齊家事，而治國、平天下闕焉，乃博采群書以補之。至是表上于朝，上覽稱善，進濬尚書，賚金幣，詔刊行其書。既，濬以「書中所載皆可見之行事，請摘其要者下内閣議行之」，報可。

43 十二月，壬午，葬純皇帝于茂陵，孝穆太后祔焉。

44 是月，免江西、湖廣被災税糧。

45 始建奉慈殿，祀孝穆也。

上既追謚遷葬，又以不得祔廟，下廷臣議。禮臣周洪謨、倪岳上言：「周禮有祀先妣之文，謂姜嫄也，魯頌之閟宮是已。唐、宋推尊太后不配食祖廟者，別立殿以祀之。故宋之章獻、章懿二后，皆有奉慈之建，每歲五享，四時薦新上食如常儀。今孝穆神主，宜于奉先殿傍別立奉慈殿，歲時祭享，一如奉先殿儀。」從之。

上追念太后，遣人求太后家。先是太后在宮中嘗自言：「家在賀縣，姓紀，幼不能知親族也。」于是有妄冒太后戚畹以希寵貴者十數輩，後事露，皆謫戍，而太后家終不可得。厥後禮臣上言：可仿太祖封徐王故事，定擬太后父母封號，立祠桂林致祭，以上慰聖母之靈。」遂封后父慶元伯，母伯夫人，立廟桂林府，有司歲時祀焉。大學士尹直撰册文，有云：「覩漢家堯母之門，增宋室仁宗之慟」，上燕閒誦之，輒欷歔泣下。【考異】遷葬及建奉慈殿事，諸書多系之十月追封下，蓋同時事也。憲章録系之葬純皇帝下，今從之。又册文爲尹直撰。直即以是月罷官，其爲是年之冬又可證也。

46 上之嗣位也，起用正人，言路大開。時將建棕棚于萬歲山以備登眺，有太學生虎臣上疏切諫。祭酒費訚懼禍及，鋃鐺縶臣堂樹下。俄，官校宣臣至左順門，傳旨慰諭曰：「若言是，棕棚已毁矣。」訚大慚。臣遂名聞都下，頃之，命授七品官，爲雲南知縣，卒于官。【考異】建棕棚事，法傳録、明書皆以爲憲宗正月事，明書所記尤詳。據明史高瑶傳，以爲孝宗踐阼，今從之，系于是年之末。

47 是歲，鬱林、陸川賊黃公定、胡公明等作亂，廣西參將歐磐偕按察使陶魯等分五道討平之。

明通鑑卷三十六

紀三十六起著雍涒灘（戊申），盡上章掩茂（庚戌），凡三年。

江西永寧知縣當塗夏燮編輯

孝宗達天明道純誠中正聖文神武至仁大德敬皇帝

弘治元年（戊申、一四八八）

1 春，正月，己亥，享太廟。

2 丙午，大祀天地於南郊。

3 己未，始命考察在外鎮守武臣，如文官例。

4 是月，以何喬新爲刑部尚書。

喬新初爲刑部侍郎，以剛正爲萬安、劉吉所忌。上嗣位，安等擬旨出喬新爲南京刑部尚書，借升秩以遠之。中官懷恩不平，詣閣正色曰：「新君立，當用正人，何爲出何公？」安等默然。

既而刑尚杜銘罷，群望屬喬新，而吉代安爲首輔，終忌之，久不補。至是以王恕復薦，乃有是命。

5 御史湯鼐復上書言：「劉吉與萬安、尹直，奸貪等耳，安、直斥而吉獨進官，不以爲恥。請大申黜陟，明示勸懲！」又劾李榮、蕭敬而薦謫降進士李文祥爲臺諫。是時上更新庶政，封章旁午，言路大開。而鼐意氣尤鋭，其所抨擊，間及海内人望，先後劾馬文升、周洪謨、倪岳、張悦等，浸及王恕。以故大臣多畏之，而吉尤不能堪。【考異】事見明史鼐傳，特書于是年之正月，今據增。

6 閏月，敕修憲宗實録。

7 詔天下舉異才。【考異】明史本紀不載修實録、舉異材事，今一據明書，一據紀事本末增。

8 是月，言官劾兩廣總督宋旻、漕運總督邱鼐等三十七人宜降黜，中多素有時望者，閣臣劉吉竟取中旨允之，章不下吏部。尚書王恕，以不得其職，拜疏乞去，不許。

時陝西巡撫缺，恕推河南布政使蕭禎，詔別推。恕執奏曰：「陛下不以臣爲不肖，任臣銓部。倘所舉不效，臣罪也。今陛下安知禎不才而拒之？是必左右近臣意有所屬，臣不能妄承風旨以固禄位。且陛下既以禎爲不可用，是臣不可用也。願乞賜骸骨。」上乃卒用禎。【考異】王恕論劾、推事，諸書皆不載，據明史恕傳，特書于是年之閏正月，今據增。

9 二月，戊戌，祭太社、太稷。

10 丁未，耕藉田。

禮畢，宴群臣，教坊以雜伎進，都御史馬文升厲色曰：「新天子當知稼穡艱難，豈宜以此瀆亂宸聽耶！」即斥去之。

耕藉之禮，自成祖以後，惟登極一行之，至是始定于每歲仲春，上躬自行禮，定爲制。【考異】定耕藉自是每歲躬行，三編據明史禮儀志增入，並著之質實中，今從之。

11 丙辰，禁文武大臣請託公事。

12 是月，封哈密左都督哈商爲忠順王。

哈商既復國，會成化之末，衛喇特楊汗王舊作養罕。謀犯邊，哈商知之，來告。邊將嚴設備，楊汗不得利去，憾哈密，還兵掠其拉木城。舊作剌木城。甘肅巡撫唐瑜，因請假哈商以名位，使益固臣節。

至是其國人復訴衛拉特之逼，欲得中國封以威鄰部，乃命哈商仍襲前封。時衛拉特已與哈密和，且約婚不復擾。而土爾番阿哈穆特聞哈商之封，怒曰：「哈商非忠順族，安得立！」乃僞與結婚而圖之。

13 中官郭鏞，請上豫選妃嬪以廣儲嗣，庶子謝遷上言：「山陵之工未畢，諒闇之慟猶新，此必宦豎巧爲諛詞以動上，非陛下本心也。陛下富于春秋，俟祥禫之後，徐議未晚，願亟寢前命！」詔罷選。

14 三月，乙丑，命吏、兵二部疏兩京文武大臣、在外知府守備以上官姓名，揭之文華殿壁，有遷罷者，易以新除。

15 癸酉，幸太學，釋奠于先師孔子，加幣，用太牢，改分獻曰「分奠」，尚書王恕請之也。禮畢，御彝倫堂，命祭酒費誾等進講，誾舉商書說命篇敷陳「時憲欽若」之義，詞旨了暢。上聳聽良久，徐（論）〔諭〕曰：「六經載聖人之道，非知之艱，行之惟艱。朕與爾師生勉之。」

16 乙亥，小王子寇蘭州，都指揮廖斌擊敗之。

是時伊斯瑪音已死，入寇者復稱「小王子」云。

17 丙子，御經筵。【考異】是月乙丑朔，丙子十二日，正後定之講期，故會典據之以爲定制。

先是吏部侍郎楊守陳，請遵祖制開大、小經筵，日再御朝。其略言：「大經筵及早朝，但如舊儀。若小經筵，當擇端介博雅之臣以次進講，必于聖賢經旨，帝王大道，以及人臣賢否，政事得失，民情休戚，講之明而無疑，乃行之篤而無弊。凡前朝典籍，祖宗謨訓，百官章奏，皆當貯文華後殿，退朝披覽。日令内閣一人，講官二人，居前殿右廂，有疑輒問。一日間居文華殿之時多，處乾清宮之時少，則欲寡心清，臨政不惑，得于内者深而出治之本立矣。

午朝則御文華門，大臣臺諫，更番侍直。事已具疏者，用揭帖舉崖略口奏，陛下詳問而裁決之。在外文武官來覲，俾條列地方事，面陳大要，付諸司議。其陛辭赴任者，隨所職任而戒諭之。有大政則御文華殿，使大臣各盡其謀，勿相推避，不當則許言官駁正。其他具疏進者，召閣臣議可否以行。而於奏事辭朝諸臣，必降詞色，詳詢博訪，務竭下情。使賢才常接于目前，視聽不偏于左右，合天下之耳目以爲聰明，則資于外者博而致治之綱舉矣。

如或經筵常朝祗循故事，百官章奏皆付内臣調旨批答，臣恐積弊未革，後患滋深。」

疏入，上深嘉納。

丁丑，復命儒臣日講。時謝遷爲講官，務積誠開上意，每進講，敷詞詳切，上數稱善。

【考異】守陳上疏，據明史本傳在弘治改元之正月。三編書于開經筵目中，標以「先是」二字，今從之。

18 壬午，始視午朝于左順門，吏部尚書王恕復請之也。

恕言：「正統以來，每日止一朝，臣下進見説事，不過片時。雖聖主聰明，豈能盡識盡察！不過寄聰明於左右之人。左右之人與大臣相見者不多，亦豈能盡識諸大臣之賢否！或得之毁譽之言，或出于好惡之私，未免以直爲枉，以枉爲直。欲察識之真，必陛下日御便殿，宣召諸大臣，與之講論治道，謀議政事，或令轉對，或閲其章奏。如此，非惟可以識大臣而隨才任使，亦可以啓沃聖心。」從之。不久，尋罷。

19 是月，都御史馬文升陳時政十五事，曰：「選廉能以任風憲，禁摭拾以戒貪官，擇人才以典刑獄，申命令以修庶務，逐術士以防煽惑，責成效以革奸弊，擇守令以固邦本，嚴考課以示勸懲，禁公罰以勵士風，廣儲積以足國用，恤土人以防後患，清僧道以杜游食，敦懷柔以安四裔，節費用以蘇民困，足兵食以禦外侮。」上頗采其言，下所司議行。

其節用一事，則云「一應供應之物，陛下量減一分，則民受一分之賜」，言尤剴切。

20 上之嗣位也，起用言事謫降之林俊、强珍等，命科、道官闕者悉增補。於是南京吏部主事儲巏上言：「先朝直諫諸臣，既蒙軫念，起改官資。而前主事張吉、王純，中書舍人丁璣，進士敖毓元，尚棄嶺海蠻瘴之間，臣甚惜焉。又，前進士李文祥，當陛下御極之初，倡衆敢言，冀益新政。大臣厭其少年，陽示培植而陰挫抑之，天下皆知非陛下意。方今增補諫官，乞召此五人，置之風紀論思之地，言論丰采，必有可觀。」疏入，上命部臣以次起用。

吉與璣皆以星變言事被謫者，而毓元預焉。純以抗章留王恕故，文祥以劾萬安、劉吉故，安雖死而吉銜文祥次骨。于是吏部擬擢官，多爲吉所糾駁，頗不盡起用。

21 夏，四月，甲寅，以天暑録囚。自後歲以爲常。

22 是月，天壽山震雷風雹，樓殿瓦獸多毁。禮部尚書周洪謨，上書請修省，上深納之。

維時庶子張昇，亦因天變疏言：「陛下即位，言者率以萬安、劉吉、尹直爲言。安、直被斥，吉獨爲首輔，復又傾身阿佞，取悦言官，昏暮款門，祈免糾劾，許以超遷。由是諫官緘口，廷臣靡然附之。李林甫之蜜口劍腹，賈似道之籠絡言路，吉實合而爲一。」因數吉十罪，「請亟譴斥，以應災異，以回天意」。

疏上，御史魏璋等，阿吉意交章劾昇，左遷南京工部員外郎。【考異】天壽山震雷雨雹，明史五行志不載，證之明史周洪謨傳，則是年四月事。又，張昇傳亦言「因天變上書」，與憲章録、國史紀聞、二申録所記皆同，今據書于四月下。惟諸書皆作「大風雨雹」，此據明史洪謨傳。至以比李林甫、賈似道，則參憲章録增入。

23 禮科給事中張九功，奏請釐正祀典。下尚書周洪謨等議，以「釋迦、文殊、上清、太上老君，不宜修建齋醮，遣官祭告。古禮幽禜祭星，今北極紫微大帝，像之爲人，稱之曰帝，非典。至風雲雷雨，本合祀于南郊，復隆秋報，今徇道家言，又有雷聲普化天尊之祀，是瀆也。歲以正月十五日爲真君張道陵生辰，遣官祭告非制。大、小青龍神，禱雨無應，不足祀。梓潼帝君，昔傳神姓張，名亞子，蜀人，仕晉戰没，人爲立祠。唐、宋屢封至英顯王，元加號爲帝君，景泰中，因京師舊廟新之，歲以二月三日生辰遣祭。神廟食于蜀，宜也，與文昌六星無涉，其祠在天下學校者當毁。永樂中，以道士周思得傳王靈官法有驗，乃建天將廟祀靈官，謂宋徽宗時有西蜀薩堅授法于林靈素者，其師也，因于廟立祖師殿。宣德中，改大德觀，封靈官曰崇恩真君，祖師曰隆恩真君。成化初，改顯靈宫，歲易袍服，其費不貲。當革靈濟宫祀。金闕、玉闕上帝，蓋五代時徐温子知證、知諤也。神世系事蹟非甚異，其僭號亦當革。」于是祀典爲之一正。

洪謨又建議，謂：「玄武七宿，不當信道家武當山修煉之説。城隍非人鬼，不當有五月十一日誕辰之祭。東嶽泰山既專祭封内，且合祭郊壇，則朝陽門外東嶽廟之祭，實爲煩瀆。」上以崇祀既久，不盡除也。

洪謨矜莊寡合，與萬安同鄉，安居政府時，頗與之善。至是以言官先後論奏，致仕歸。又三年卒，謚文安。【考異】洪謨之卒，憲章録系于是年之十月，蓋據其致仕牽連並書也。今據明史本傳，卒在弘治四年。

24 五月，庚午，太白晝見。

25 丙子，南京雷震，壞洪武門獸吻，又壞孝陵御道樹。

26 是月，嘉興盜起。

時嘉興百户陳輔，以盜販鹽爲邏者所發革官，遂招集無賴，作兵器，四出剽掠，郡縣吏置不問。輔益恣，與其父端、子文、壻鄧夔等率衆攻府治，知府徐霖踰牆走。因據府庫，縱獄囚，劫軍器，執千户白鑑，大掠城中，奪舟趨太湖，官軍不能遏。鎮守中官張慶以聞。

先是二月間，浙江景寧縣屏風山，有異獸萬餘，大如羊，白色，銜尾浮空去，巡按御史暢亨，請罷温、處銀礦，而置鎮守太監張慶于法。至是上諭户部曰：「浙江財賦甲天下，有銀礦、鹽場之利，易以生盜，而官吏怠玩，武備廢弛。嘉興城守輳集之地，尚爾寇賊縱横，則山谿僻縣，姦宄潛伏，乘機竊發者，更不可詰。」乃遣刑部侍郎彭韶馳往巡視，偕鎮、巡官督諸司討平之。

27 六月，癸巳朔，日有食之。

28 乙未，小王子率部落潛住大同近邊營，亘三十里，遣使千五百餘人款關求通貢。巡撫許進以便宜納之，聞于朝，所上書自稱大元汗。時朝廷方務優容，許遣五百人詣京師。

【考異】明史本紀不書，今據明史稿，系之是月乙未。惟其書寇大同、宣府，證之韃靼傳，言「弘治元年夏，小王子奉書求貢，自稱大元可汗，朝廷方務優容，許之」。所記與三編合，今據三編書之。

29 甲寅，歲星晝見。

30 是月，清理淮、浙鹽法。

淮、浙鹽自成化間爲勢豪乞中者所撓，有司不敢與忤，每事姑息，以是鹽法日壞，商病而課不充，邊儲匱乏。户部尚書李敏，請簡風憲大臣整理。上以彭韶方在浙，即命韶理浙鹽，而別遣户部左侍郎李嗣清理兩淮鹽法。嗣至淮，乃建買補餘鹽之議。

初，洪武創制，商支鹽有定場，毋許越場買補。竈户勤者，正課外，有餘鹽送場司，二百斤爲一引，給米一石；其鹽召商開中，不拘資次給與。成化後令商收買，而勸借米麥以振貧竈。至是嗣請令商人買餘鹽補官引，而免其勸借，且停各邊開中。俟逋課完日，官爲賣鹽，三分價直，二充邊儲，而留其一以補商人未交鹽價。由是以餘鹽補充正課，而鹽法小變。

韶以浙商苦抑配，爲定折價額，蠲逋負，憫竈户煎辦徵賠折閱之困，繪八圖以上，條其利弊，奏行之。

31 秋，七月，戊辰，減浙江温、處等銀課萬餘兩，汰管理銀場官。

32 是月，文華殿日講畢，賜講官程敏政等各織金緋衣金帶，上皆呼先生而不名。

33 南京御史張昺偕同官上言：「邇臺諫交章論事矣，而扈蹕糾儀者不免錦衣捶楚之辱，是言路將塞之漸也。經筵既舉矣，而封章屢進，卒不能回寒暑停免之說，是聖學將怠之漸也。内倖雖斥梁芳，而賜祭仍及便辟，是復啓寵倖之漸也。外戚雖罪萬喜，而莊田又賜皇親，是驕縱姻婭之漸也。左道雖斥，而符書尚揭于宫禁，番僧旋復于京師，是異端復興之漸也。傳奉雖革，而千户復除張質，通政不去張苗，是傳奉復啓之漸也。織造停矣，仍聞有蟒衣牛斗之織，淫巧其漸作乎？寶石廢矣，又聞有戚里不時之賜，珍玩其漸崇乎？詩云：『靡不有初，鮮克有終』，願陛下以爲戒。」上嘉納之。【考異】諸書不載，事見明史昺傳。蓋是年五月，昺以大風拔孝陵柏樹，劾劉吉等十二人。是冬昺之被貶，此二事其張本也，今分書之。

34 御史曹璘上言：「星隕地震及金、木二星晝見，請御經筵，罷斥劉吉等。」又「請罷内史書堂以消天變。」上不懌，降旨譙讓。【考異】此亦據明史璘傳，特書「元年七月」，今據增。

35 八月，乙巳，小王子犯山丹、永昌。辛亥，犯獨石、馬營。是時小王子又糾其别部曰巴延蒙克王，舊作伯顏猛可王。與俱入朝。自是屢以入貢爲名，沿邊寇掠，且漸往來套中矣。

36 丙辰，減雲南銀課二萬兩。【考異】浙江、雲南銀課減數，見明史食貨志。明史稿漏却浙江，明史漏却雲南，今分系之七、八兩月。

37 是月，張九功復請更正文廟祀典。大略言：「從祀諸賢，如荀況、馬融、王弼，皆在所當黜；今之儒臣禮部侍郎薛瑄，在所當入。」少詹事程敏政言：「戴聖身陷贓吏，劉向喜談神仙，馬融爲梁冀草詔殺李固，何休解春秋，黜周王魯，王弼、何晏倡爲清談，王肅佐司馬昭(纂)〔篡〕弑，杜預爲吏不廉，爲將不義，得罪名教，皆宜黜祀。顔子、曾子、子思配享于殿，而父在兩廡，非所以明倫；宜別立啓聖一祠祀叔梁紇，而以顔無繇、曾皙、孔鯉及孟孫氏配。」祭酒謝鐸，則謂「吴澄出處不正，當黜其祀。」俱詔廷臣議之。

學士吴寬、侍郎倪岳則言：「馬融、王弼之徒，雖立身不無可議，而六經煨燼，賴以守缺抱殘，自是唐之注疏多祖其言，今之經傳多引其說，何可盡廢！」于是從祀之議中寢。

【考異】據憲章録、明書請更正文廟祀典，俱系之是年八月，以其與上文釐正祀典同在張九功一奏中也。明文禮志云：「初，洪武時，司業宋濂請去像，設廟主，禮儀樂章亦多更定，太祖不允。成、弘間，少詹程敏政謂馬融等八人當斥，給事中張九功推言之，並請罷荀況、公伯寮、蘧瑗等，而進后蒼、王通、胡瑗，爲禮官周洪謨所却而止。至是以張璁力主，不敢違。毁像蓋用濂說，先賢去留略如九功言。」與是年八月事合。至謝鐸請罷吴澄從祀，則明史鐸傳中詳之。且言：「鐸請進宋儒楊時而罷吴澄，禮部尚書傅瀚持之，乃進時而澄從祀如故。」是又議禮中寢之證也，今據增八月下。

38 九月，己卯，録囚。

39 冬，十月，乙卯，振湖廣、四川饑。

40 是月，召南京尚書耿裕爲禮部尚書，代周洪謨也。尋又改倪岳爲禮部左侍郎。時裕因災異，條上時事及申理言官，先後陳言甚衆。值公私侈靡，耗費日增，裕隨事救正，大都歸于節儉。岳好學，博綜經世之務，佐理部事。一切禮文制度，裕皆取決焉。

41 十一月，甲申，妖僧繼曉伏誅。

繼曉既罷爲民歸，至是給事中林廷玉復請逮治，乃令有司執送京師。法司論其罪，以犯在赦前，免死；給事中陳璠言「繼曉罪大，不當宥」，命棄市。

同時有户部員外郎周時從，疏請「置先朝遺奸汪直、錢能、蔡用輩于重典，而察核兩京及四方鎮守中官」。諸宦官因摘其奏中「宗社」字不越格，命法司逮治。已而釋之。

42 乙酉，免河南被災秋糧。

43 是月，土爾番阿哈穆特潛師至哈密城下，誘哈商舊譯見前。三編一作哈尚。盟，執殺之。復襲破哈密城，仍令伊蘭據其地，留六十人助之。尋遣使入貢，稱與哈密結姻，乞賜蟒服及九龍渾金膝襴諸物。使至甘州，哈密都指揮阿穆呼朗舊作阿木郎。告變。朝廷亦不罪番使，但令還諭其主反侵地。阿哈瑪特竟不奉命，復遣使來貢，禮官議薄其賞而拘其使臣。

44 是冬，太監蔣琮劾給事中周紘、御史張昺，閣臣劉吉搆之也。先是孝陵雷震之異，紘率六科、昺率十三道交章劾吉等十餘人，吉銜之。至是紘、昺奉命閱軍，軍多缺伍，兩人欲劾奏守備中官，琮知之，乃先劾二人。章下內閣，吉修隙，擬黜之外，尚書王恕抗章曰：「不治失伍之罪而罪執法之臣，何以服天下！」再疏争，言官亦論救，乃調紘南京光禄寺署丞，昺南京通政司經歷。【考異】二人被劾調外事，諸書皆不載。明史昺傳書于是年之冬，並著二人被劾之本末，今據增。

45 擢貴州布政使王詔以右副都御史巡撫雲南。

雲南土官好争襲，所司入其賄，變亂曲直生邊患。詔至，苞苴不通，繩之以法，且去弊政之不便者。又以前尚書吴雲，在洪武中繼王褘死事，後褘賜謚，歲祀之，而不及雲，詔以爲請，乃謚雲忠節，並祀，稱「二忠祠」。【考異】王褘、吴雲並祀京師稱二忠，見洪武八年。此所請乃並祀雲南，今據明史本傳。

46 是歲，侍講劉戩，以上即位頒詔安南，由南寧乘傳抵其國，交人大驚。戩依舊制，受陪臣拜謁，不交一語，越宿即行，餽遺一無所受；使人要于塗，固致之，卒麾去。時與前奉使之徐琦、章敞，並爲交人所重云。

二年（己酉、一四八九）

1 春，正月，丁卯，收已故内臣賜田給百姓。

2 辛未，大祀南郊。

3 二月，癸巳，截湖廣漕米二十萬石振四川饑。

時蜀中大饑，先後遣户部郎中江漢、王弘往振，仍發帑金二萬，爲饑民耕種之具。先是流民逐食四出，巡撫謝士元，檄所部置廣室十餘區，作糜食之，且令所在給符遣歸，道經郡縣，驗而廩之粟，乃漸復業。時朝廷雖命轉湖廣漕，久不至，賴士元區畫，民得以濟。會湖廣歲亦歉，轉漕竟止不發。

四川故多盜。有野王剛者，嘯聚且五年矣，刼掠夔州、新寧，往來大寧、大昌諸縣，前守臣畏罪，匿不以聞。乘歲饑，土番大小娃復煽亂，士元託行邊，馳詣其地，大小娃懼，泥首迓道左，立諭散之。剛更轉入湖廣竹山、竹谿，據陜西漢中、金州、平利、西鄉諸郡縣。副都御史戴珊，方撫治鄖陽，請集湖廣、陜西合四川兵討之，于是士元亦遣兵會討。賊聞風潰，珊督湖廣兵擣其巢，盜悉平。

4 是月，兵部尚書余子俊卒。

子俊以先朝舊臣，上待之獨厚。改元以來，疏陳十事，已，又上邊防七事，多允行。

至是疾亟，猶手削奏稿，陳救荒弭盜之策。甫得請而卒，年六十一，贈太保，謚肅敏。

子俊沈毅寡言，有偉略。凡奏疏文移，必自屬草，每夜分方寢。嘗曰：「大臣謀國，當身任利害。豈得遠怨市恩，爲自全計！」故榆林始事，怨讟叢起，子俊持之益堅，竟以成功，爲數世利。

5 擢馬文升兵部尚書，代子俊也，並命兼督十二團營。

時兵政廢弛，西北部落不時窺塞下。文升嚴覈諸將，黜貪懦三十餘人，奸人大怨，夜持弓矢伺其門，作謗書射入東長安門内。上聞，詔錦衣衛緝捕，給騎士十二人衛出入。文升乞休，慰諭之。

文升又請于團營内選馬步鋭卒二千，遇警徵調，且遵洪、永故事，五日一操，以二日走陣下營，三日演武。皆報可。

以屠滽代文升爲左都御史。

6 下監察御史湯鼐于獄。

初，鼐與庶吉士鄒智、中書舍人吉人、進士李文祥交善，並負意氣，裁量人物；劉吉之被劾也，諸人有力焉。而鼐章屢上不已，吉銜之次骨，使人啗御史魏璋曰：「君能去鼐，行僉院事矣。」璋欣然，日夜伺鼐短，于是吉人之獄起。

時上方遣官振四川饑，吉人上言：「宜遣四使分道振，且擇才能御史爲巡按，庶荒政有裨。」因薦給事中宋琮、陳璚、韓鼎，御史曹璘，郎中王沂、洪鐘，員外郎東思誠，評事王寅，理刑知縣韓福及壽州知州劉槩可使，而巡按則鼐足任之。璋遂草疏，僞署同官陳景隆等名，言「吉人抵抗成命，私立朋黨。」上怒，下人錦衣獄，令自引其黨人，以鼐、璘、思誠、槩、福對。璋又嗾同官陳璧等，言「璘、福、思誠非其黨，其黨則鼐、槩、文祥、智及知州董傑是也。槩嘗饋遺鼐白金，貽之書，謂：『夜夢一人騎牛幾墮，鼐手挽之得不仆，又見鼐手執五色石引牛就道。因解之曰：「人騎牛，國姓也。意者國將傾，賴鼐扶之，引君當道耳。」』鼐、槩等自相標榜，詆毀時政，請並文祥、智、傑逮治。」疏上，吉從中主之，遂悉下詔獄。

時槩知壽州，鼐里也。上之即位也，槩上言：「刑賞予奪，人主大柄。後世乃有爲女子、小人、强臣、外戚所攘竊者，由此輩心險術巧，人主稍加親信，輒墮計中。愛者乘君之喜而游揚之，惡者乘君之怒而微中之，使賢人君子卒受曖昧而去，然後薦易其軟美易制者，以行其交通餌引之計。故刑賞予奪，名雖人主獨操，實一出于其所簸弄。黨立勢成，復恐一旦敗露，則又極意以排諫諍之士，務使其君孤立于上，耳無聞，目無見，以自便其私，不至其身與國俱敗不止。故夫刑賞予奪，必由大臣奏請，臺諫集議，而後可行，則讒佞莫能間，而權不下移矣。」會考績赴都，遂遇禍。傑以進士授外任，方入都謁選，會尚書王恕請暑月輟講，爲鼐所劾，傑亦抗疏争之。尋授沔陽知州，甫數月，遂就逮。智與文祥，皆吉所深恨者。時文祥方以王恕薦，召爲兵部主事未踰月，吉輒嗾其黨魏璋並入二人名。智身親三木，僅屬喘息，慷慨對簿，曰：「智見經筵以寒暑輟講，午朝以細事塞責，紀綱廢弛，風俗浮薄，生民憔悴，邊備空虚，私竊以爲憂。與鼐等往來論議誠有之，不知其他也。」

然是時讞者皆承吉意，吉欲以一網盡置之死。賴尚書何喬新、侍郎彭韶力持之，外議亦洶洶不平，乃坐槩妖言律斬，鼐受賄戍肅州，人欺罔削籍，智、文祥、傑皆謫官。吏部尚書王恕奏曰：「律重妖言，謂造作符讖類耳。槩書詞雖妄，不過推詡湯鼐等，今當以妖言，設有如造亡秦讖者，更何以罪之？」上得疏意動，命姑繫獄。既而熱審，喬新等言：「槩本不應妖言律。且槩五歲而孤，無兄弟，母孫氏守節三十年，曾被旌，老病且貧。槩死，母必不全，祈聖恩矜恤。」乃減槩死，戍海州。【考異】湯鼐等下獄謫戍，三編系之是年之二月，正遣使振四川饑時也。紀事本末同，惟憲章、法傳二録皆書於元年之四月。今按王恕請暑月輟講，鼐上章劾之，事在元年之六月，安得有下鼐等于獄之事？若謂因劉吉之恨牽連並記，則彼時四川之饑報未至，遣振之諸臣無聞，相差殆及一年，其爲舛誤明甚。至憲章録分書其事，以下獄系之去年，謫戍系之今年，亦非也。據三編所記，本之實録，下獄謫戍皆在二年振四川饑之後，證之明史甯傳，時事悉符，今據三編參明史書之。

7 復起南京御史姜綰之獄。

南京沿江蘆塲，故隸三廠，給中官採用。成化初，江浦縣田多沈于江，而瀕江生沙洲六，民請耕之以補沈江田額。洲與蘆塲近，奸民輒投獻守備中官，指爲蘆塲，收其利，民失業而歲額租課仍責償之民。上即位，詔勢家悉返投獻地，縣民乃相率訴于朝。下綰覆按，南京守備中官蔣琮，屬綰求右己，不應，尋上疏言：「琮以守備重臣，不宜與小民争利。」因歷數其變亂成法之十罪。疏入，下南京三法司，請遣官覆治。

先是御史余濬劾中官陳祖生違制壍後湖田，湖爲之淤，奏下南京主事盧錦勘報。時錦與給事中方向監後湖黄册——黄册者，洪武中置庫于後湖，令主事、給事中各一人守之。而錦故與祖生有隙，向亦嘗率同官繆樗等劾祖生及文武大臣不職狀，又因雷震孝陵柏樹劾大學士劉吉等十一人，而詆祖生益力。祖生銜向次骨，遂訐向、錦實侵湖田。詔下法司勘，勘未上而琮爲綰所劾。于是琮、祖生及吉合謀，復陷南京科、道等，請逮治之。

【考異】據明史姜綰傳，綰劾蔣琮在是年二月。三編系之三年正月者，據其被逮下獄之年月也，今分書之。

8 三月，己未，免陝西被災秋糧三分之二。

9 乙丑，寇犯宣府獨石。

10 戊寅，閉會川衛銀礦。

11 是月，以秦紘爲右都御史，總督兩廣軍務。

紘奏「中官奸利及賞功所歲儲金錢數萬，費出無紀，請從都御史勾稽」，詔從之。

12 大理寺評事夏鍭上疏曰：「臣伏見主事李文祥、庶吉士鄒智等，皆以言得罪。夫言官無流竄之禍，則不足以彰其譽；有謫徙之名，則愈足以見其難，罪愈重而名愈高。是言者之得罪，雖罹今日之禍，祇成後世之名；所惜者獨非人主之福耳。人主知此之故，使言者無其禍亦無其名，而名固歸于人主之一身矣。」疏入，留中。——鍭，前四川巡撫塡子也。【考異】據紀聞、憲章録、紀事本末諸書，皆系之是年湯鼐下獄之後。惟明史本傳，言「四年，鍭以進士謁選入都，上書救鄒智、李文祥等忤旨，下獄得釋。久之，除南京大理評事」，與諸書異。並識于此。

13 夏，四月，庚戌，録囚。

14 丁巳，復減浙江銀課。

15 是月，吏部尚書王恕乞致仕，不許；詔免其午朝及風雨朝參。

恕以請寒暑輟講經筵爲湯鼐等所劾，恕自認過，乞放還，上優詔勉留之，恕感激眷遇，益以身任國事。方以疾在告，聞上頗擢用宦官，至有賜蟒衣，給莊田者，具疏切諫。中官黃復，請起復匠官潘俊供役，恕力言「不可以小臣壞重典」，再執奏，竟報許。而是時劉吉方用事，多尼之。

會兩京獄起，吉所搆陷之湯鼐、劉槩、姜綰及張昺、周紘等，恕皆抗章力救。吉益恨，乃合私人魏璋等共排之，凡恕先後推用之羅明、熊懷、强珍、陳壽、邱鼐、白思明等，咸嗾璋等糾駁。恕自知不得行其志，連章求去，賴中官懷恩數于上前左右之，得不加害。【考異】恕求致仕，詔免午朝等事，皆見明史本傳。傳中所記，正湯鼐、姜綰獄起之後事，明書系之四月，是也。今從之，並據本傳增入。

16 五月，庚申，河決開封，自原武由開封黃沙岡抵紅船灣凡六所，又決埽頭五所。東北入沁河，溢流爲二：一決南岸，自于家店經蘭陽縣南，東至歸德，由徐、邳入淮；一決北岸，自封邱縣之荊隆口，漫祥符，潰儀封縣之黃陵岡，東經曹、濮，入張秋運河。郡邑多被害，汴梁尤甚。

議者請遷開封城于許州以避患，布政使徐恪持不可，乃止。命所司役夫五萬人治之。

17 六月，京師及通州等處大雨，水溢，軍民房屋傾倒，人畜多溺死。【考異】此據憲章録、紀聞等書。明史五行志入之七月，據下詔月分。且是時順、永、河、保四府州縣皆大水，奏報之先後不一，今分月書之。

18 秋，七月，壬戌，敕兩京録囚。

19 癸亥，以京師陰雨，南京風雷，詔「文武群臣勉加修省；政事有闕失當更正者以聞」。于是給事中韓重等應詔陳四事：「一存敬畏以契天心，一慎用人以奉天命，一祛弊政以消天變，一謹號令以肅天威。」上嘉納之。

惟御史歐陽旦上言七事，極詆閣臣劉吉不職狀，乞罷歸田里，上以其妄言，切責之。

户部郎中周軫請革皇莊，言：「天子藏富于民，不宜有莊，與民争利。宜捐付民佃種，責其租税。」疏入，留中。

時尚書何喬新，亦以京城大水請恤被災民户，又慮刑獄失平，條上律文當更議者數事，悉爲閣臣劉吉所格不行。

20 戊寅，振畿内水災，給貧民麥種，復遣官分振河間、永平，户給米一石。

21 八月，丁酉，復四川流民復業者雜役三年。

22 壬寅，敕孟密歸木邦侵地。

時雲南守臣奏：「孟密曩罕弄，先後占奪木邦地二十七處，又誘其頭目放卓孟等叛，其勢非盡吞併不已。乞敕八百宣慰司與木邦和好，互相救援，亦敕木邦宣慰收拾人心，親愛骨肉，勿使孟密得乘間誘叛，自致孤弱。如孟密聽諭，方許曩罕弄孫承襲。」報可，並敕雲南守臣親詣金齒曉諭。復降敕詰責前鎮、巡官所以受賂召侮啓釁者。【考異】據明史稿，系之八月壬寅，明史不載。證之木邦傳，正在是年，今據增。

23 己酉，奉憲宗神主祔太廟。

初，憲宗既葬，將行升祔禮。而是時九廟已備，議者咸謂「德、懿、僖、仁四廟宜以次奉祧」。

禮部尚書周洪謨、侍郎倪岳議：「國家自德祖以上，世次莫推，則德祖宜視周后稷爲不祧之始祖，太祖、太宗，則所謂『文世室』、『武世室』者也。今憲宗升祔，當祧懿祖。宜于太廟寢殿後別建祧殿，如古夾室之制，歲暮則奉祧主合享，如古祫祭禮。」

時吏部侍郎楊守陳言：「天子七廟，祖功而宗德。祖可比商祖乙、周亞圉，非契、稷比。議者習見宋儒嘗取王安石説，遂使七廟既有始祖，又有太祖，太祖既配天，又不得正位南向，非禮之正。今請并祧德、懿、僖三祖自仁祖以下爲七廟，異時祧盡，則太祖擬契、稷，而祧主藏于後寢，祫禮行于前殿。時享尊太祖，祫祭于德祖，則功德並崇，恩義亦備。」

上從禮官議，建祧廟于寢殿後，遣官祭告宗廟。上具素服告憲宗几筵，祭畢，奉遷懿祖神主衣冠于後（股）〔殿〕，牀幔御座儀物則貯于神庫。自後奉祧仿此。

24 九月，以白昂爲户部侍郎，修治河道。賜以特敕，令會山東、河南、北直隸三巡撫，自上源決口至運河，相機修築。【考異】憲章録、紀事本末等書，皆記命白昂于三年四月河決陽武之下。證之明史河渠志，書河決開封于是年五月，命白昂在九月，白昂上書論治河在明年正月，而明年四月河決陽武則佚之，蓋是時昂方修治，功未竟也。至昂之奉命上書，志中分書年月皆可考證，今從之。

25 冬，十月，乙巳，罷浦城銀冶。

26 己酉，録囚。

27 十一月，戊午，以順天饑，發粟平糶。

28 十二月，甲申朔，日有食之。

29 辛卯，賜故少保于謙謚。

給事中孫需上言：「謙功在社稷，宜賜贈謚廟祀。」時謙子冕爲應天府尹，亦請之。」

上曰：「謙能安社稷以遏寇略，其定國捍患之績著矣。中罹權奸之害，雖先帝已嘗昭雪，優加褒卹，而不使之廟食于後，猶未足爲效忠者勸。」乃加贈光禄大夫、上柱國，謚忠愍，立祠墓所，賜額曰「旌功」。學士程敏政爲作旌功録。祠成，郎中李夢陽爲之記。萬曆中，改謚忠肅。【考異】于忠肅請謚，據明史謙傳，用給事中孫需言，三編則謂子冕所請，蓋據實録。是二人先後奏請，今並書之。「忠愍」，明史作「肅愍」。三編質實亦云據實録。

30 是歲，西域賽瑪爾堪舊作撒馬兒罕。入貢獅子，土爾番亦貢焉。

先是土爾番遣將伊蘭據哈密，哈密將阿穆呼朗，舊譯見上。覘知伊蘭勢弱，請援于邊臣，調赤斤、罕東兵夜襲破其城，伊蘭遁去，因命哈商弟恩克保喇舊作奄克孛剌。襲都督同知，給新印。而阿穆呼朗等以力薄不能守，尋引還，土爾番復據哈密城如故。

至是來貢，上言：「願獻還哈密城印。」禮臣請却其貢，上不從，並敕兵部還其前拘之使臣，命內官張芾護行。諭內閣草敕，閣臣劉吉等言：「阿哈穆特背負天恩，殺我所立哈商，宜遣大將直擣巢穴，滅其種類，始足雪中國之憤。或不即討，亦當如古帝王封玉門關絕其貢使，猶不失大體。今寵其使臣，厚加優待，又遣中使伴送，此何理哉？陛下事遵成憲，乃無故召番人入大內看戲獅子，大賚御品，誇耀而出，都下聞之咸駭嘆，以爲祖宗以來從無此事。奈何屈萬乘之尊，爲奇獸之玩，俾異言異服之人，雜遝清嚴之地。況使臣滿剌土兒，即哈商之外舅，忘主事仇，逆天無道。而阿哈穆特方聚人馬謀犯肅州，名雖奉貢，意實叵測。兵部議羈其使，正合事宜。若不停張芾之行，彼使臣還國，必謂中土帝王可通情希寵，長番賊之志，損天朝之威，莫甚于此。」

疏入，上止芾行，而問閣臣興師、絕貢二事，吉等以「時勢未能，但請薄其賜賚」。因言：「飼獅日用二羊，一歲則七百二十羊，又守獅日役校尉五十人，一歲則一萬八千人。

若絶其餧養，聽其自斃，傳之千歲，實爲美談。」上不能用。明年，復遣使從海道貢獅子，始却之。【考異】據明史本紀云：「是年，土魯番入貢，撒馬兒罕貢獅子、鸚鵡，却之。」證之土魯番及劉吉傳，則土魯番及撒馬兒罕俱貢獅子也。且二傳俱云：「諸臣請却其貢，上不能用。」又，土爾番傳中已有「召番人入大内看戲獅子」之語，是則本紀所載，並明年再貢却之之事牽連並記耳。又據土爾番傳，初貢獅子在三年之春，再貢在秋，蓋奏報及使至之先後不同耳，非紀與傳之自相矛盾也。今年月據本紀參二傳書之。

31 上嗣位，陞陝西布政使梁璟，以右都御史巡撫湖廣。是歲，兩京饑，璟奏免南北漕糧八十九萬餘石，從之。

上登極詔書已罷四方額外貢獻，而提督武當山中官復貢黄精、梅、筍、茶芽諸物。武當道士先止四百，至是倍之，所度道童又倍之，咸衣食于官，月給油蠟、香楮及灑掃夫役以千計。璟奏請停免，多見采納。

32 擢太常少卿周經爲禮部右侍郎。

時中官請修黄村尼寺祀孝穆太后；土爾番貢獅子，不由甘肅，假道滿剌加浮海至廣東；經倡議毁尼寺，却番貢不與通。尋改吏部，進左侍郎。

通政經歷沈禄者，皇后姑壻也。尚書王恕在告，中官傳旨擢禄本司參議，經言「非面承旨，又無御札，不敢奉詔」。復與恕疏争之。雖不能止，朝論韙焉。

33 以鄧廷瓚爲右副都御史，巡撫貴州。

初，廷瓚以淳安知縣內遷太僕寺丞，時以貴州新設程番府，地在萬山中，蠻獠雜居，特擢廷瓚爲知府，政平令和。巡撫陳儼上其治行，憲宗令久任。九載秩滿，始遷山東參政，尋進布政使。廷瓚自令至守，淹留踰三十年，至是去知府止三歲，遂得開府。尋以母憂歸，令服闋還原任。

三年（庚戌、一四九〇）

1 春，正月，甲子，大祀南郊。

2 是月，再發倉米三十萬石振畿南諸郡縣。

3 下南京御史姜綰等十人于獄，尋貶官。

南京後湖田之獄，會楊守隨爲應天府尹，勘中官守備蔣琮罪，且雪方向、盧錦等，琮乃嗾其黨郭鏞並劾守隨。時鏞奉使兩廣，道南京，駕方舟泛湖，御史孫紘以擅遊禁地劾之。鏞怒，歸，訴于上，言「守隨勘向、錦失出，御史不劾奏，獨繩內臣」。上乃遣太監何穆、大理少卿楊謐再勘後湖田及綰、琮互訐事。比報，謂「守隨失出如鏞言，綰、琮互訐皆私忿」。

方綰疏之下三法司也，刑部尚書何喬新請移南京法司勘治，琮因條辨：「綰疏謂己嘗奏下李孜省獄，綰與喬新皆其鄉人，欲以傾己圖報復。」至是謐等因論「琮不應先囑勘官，後誣指綰與喬新爲孜省黨。綰等亦不當逞忿瀆奏。並宜逮治」。乃褫錦職，謫守隨、向有差。于是與綰同官之孫紘、劉遜、金章、紀傑、曹玉、譚肅、徐禮、余濬及給事中繆樗，皆在逮中。

給事中陳璠，言「不宜以一内臣而置御史十人于獄」，不省。卒宥琮不問，而貶綰等爲州判官。陳祖生雖違制墾田，亦獲宥。

是時大學士劉吉方惡言官，遂結内官頻興兩獄，于是兩京臺署爲之一空。尚書王恕，言「宮中府中，俱爲一體，陟罰臧否，不宜異同」，李敏亦言「琮、綰同罪異罰失平」，而上先入吉譖，不知也。由是中外惡吉，爲之側目。

4 户部侍郎白昂上書論治河。其略曰：「臣自淮河相度水勢，抵河南中牟等縣，見上源決口，水入南岸者十之三，入北岸者十之七。南決者自中牟、楊橋至祥符界析爲二支：一經尉氏等縣，合潁水，下塗山，入于淮；一經通、許等縣，入渦河，下荆山，入于淮；又一支自歸德州過鳳陽之亳縣，亦合渦河入于淮。北決者自原武經陽武、祥符、封邱、蘭陽、儀封、考城；其一支決入荆隆等口，至山東曹州，衝入張秋運河；去冬水消沙積，決口已淤，因併爲一大支，由祥符翟家口合沁水，出丁家道口下徐州。此河流南北分行大勢也。合潁、渦二水入淮者，各有灘磧，水脈頗微，宜疏濬以殺河勢；合沁水入徐者，則以河道淺隘不能受，方有漂没之虞。況上流荆隆諸口雖暫淤，久將復決。宜于北流所經七縣，築爲堤岸以衛張秋。但原敕山東、河南、北直隸，而南直隸之淮、徐，實河所經行要地，尚無所統。」上乃并以命昂。

昂舉郎中婁性協治，役夫二十五萬，築陽武長堤以衛張秋，引中牟決河出滎澤，濬宿州古汴河，又濬歸德睢河，使河流入汴，汴入睢，睢入泗，泗入淮以達海。南北分治，水患稍寧。【考異】白昂治河在去年九月，此其蒞事後所上方略。明史河渠志特書于是年之正月，今據之。

二月，壬辰，免河南被災秋糧，以河決後民困未蘇也。

甲午，户部復以「南畿之鳳陽、淮揚，湖廣之鄖、襄及河南南陽諸郡水旱，請免徵芻糧及麥絲之税。」詔曰：「凶年當損上益下。必欲取盈，如病民何！部臣言甚稱朕旨，亟如所請行之。」

已而潞、沁二衛所屯田被災。舊制，屯田災及三分乃免糧，部臣格于例，不敢請蠲，上聞之，曰：「歲饑，方將振之，安可復徵！」特免之。【考異】明史本紀，「是月免河南及南畿、湖廣税糧。」據三编，則户部所請，兼及三省之芻糧、麥、絲及潞、沁二衛屯田之税，皆據實録增，今從之。

6 召后父張巒至京師。

巒以鄉貢入太學，上優禮外家，踰年，遂封壽寧伯。

7 三月，丙辰，命「天下預備倉積糧，以里數多寡爲差。凡州縣十里以下者積穀五千石，十里以上、二十里以下者積一萬五千石，二十里者積二萬石，其上以是爲差。至八百里以下，限積十九萬石，衛千户所積五千石，百户所三百石。考滿之日，稽其多寡以爲殿最，不及三分者奪俸，六分以上謫官。著爲令」。

8 庚午，賜錢福等進士及第、出身有差。

9 甲戌，詔兵部侍郎張海、左通政元守直閱邊。

10 是月，劉吉偕同列上言：「陛下聖質清羸，與先帝不同。凡宴樂游觀一切嗜好之事，宜悉減省。左右近臣有請如先帝故事者，當以太祖、太宗典故斥退之。祖宗令節宴游皆有時，陛下法祖宗可也。」

是時吉于閣臣居首，而同列徐溥、劉健皆正人，故兩人有論建，吉亦署名。

去年二月旱，上命儒臣撰文禱雨，吉等言：「邇者奸徒襲李孜省、鄧常恩故術，見月宿在畢，天將陰雨，遂奏請祈禱，覬一驗以希進用。倖門一開，邀寵召禍，實由于此。」

五月、七月，又以災異言事，請上修省，慎終如始。是年之春，又以西域再貢獅子，請却番貢。凡此皆不盡由吉，而吉之領袖以竊美名，皆此類也。【考異】事見明史劉吉傳，書于是年之三月，並類記前後事，今從之。

11 中官乞鷹場牧馬地千頃，户部尚書李敏言：「場止三百餘頃，餘皆民業，不宜奪耕種之地以爲飛走之所。」從之。【考異】事見明史敏傳。明書及紀事本末皆系之是年之三月，今從之。惟「中官」明史作「貴戚」稍異。

12 夏，四月，丙戌，寇犯宣府獨石。

13 五月，甲子，録囚。

14 六月，韃靼別部巴顏蒙克舊譯見上。遣人貢馬。

15 秋，七月，起侍講謝鐸爲南京國子祭酒。

鐸兩遭親喪，服除，以親不逮養，遂不起。上即位，言者交薦，以言官召修憲宗實録，至是遂擢是職。上言六事，曰：「擇師儒，慎科貢，正祀典，廣載籍，復官饌，均撥歷。」其正祀典，則請罷吴澄而進宋儒楊時，爲禮部所持，卒不行。明年，謝病去。【考異】鐸請罷吴澄從祀，已見元年釐正祀典下。蓋明史禮志因議祀典諸臣並及之也。鐸之請，據本傳在是年，憲章録系之七月。惟傳言「進楊時而罷吴澄，爲禮部尚書傅瀚持之，乃進時而澄從祀如故。」今考瀚爲禮尚在弘治十三年，楊時從祀在八年，且鐸以是年擢南京祭酒，明年謝病歸，十年復起，則時從祀時，鐸已去朝，蓋建論在先，從祀在後也。又考瀚傳，孝宗嗣位，擢太常少卿兼侍讀，歷禮部左右侍郎，然則明史傳中「尚書」

二字，蓋「侍郎」二字之誤也。今但書「爲禮部所持」云云。

16 九月，庚戌，禁內府加派供御物料。

17 是月，土爾番使者至京師。

先是土爾番再貢獅子，朝議却之。其使乃潛詣京師，禮官請治沿塗有司罪，仍却其使。當是時，中外乂安，大臣馬文升、耿裕輩，咸知國體，于貢使多所裁損，阿哈穆特始知中國有人，稍稍斂戢。

18 閏月，癸巳，禁宗室勳戚奏請田土及受人投獻。

上之登極也，詔「勢家所受獻地悉還之民」，尋有南京蘆場之訟，其弊如故。至是刑科給事中胡金復以爲言，乃申是禁。然上性寬厚，雖屢申禁，不能盡執法也。

19 是秋，詔修齋于大興隆寺。理刑知縣王嶽，騎遇之，中使捽辱嶽，使跪寺前。御史任儀劾中使罪，姓名偶誤，乃並儀下吏，貶知縣。

20 冬，十月，辛亥，録囚。

21 十一月，戊戌，有彗星見天津南，尾指東北。

大學士劉吉等言：「邇者妖星出天津，歷杵臼，近營室，稽之載籍，其占爲兵，爲饑，爲水旱。今兩京、河南、山西、陝西旱蝗，四川、湖廣歲不登，倘明年復然，恐盜賊竊發，禍亂將作。願陛下節用度，罷宴遊，屏讒言，斥異教，留意經史，講求治道。沙河修橋，江西造瓷器，南海子繕垣牆，皆非急務，宜悉停止。」上嘉納之。

甲辰，詔停工役及罷內官燒造瓷器。

22 十二月，戊申朔，彗入營室。

23 辛亥，以星變，敕「群臣修省，陳軍民利病」。

吏部侍郎彭韶上言：「宦官太盛，濫授官太多，亟宜裁損，杜倖門。」又請「午朝面議大政，毋祇具文。」上善其言而不能用。【考異】明史本紀書彗見在十二月，據修省下詔之月日也。天文志，彗見始于十一月，三編據實録系之十一月，今分書之。

24 己未，京師一日地再震。【考異】三編目云「是月十二日也」。是月戊申朔。

25 庚申，彗見天倉，漸没。

26 壬戌，減供御品物，並敕罷明年上元燈火。

27 是歲，廣西恩城州土知州岑欽攻逐田州知府岑溥。

初，溥既與欽共誅黄明，事見成化十六年。已，復與欽交惡，欽遂攻奪田州，與其黨泗城知州岑應分踞其地。至是總督秦紘，以兵入田州逐欽，欽與應復交殺。紘乃還溥于田州，留官軍戍之，亂乃定。

明通鑑卷三十七

江西永寧知縣當塗夏燮編輯

紀三十七起重光大淵獻（辛亥），盡閼逢攝提格（甲寅），凡四年。

孝宗敬皇帝

弘治四年（辛亥、一四九一）

1 春，正月，癸未，以修省，罷上元節假。

2 己丑，大祀南郊。

3 辛卯，停慶成宴。

4 是月，户部尚書李敏致仕。

時敏有疾在告，上遣醫視療。已，復力請，詔乘傳歸，未抵家卒。贈太子少保，謚恭靖。

敏生平篤于行誼，所得禄悉以分昆弟故人。里居時，築室紫雲山麓，聚書數千卷，與學者講習，及巡撫大同，疏籍之于官，賜名紫雲書院。掌户部，力請革皇莊，時不能用。繼以論救姜綰與中官相惡，遂不得行其志云。

敏罷踰月，進户部侍郎葉淇爲本部尚書。

5 二月，己巳，敕法司曰：「曩因天變示譴，敕天下諸司審録重囚，矜疑放遣者數十百人。朕以爲寬之于終，孰若慎之于始！嗣後兩京三法司及天下問刑官，務存心仁恕，持法公平，詳審其情罪所當，毋姑息，毋苛刻，毋傅致于一時，冀不坐于他日，庶協古人欽恤之訓焉。」

6 是月，召南僉都御史白昂爲都御史，以屠滽罷也。

7 三月，逮兩廣總督秦紘。

先是紘在鎮，劾總兵安遠侯柳景貪暴不法，詔逮景下獄。景訐紘，勘無左證，法司當景死。景連姻周太后家，有奥援，訐紘不已，乃並逮紘。連鞫，卒無罪，詔宥景死，奪爵閒住，而紘亦坐罷。尚書王恕請留紘，不納。

紘自成化末，被誣爲尹旻黨謫官，上即位，以恕薦督漕運，尋督兩廣軍務，在制府二年，多所飭治。時中官、武臣鎮兩廣者，率縱私人擾商賈，干預公事，賊殺無辜，又交通土官爲奸利，前督臣宋旻、屠滽，噤不敢言。紘至，輒疏于朝，請申條禁，鎮守官益銜之。

會田州之亂，遣兵安定，方議討平黎、猺，剿山後之賊，而逮治之命已下。紘部署軍事畢，從容就道，儀衛騶從仍如開府儀。踰嶺，囚服就繫。語官校曰：「兩廣蠻夷雜處，總制體尊，逮就拘執，恐損國威。既踰嶺，真囚矣。」人皆服其知體。

8 夏，四月，乙丑，遣司禮太監韋泰同法司録囚。

9 辛未，太白晝見。

10 是月，以禮部公廨火，尚書耿裕、侍郎倪岳、周經被劾下獄。已，釋之，停其俸。【考異】事見明史裕傳，據七卿表在是年四月。今按五行志，禮部官廨火在是年二月戊午，蓋諸人被劾，至此始下獄也。今據本傳。

11 六月，辛亥，京師地日凡三震。【考異】三編目云：「月之六日也」，是月丙午朔，今從之。

12 是月，南京工部侍郎黃孔昭卒。

孔昭在成化中，由工部主事改吏部文選司，進郎中。故事，選郎率閉户謝客，孔昭曰：「國家儲才，猶富家之積粟也。粟積于豐年，乃可以濟饑；才儲于平日，乃可以濟用。」每公退，遇客至輒延見，訪以人才，書之于册，由是銓敘平允。居平嗜學篤行，與陳選、林鶚、謝鐸友善。並爲士類所宗。

嘉靖中，追贈禮部尚書，謚文毅，【考異】孔昭之卒，據明史本傳在是年。憲章録系之六月，今從之。

13 秋，八月，庚戌，以水災，停蘇州、浙江今年織造。

14 乙卯，南京及淮、揚二府同日地震。【考異】明史本紀但書「南京地震」。證之五行志，則淮、揚亦同日震，三編亦據增于六月京師地震目中，今從之。

是日，南京晦冥。

15 己未，封皇弟祐楮爲壽王，祐楟汝王，祐橓涇王，祐樞榮王，祐楷申王。

16 丁卯，以憲宗皇帝實録成，劉吉進少師、華蓋殿大學士，徐溥進太子太傅、户部尚書兼武英殿大學士，劉健進禮部尚書兼文淵閣大學士。

17 是月，刑部尚書何喬新致仕。

喬新在刑部，值閣臣劉吉仇正人，屢興大獄，喬新率據法直之。吉愈憤，數摭他事，奪俸二年。屬大理丞闕，御史鄒魯覬遷，而喬新薦郎中魏紳。會喬新外家與鄉人訟，魯即誣喬新受賕曲庇。吉取中旨，下其外家詔獄，喬新乃拜疏乞歸。頃之，窮治無驗，魯坐停俸，喬新亦許致仕。

喬新居官廉介，與人寡合，氣節友彭韶，學問友邱濬而已。時論惜之。【考異】喬新致仕，憲章録、紀聞等書皆系之是年之春，蓋據其外家起訟之月也。至諸書皆云「喬新坐受餽遺下獄」，證之明史本傳，則下獄者乃其外家，非喬新也。今據七卿表，喬新致仕在八月，其本末參本傳書之。

18 九月，丁酉，皇長子生。【考異】明史本紀書皇子生于十月丙辰，據下詔之月日也。三編彙載于五年立太子目中，云「前年九月丁酉」，據實録也。諸書作「九月二十四日」，是月甲戌朔，丁酉正二十四日，今據之。

19 是月，擢吏部侍郎彭韶爲刑部尚書，代何喬新也。

韶與喬新同以氣節相尚，佐吏部，與王恕甄人材，覈功實，仕路爲清。至是遷掌刑部。會柳景爲秦紘劾罷，坐贓數千，徵僅十之一，以其母訴免，韶執奏曰：「昔唐宣宗元舅鄭光官租不入，京兆尹韋澳械其莊吏，宣宗欲寬之，澳不奉詔。景無元舅之親，贓非負租之比，獨蒙宥除，是臣等守法媿于澳也。」不從。

20 冬，十月，癸丑，録囚。

21 丙辰，以皇子生詔天下。

22 戊午，河決開封，懷慶及宣武、睢陽諸衛皆被災，命有司分振之。

23 乙丑，晉禮部尚書、太子太保邱濬兼文淵閣大學士，預機務。

初，大臣入閣，自景泰間王文始，然猶都御史也；至是濬以尚書入閣，而閣體愈崇。故事，大學士秩五品，非加三孤及宮傅者，仍班尚書下。時王恕長六卿，位濬上。濬自以閣部相兼，欲示尊異，而恕仍舊制不讓，濬不悅。已而內宴，濬徑居恕上。自是由侍郎詹事入閣者，班皆列六部尚書上，實自濬始也。【考異】據王弇州二史考誤，言「以大臣入閣者，前有王文、邱濬、王瓊。雙溪雜記以爲尚書入内閣，自焦芳始，誤也」。三編質實引之。然王文以都御史入閣，而以尚書入閣者實自濬始，並敘之。

24 是月，改封興王于安陸。

25 前庶吉士鄒智卒。

智以湯鼐獄謫廣東石城所吏目。比至廣東，總督秦紘檄召修書，乃居會城。聞陳獻章講道新會，往受業，自是學益粹。

至是得疾遽卒，年二十六。天啓初，追謚忠介。

26 十一月，庚辰，振南畿災。

27 十二月，甲子，土爾番復貢獅子，「請還金印及所據哈密十一城」。甘肅總兵官周玉爲之奏請，許之，果以城、印來歸，【考異】據明史，土爾番貢獅子在是年之秋，蓋邊臣奏聞之日也。至是貢使入都，紀據書之。詔還其所拘之使臣，並厚賚之。

28 是月，鳳陽陵火。

時有遺火山場者，遂延爇九十餘里。巡按官劾留守中官王正等罪，贖杖，還職。

29 復召秦紘爲南京户部尚書。

時言官交章論紘無罪，詔起之。

紘自爲大臣，先後以劾宗戚屢得罪，賴廉直受主知，又所在著勞績，爲廷臣所推，故再仆再起云。

30 是歲，以河南布政使徐恪爲右副都御史，巡撫河南。

恪所部多王府，持法嚴，宗人多不悅。平樂、義寧二王，遂訐恪減禄米、改校尉諸事，勘無驗，坐恪入王府誤行端禮門，欲以平二王忿。上知恪無罪，而以二王幼，降敕切責，命與湖廣巡撫韓文易任，吏民罷市泣送，數十里不絕。

比至湖廣，值岐王之國，中使攜鹽數百艘抑賣于民，爲恪所持阻不行，其黨密搆于上。居一年，中旨改南京工部侍郎，恪上疏曰：「大臣進用，宜出廷推，未聞有傳奉得者。臣生平不敢由他途進，請賜罷。」上慰留，乃拜命。

後以考績入都，得疾，遂致仕，卒。

31 召右副都御史似鍾爲户部侍郎。

鍾以三年巡撫蘇、松諸府，盡心荒政，至是召佐户部，總督倉場。未幾，改吏部。

五年（壬子、一四九二）

1 春，正月，壬午，大祀南郊。

2 二月，丙寅，詔封安定王之族人善巴舊作陝巴。爲忠順王。時土爾番既獻還哈密城，兵部尚書馬文升言：「番人素畏蒙古，必得元裔鎮之。有安定王沁布舊作千奔。之族人善巴，乃故忠順王托克托之近屬從孫，可主哈密。」從之。時又有綽爾濟者，沁布弟也。初，哈密無主，廷臣固嘗屬綽爾濟，而綽爾濟憚哈密多事，不欲立，及事定，又覬得爵，兵部以其反復，持不許。會諸番亦以善巴奏請，遂有是命，而以阿穆呼朗爲都督僉事輔之。

3 庚午，減陝西織造絨毾之半，巡按御史張文請之也。文言：「陝西歲歉之後，民病未甦，司禮監近下帖子降圖式織造絨毾數百事，並宜停止，以其價振業貧民。」命減其半。

4 三月，戊寅，立皇子厚照爲皇太子，赦天下。

5 録太廟配享功臣後。初，功臣佐太祖定天下，卒後追封王者六人：中山，開平，岐陽，寧河，東甌，黔寧，是（小）〔後〕其子孫皆襲侯；至是不替爵者惟中山、黔寧而已。上以立太子，頒恩詔及之，命吏部訪以聞。【考異】諸書皆系諸臣裔孫襲封于是年，惟明史本紀分書之，蓋訪録在先，予襲在後也。

三編統系之六年二月目中，亦類記訪録功臣後于五年。蓋本紀之分書，其月日皆據實録也。今參三編所記分書之。

6 辛卯，古田獞叛。

初：廣西猺獞，惟古田種類最繁，其强者曰韋，曰白，曰閉，而皆并于韋。賊首韋朝威據古田，縣官竄會城；遣典史入縣撫諭，烹而食之。事聞，命副總兵馬俊、參議馬鉉、千户王珊等進討，皆遇伏敗死。詔奪兩廣總督閔珪等俸，令益兵進剿。

7 是月，進后父張巒爲壽寧侯。

先是巒封伯，請勳號誥券，尚書王恕言：「錢、王兩太后正位中宫數十年，錢承宗、王源始邀封爵。今皇后立甫三年，巒已封伯，遽有此請，累聖德，不可許。」至是仍以后故晋封爵。

8 夏，四月，丁巳，録囚。

9 是月，大學士邱濬上言：「成化時彗星三見，徧掃三垣，地五六百震。邇者彗見天津，地震天鳴無虚日，異鳥三鳴于禁中。春秋二百四十年，書彗孛者三，地震者五，飛禽者三。今乃屢見于二十年之間，甚可畏也。願陛下體上天之仁愛，念祖宗之艱難，正身清心，以立本而應務；謹好尚，不惑于異端；節財用，不至于耗國；公任使，不失于偏聽。禁私謁，明義理，慎儉德，勤政務，則承風市寵，左道亂政之徒，自不敢肆其奸，而天災弭矣。」因列時弊二十二事，上納之。【考異】據明史濬傳，上書在是年。憲章録、二申録皆系之是年之四月，今據之。

10 五月，乙亥，太白晝見。

11 是月，詔求遺書，從大學士邱濬之請也。

濬言：「高皇帝當至正丙午之歲，始肇帝業，首求遺書。既平元都，得其館閣祕册，又廣購民間，一時所積不減前代。太宗當多事之時，猶集儒臣纂永樂大典以備考究。今承平百年，中外無事，烏可使經籍廢墜！夫民庶之家，遷徙不常，好尚不一，既不能廣有儲藏，即儲藏亦不能久遠。所賴石渠邃閣，積聚之多，收藏之富，扃鑰之固，類聚者有掌故之官，闕略者有繕寫之吏，損壞者有修補之工，散佚者有購訪之令，然後不致廢壞闕失。前代藏書之多，有至三十七萬卷者，近内閣書目不能什一。數十年來，在内未聞考核，在外未聞購求，及今失之，恐遂放佚。自古藏書不一所，漢有東觀、蘭臺、鴻都，唐有祕書監、集賢院，宋有崇文館、祕書省。國朝罷前代臺監館省之官，并其任于翰林院，設典籍二員，掌文淵閣書籍。南京國子監雖設典籍，僅掌累朝頒降之書及舊録書板而已。今請敕内閣所藏書籍，令學士以下督典籍官，彙若干册，册若干卷，檢其有副本者，分貯一册于兩京國子監。若内閣所無或不備者，乞敕禮部行天下提學官榜示購訪，俾所在有司校録呈送。其藏書之所，二在京師，曰内閣，曰國子監；一在南京，曰國子監；使一書而存數本，一本而藏三所。每歲三伏時，令翰林院僚屬同赴閣、監曝書，畢事扃鐍。廷臣有因事欲稽考者，奏請詣閲，以爲常規，則于文治有裨焉。」疏入，上嘉納之，故有是命。三編質實：「按宋書王儉傳稱明帝置東觀祭酒，晉志稱魏蘭臺選二御史居殿中，唐志稱龍朔二年改祕書省曰蘭臺。則宋亦有東觀，魏、唐亦有蘭臺，不獨漢也。通典稱漢延熹二年置祕書監，唐志稱東宫官崇文館學士二人，唐六典注稱魏有崇文館，則祕書監非始于唐，崇文館亦非始于宋也。宋志稱祕書郎掌集賢院圖籍，則宋亦有集賢院，不獨唐也。唐、宋皆設祕書省，其官皆稱曰監，亦非唐謂之監而宋謂之省也。濬云然者，特臨文偶舉耳。」

12 加兵部尚書馬文升太子少保。

文升請崇正學，抑邪説，節財用，省工作，所論奏甚衆。至是以民困賦役，極陳其害，謂：「今民田十税四五，其輸邊塞者，糧一石費銀一兩以上，豐年用糧八九石方易一兩。若絲綿布帛之輸京師者，交納之費過於所輸。南方轉漕通州，至有三四石致一石者。中州歲役五六萬人治河，山東、河南修塞决口夫不下二十萬，蘇、松治水亦如之。湖廣建吉、興、岐、雍四王府，江西益、壽二府，山東衡府，通計役夫不下百萬，諸王之國，役夫供應亦四十萬。加以湖廣征蠻，山、陝防邊，供餽餉，給軍旅者，又不知凡幾。賦重役繁，未有甚於此時者也。宜嚴敕内外諸司，省煩費，寛力役，毋擅有科率，王府之工宜速竣，庶令困敝少蘇。」上皆嘉納之。【考異】事見明史文升本傳，證之是年河決，江、浙水災及征蠻防邊皆用工役之時，今統系之是月加太子少保下。

13 六月，丁未，免南畿去年被災税糧。

14 是月，下御史彭程于獄。

程巡視光禄寺，見造皇壇祭器。——皇壇者，憲宗齋醮之所也。程上疏言：「光禄金錢，皆民膏血，用之得當，猶恐病民，況投之無益之地。先帝篤信李孜省、繼曉輩，意在求福；今二人已伏辜，尚不能自免禍，焉能福人！陛下即位，若輩廢斥殆盡，何復有皇壇煩置器！果復有此，則宜遏之將萌，如無之，請治所司逢迎罪。」時上初無〔皇壇〕造〔皇〕器之命，特光禄仍故事未革，置以備也。及得疏，以程暴揚先帝過，下錦衣獄。給事中叢蘭亦巡視光禄，繼上疏論之。上宥蘭，奪光禄寺卿胡恭等俸，付程法司論罪。

刑部尚書彭韶，擬程贖杖還職，下許。韶復抗章申救，且言：「光禄寺糜用無籍，經費不支，牲物概賒之市肆，大爲賈人累。及今不節，恐無以善後。程欲爲國家惜經費，心本無他，但不應引李孜省事。」疏入，上令光禄寺籍歲出之數以聞，而戍程及家屬于邊。程母李氏，年老，無他子，叩闕乞留侍養。南京給事中毛珵等亦奏曰：「昔劉禹錫附王叔文，當竄遠方，裴度以其母老爲請，得改連州。陛下聖德非唐中主可比，而程罪亦異禹錫。祈少矜憐，全其母子。」不許。子尚，隨父戍所，遂舉廣西鄉試。明年，上念程母老，放還。

15 秋，七月，甲午，振南畿、浙江、山東饑。

時山東久旱，南畿、浙江水災，兵部尚書馬文升疏請振卹，從之。

先是浙饑，餘杭致仕尚書鄒幹疏言：「浙江水旱相仍，民窮且盜。乞亟行振卹。」上以幹家居憂國，賜羊酒文綺勞之。乃特遣侍郎吴厚巡視浙江，督有司振濟。給事中吴世忠復上疏言：「近者各行省以災告，而浙江爲甚，致廑宸衷，屢飭百司經畫。乃振恤之典有加，而惠澤之實未究。良由府縣官吏，發粟不時，文書勘報，動淹旬月，俟既得食，而饑者已死，流者已遠。又況書吏胥役，因緣爲奸，更有不可勝言者。今欲約之以法，莫若稽諸册籍，以産之多寡驗民之窮富，凡遇給振，視此爲則。富者不得濫支，貧者獲沾實德，庶弊革而惠行。」因條上興水利、復常平倉二事，詔舉行之。【考異】明史稿書振南畿、山東于是月，而振浙江更系之八月乙卯。明史統書之是月，三編、綱目亦書于七月下，今從之。

16 是月，河復決數道，入運河，壞張秋東堤，奪汶水入海，漕流絶。命工部侍郎陳政總理河道，集夫十五萬，治未效而政尋卒。【考異】諸書皆系之是年之七月，惟明史運河條下書于四年。按明年命劉大夏治河，則政卒當在是年，今牽連書之。

17 八月，癸卯，劉吉罷。

吉居内閣十八年，柄政久，權勢烜赫。上初加委任，後眷亦漸衰，而吉無去志。及是上欲封后弟張延齡伯爵，命吉撰誥券，吉言「盡封二太后家子弟乃可」，上不悦，遣中官至其家，諷令致仕，給驛歸。

吉性機詐，善傅會，鋭于營私，屢爲言路所攻，晋官不已，人目之爲「劉棉花」，以其耐彈也。吉疑其言出下第舉子，因請舉人三試不第者不得復會試。時適當會試期，舉子已群集都下，禮部爲請，詔姑許入試，後如令。已而吉罷，令亦不行，歸踰年卒。【考異】據明史吉傳，言「帝欲封后弟伯爵」。是年后父張巒卒，巒時已進侯，子鶴齡于是年十一月襲侯爵，則此所指蓋延齡也。證之恩澤表，延齡封伯在八年十一月，蓋帝欲以是年封，因吉言中止耳。今據表、傳參書之。

18 乙丑，停南京、蘇州、浙江額外織造，召督造官還，災故也。

19 是月，壽寧侯張巒卒，追贈昌國公，命其子鶴齡襲爲侯。

巒以后父故，特賜祭葬。欽天監革職監正李華擇葬地，中旨復官。大學士徐溥等言：「即位以來，未嘗有内降，倖門一開，末流安底！臣等不敢奉詔。」乃止。

20 冬，十月，丙辰，録囚。

21 壬戌，貴州都勻苗叛。

初，有苗賊七千人攻圍楊安堡，都指揮劉英統兵覘之，爲所困，詔鎮巡官往援，乃得出。至是復有苗黨乜富架、長脚等煽聚爲亂，會巡撫鄧廷瓚涖（壬）〔任〕，乃詔鎮遠侯顧溥率官兵八萬人，以廷瓚提督軍務，太監江德監軍往討之。溥，興祖之孫也。【考異】明史本紀書「貴州黑苗叛」，證之土司及廷瓚傳即都勻苗也。今參二傳書之。

22 是月，更中鹽法。

初，洪武時，各邊開中商人招民墾種，築臺堡自相保聚，邊方菽粟無甚貴之時，成化間始有折納銀者，然未嘗著爲令也。商人納米鈔給鹽，恒苦守支。至是户部尚書葉淇，淮安人，鹽商皆其親識，因與淇言：「商人赴邊納糧，價少而有遠涉之虞，在運司納銀，價多而得易辦之利。」淇乃奏請「召商人納銀運司，類解太倉，分給諸邊，每引輸銀三四錢有差」。視國初中米直加倍，而無守支之苦，一時太倉銀累至百餘萬。然赴邊開中之法廢，商屯撤業，菽粟翔踊，于是邊儲因之日虚。

三編發明曰：葉淇召商納銀之議，論者多咎其更開中法，以致邊儲日匱。而不知明代邊儲之匱，自在屯政不修，而不盡關於鹽法。其鹽法之壞，又在勢家乞中，而不關淇之變法也。

蓋産鹽有盈有絀，邊地不能懸知，則但知召商開中而初不爲支鹽計。故守支之弊，在永樂時已所不免。逮憲宗之世，勢家争先奏乞，所賜鹽引動以萬計，且許其越場支鹽，不限年次，于是商人益困守支，而鹽亦壅閼不行。夫商人挽輸數千里外，守支至數十年之久而不得鹽，及既得鹽，復爲奏乞鹽所壅閼而不獲速售，然則商人之病開中亦極矣，雖日下令招之，其誰應哉！

淇見報中之急，乃爲更制以利商，商利則報中多，報中多則國課裕，是亦救弊之策也。如云商屯撤業，邊粟翔貴，獨不思塞下之地，商可屯，軍不可屯乎？

明食貨志稱成化時屯田法廢，戍卒多役于私家，子粒不歸于公廩。論者不深咎此，而徒責淇變法，亦昧于輕重之計者矣。

23 十一月，丙申，閉浙江温、處銀坑。

24 是月，停納粟例。

初，成化末，以陝西、河南諸省饑，始開事例，凡納粟者許爲監生、吏、典等項。至是尚書王恕言：「永樂、宣德、正統間，天下亦有災傷，各邊亦有軍餉，當時無納粟例，糧不聞不足，軍民不聞困弊。比年來一遇災傷，輒行捐例，以致正途壅滯。出身候選，多至十五六年以上纔得一官，年已向暮，誰肯盡心職業！又況前項人員既以財進身，豈能以廉律己！欲他日不貪財害民，何由可得！」上是其言，立命已之。

25 十二月，丁巳，荆王見濂有罪。見濂者，荆憲王之孫，靖王子也。靖王三子，次見溥，封都梁王，與見濂同母。見濂怨母之暱見溥也，錮母，奪其衣食，竟死，出柩于竇。召見溥入後園，捶殺之；紿其妃何氏入宮，逼淫之。從弟都昌王見潭妻茆氏美，求通焉；見潭母馬氏防之嚴，見濂髠馬鞭之，囊土壓見潭死，械繫茆妃入宮。嘗集惡少年，輕騎微服，涉漢水掠人妻女。弟樊山王見澋，懼禍及己，密以聞。上召至京師，御文華殿，命廷臣會鞫。見濂引伏，廢爲庶人，錮之西內。

26 是歲，吏部主事蔡清上疏，略曰：「今日急務，在朝廷之紀綱，而其次在邊境。今士大夫皆謂罪可以計免，功可以權得，苟利其家，朝廷之事不暇顧也。民之貧者無立錐之地，而宦官廝養富過王侯。朝廷錙銖取於民以爲士馬資者，半入於庸將之家，而轉輸於權倖之門，于是兵弱而不能衛民。蓋士風弊則人才乏，民力屈則兵力弱，勢也。夫賢者必用，不肖者必去，功必賞，罪必罰，此紀綱之大要也。若其本則在人主之一心，心正而後事可理，理明而後心可正，講學而後理可明。真氏大學衍義一書，不易之則也。」上嘉納之。【考異】諸書不載蔡清上書事，此據明鑑補。證之明史本傳，言「王恕時長吏部，訪以時事，清乃上二札，一請振紀綱，一薦劉大夏等三十餘人，恕皆納用」。據此，則清乃上恕札，恕納其言，復行上奏耳。明鑑所載在是年十月，今系之是年之末。

六年（癸丑、一四九三）

1 春，正月，己卯，大祀南郊。

2 是月，吏部考察大學士邱濬言于上曰：「唐、虞三載考績，三考黜陟。今有居官未及一載而黜者，所黜徒信人言，未必皆實。此非唐、虞之法，亦非祖宗舊制也。」上然之，敕吏部：「凡歷官未及三載者，俱令復任。雖經三考，非有貪暴實迹者亦勿黜。」時王恕主吏部，争之不得，遂有隙。

3 二月，甲寅，吏部訪得開國勳臣常遇春玄孫復、李文忠玄孫璿、鄧愈五世孫炳、湯和六世孫紹宗以聞。詔襲指揮使，奉先祀。

時有滁人郭琥，自言滁陽王子老舍四世孫。老舍當宣德間曾以滁陽王親來朝，至是琥遂冒之，命予冠帶奉祀。已而爲宥氏所訐。——宥氏者，故滁陽王鄰，太祖復其家，令世守王墓者也。禮部審滁陽王碑，文王實無後，老舍非王子，復奪其冠帶。

4 丁巳，擢布政使劉大夏右副都御史，治張秋河。

是時張秋屢決，上深以爲憂，命廷臣薦才識堪任者。時大夏方爲浙江左布政使，以王恕薦，賜敕遣之。【考異】據明史本紀、三編，在是年二月，證之河渠志黄河條下特書「弘治六年二月」，與本紀合。而運河條下以爲七年之春，蓋大夏以六年往，七年議治河，志中未分析。且下文所載，正直夏汛將至，漕舟鱗集，皆七年大夏經營之本末，非二志自相矛盾也。今分書之。

5 是月，兵科給事中吴世忠上言：「太宗皇帝奉天靖難，當時文臣如方孝孺、周是修、練子寧、鄒瑾、魏公冕、齊泰、黄子澄諸人，皆伏節以死。夫太宗靖難者，武王之心，天下之大權也；諸臣抗節者，夷、齊之志，天下之大經也。世之論者，徒以諸臣之迹爲疑，此皆不知祖宗之心，帝王之孝者。太宗嘗謂群臣曰：『若練子寧在，朕固當用之。』仁宗即位之初，即詔赦諸忠臣子孫。此二聖之所已行者。且仁宗既罪李時勉而日後又有忠文之謚，英宗既誅于謙而未幾又有廟祀之舉。祖宗雄略，率多類此。陛下以祖宗之心爲心，褒贈諸臣，九廟神靈豈特生色而已耶！」事下禮部議，竟格不行。【考異】據憲章録、法傳録、明書，皆系吴世忠請褒恤方孝孺等于是月，三編不載，今據增。

6 三月，癸未，賜毛澄等進士及第、出身有差。

7 是月，寧夏地震。連三年共二十震。

8 夏，四月，己亥，土爾番復據哈密。

善巴既立，諸番索犒賞不得，皆怨之。尋阿穆呼朗又引別部默克埒舊作乜力克。人掠土爾番牛馬，阿哈穆特怒，潛兵夜襲哈密，圍之三日，諸番莫肯捍禦，沁布忌其立，亦不援；默克埒、衛喇特以兵來助，俱敗去。乃執善巴，禽阿穆呼朗，支解之。伊蘭復據其城。

事聞，邱濬謂馬文升曰：「西陲事重，煩公一行。」文升曰：「西域人嗜利，自古未有能爲中國患者。徐當靖之。」濬復以爲言，文升請行。廷臣僉言：「北寇方張，本兵未可遠出，請改命大臣。」己酉，遣兵部侍郎張海、都督同知緱謙經略哈密。

9 庚申，録囚，並命南京法司暑月録囚如京師。

10 辛酉，久旱，敕修省，求直言。

庶子李東陽，條摘孟子七篇大義，附以時政得失，累數千言，上之；吏部侍郎張悅，陳「遵舊章，卹小民，崇儉素，裁冗食，禁濫罰」數事，又上修德、圖治二疏；上皆嘉納。【考異】久旱求言，據本紀在是年四月，而東陽本傳列之五年。其實五年並無久旱求言事，疑誤記也。

11 是月，太醫院院判劉文泰劾吏部尚書王恕，大學士邱濬使之也。

濬與恕素不相能，是年考察，恕奏罷二千人，濬調旨留之者九十餘人，恕遂求去。文泰者，故往來濬家，以求遷官爲恕所沮，銜之。恕里居日，嘗屬人作傳，鏤板以行，濬謂其沽直謗君。文泰心動，乃自爲奏草，示除名都御史吳禎潤色之，訐「恕變亂選法，且傳中自比伊、周，于奏疏留中者，概云『不報』，以彰先帝拒諫，無人臣禮」，欲中以奇禍。恕奏辨，且言「文泰無賴小人，此必有老于文學多陰謀者主之，請賜廷鞫」——蓋指濬也。詔下文泰錦衣獄，詞連濬，諸言官亦交詆濬，請並逮禎對簿。上不悦，降文泰御醫。【考異】據明史七卿表，王恕致仕在閏五月。蓋文泰之劾在是月，故明史稿書之四月癸丑，今系之是月下，而分書恕致仕于閏月。

12 五月，丙寅，小王子犯寧夏，殺指揮趙璽。

13 閏月，乙未，免南畿被災秋糧凡一百八十萬石有奇。

應天巡撫似鍾復以饑告，「請截留蘇、松、常、湖四府漕糧三十萬石分振被災郡縣」，從之。

14 是月，太子太保吏部尚書王恕致仕。

文泰之貶也，上責恕沽名，令焚所鏤板，而置濬不問。恕再疏辨，不省，乃力求去，聽馳驛歸，不賜敕。廷論以是不直濬。

王世貞曰：按搢紳之論，皆以文泰此舉出自邱公。然三原止合略辨其事，力求歸休，不當疏請廷鞫，又以「老學陰謀」肆加詆斥。大臣恬靜之禮，與事君恭順之道，惜乎無爲三原謀者！蓋公北人伉直少文之故。而憲章録爲賢者諱，亦似未考其事之顛末也。

15 六月，庚午，京畿大旱。

飛蝗過京師，自東南而西北，日爲之掩者三日。户部請「遣順天府丞畢亨行縣督捕，其直隸府、衛及各布政司，並令正、佐官行視」，從之。

16 壬申，總督湖廣右都御史閔珪擊古田叛獞，破之。

上年馬俊等之敗没也，詔切責珪等，珪乃與總兵官毛鋭復進兵連破七寨，餘皆就撫。遂連定百餘寨，獞患漸戢。

于時南京户部員外周琦上討獞三策，謂：「桂林之古田，柳州之馬平，山勢綿亘，徑複岡連。大軍北進則賊南走，西進則賊東走，師甫退則賊盤據如故，以是屢發兵討，迄不能創賊。所當厚集兵力，環四面鋭攻，遏其奔竄之路以覆其巢。撫定殘獞，召還逋民，編户給田，薄租賜復。或析村附鄰縣，或因俗置土官。三年安堵，然後班師。此爲計長久之策。

如不能然，仍止調附近官軍與土兵進剿，則師期不可不早。往者討獞之師，大抵秋徵冬集，春初入山，雨水既多，瘴癘將發，勢不能久駐。若于六月調發，霜降進攻，不致迫于撤兵，則深阻可窮而功乃克集。

且獞賊之叛，雖常數十峒蝟起，而倡亂特一二凶渠。郡縣既聞竊發，四五百里稟命制府，議撫議剿，輒淹旬時，賊得以其間連結諸獞，勢乃益熾。若責成分鎮軍官，乘其蠢動，即率所部偕郡縣吏以時撲滅，則可不徵師不糜餉而事濟。此二者，亦創賊之策也。」

琦，馬平人，生長諸獞出没之地，知其情勢，故所陳策頗得賊要領，廷議皆是之，下兩廣守臣議行。而古田尋告捷，守臣幸紓患目前，遂置琦策不用。【考異】周琦上討獞三策，諸書不載，三編書之是年目中。據云：「琦策方議行，而古田尋告捷。」是二事同在一年，今據增。

17 是月，改耿裕爲吏部尚書，以禮部侍郎倪岳爲本部尚書。

岳任事未久，會詔取國師，領占竹于四川，岳力諫，不省；給事中夏昂、御史張禎等相繼争之，事竟寢。時營造諸王府，規制弘麗，踰永、宣之舊，岳請頒成式，從之。【考異】諫取四川國師事，法傳録系之九月。證之明史岳傳，即擢尚書後事，今牽連並系之是月下。

18 秋，七月，刑部尚書彭韶致仕。

韶蒞任三年，昌言正色，與王恕、何喬新稱「三大老」。時内官王明、苗通、高永，殺人遣戍；昌國公張巒，建墳踰制，役軍至數萬；畿内民冒充陵廟户及勇士旗校輒免徭役，致見户不支，流亡日衆。韶抗章極論，皆格不行，貴戚、近習深疾之。韶因連疏乞休，竟得請去。

19 八月，辛未，雨雹，大如彈丸，平地壅積。

禮部尚書倪岳疏弭災急務，勸上勤聖學，開言路，止無功之費，停不急之役，黜奸貪，進忠直，多見采納。

先是四方所報災異，禮部歲終彙奏，視爲具文；岳在部，乃以日月先後彙分條析，復援證經史，爲上懇切言之。

20 甲戌，免順天之河間、保定等府被災夏税。

是年以災蠲者，兩京外，蠲山西太原諸府、平陽諸縣夏税，河南開封諸府夏税之半，祥符諸縣秋糧。又免瀋陽衛屯糧六萬四千餘石。振則自蘇、松外，山東饑甚，巡撫王霽先後請發帑金五十餘萬，米二百餘萬石，選廉能吏驗口給之，凡活饑民二百六十餘萬。【考異】以上各省蠲振，三編統系之閏五月免應天、蘇、松田租目中。證之明史本紀，于南畿、山東之振皆遺之，今據三編，彙記于是年八月下。

21 是月，以都御史白昂爲刑部尚書，代彭韶也。復召屠滽爲左都御史以代昂。

22 九月，丁酉，免陝西被災夏税。【考異】是年蠲振，悉具三編閏五月目中，惟漏却陝西，今據明史月日增。

23 是月，賜荆王見潚死。

見潚既繫西内，復自繫中摭奏見潯罪，誣其與楚府永安王謀不軌，詔遣使往按問不實。見渂更奏「見濍嘗私造弓弩，與子祐柄有異謀」，驗之得實。乃賜見濍令自盡，廢祐柄，而以見溥子祐槶嗣爲荆王。

24 冬，十月，丙寅，以災傷，罷明年上元燈火。

庚辰，停甘肅織造絨毼。

25 十一月，庚申，振京師流民。

26 是月，詔舉天下材德之士隱于山林者。順天府尹唐恂，舉布衣潘辰。辰，景寧人，少孤，隨從父家京師，以文學名，吏部以其生長京師不録。至是恂復奏，而給事中王綸、夏昂亦交章薦，乃授翰林待詔，掌典籍。會典成，進五經博士，累官至太常卿。一時士大夫重其學行，稱爲南屏先生。【考異】潘辰事見明史陳濟傳，傳言詔舉才德之士在弘治六年。明書系之是年十一月，今從之。

27 十二月，乙丑，太白晝見。

28 辛未，以災復（復）開銀米事例，備振濟之用。

29 己卯，敕天下鎮、巡官修省。

30 是月，南京大雷雨，拔孝陵樹。

31 巡按河南御史涂昇疏論治河。

其略曰：「黄河之爲患，南決病河南，北決病山東。昔漢決酸棗，復決瓠子，宋決館陶，復決澶州，元決汴梁，復決蒲口。然漢都關中，宋都大梁，河決爲患，不過瀕河數郡而已。今京師專藉會通河，歲漕粟數百萬石；河決而北，則大爲漕憂。臣博采輿論，治河之策有四：

一曰『疏濬』。滎、鄭之東，五河之西，飲馬、白露等河，皆黄河由渦入淮之故道。其後南流日久，或河口以淤高不洩，或河身狹隘難容，水勢無所分殺，遂泛濫北決。今惟躧上流東南之故道，相度疏濬，則正流歸道，餘波就壑，下流無奔潰之患，北岸自無衝決之虞矣。二曰『扼塞』。既殺水勢于東南，必須築堤于西北。黄陵岡上下舊堤缺壞，當度下流東北形勢，去水遠近，補築無遺，排障百川，悉歸東南，由淮入海，則張秋無患而漕河可保矣。三曰『用人』。——薦河南僉事張鼐。四曰『久任』。——則請專任大夏，且於歸德或東昌建公廨，令居中裁決也。」

上是其言，詔大夏議行之。【考異】涂昇論治河，諸書不載，具見明史河渠志，書于六年十二月，今據增。

32 是歲，擢布政使何鑒爲右副都御史，巡撫江南，兼理杭、嘉、湖三府稅糧。

七年（甲寅、一四九四）

1 春，正月，丁酉，大祀南郊。

2 是月，興王之國安陸，舟次龍江，有慈烏數萬繞舟，至黄州亦然，時以爲瑞。謝疏陳五事，上嘉之。【考異】事見明史本傳。明人諸書皆系之是年正月，以世宗故，記之特詳，今據之。

3 二月，甲子，以去冬孝陵風雷之變，遣使祭告。敕兩京群臣修省，求直言，並命内外慎刑獄，決輕繫，從給事中馬子聰、御史劉琬之請也。

4 是月，工部尚書賈俊罷，以侍郎劉璋陞任代之。

5 河復決張秋。

時劉大夏以夏汛將至，漕舟鱗集，乃先自決口西岸鑿月河以通漕。

6 三月，癸巳，貴州苗平。

先是巡撫鄧廷瓚奉提督軍務之命，以副使吴倬善計畫，引贊軍事。倬遣熟苗詐降富架，誘之入寇，伏兵禽之。乘勢深入，連破百餘寨，生禽長脚以歸，群苗震慴。

廷瓚言：「都匀、清平，舊設二衛、九長官司，以土人世官，自用其法，恣虐激變，苗民亂四十餘年。今元凶就除，非大更張不可。請改爲府縣，設流官，與土官兼治，庶可久安。」于是設府一，曰都匀，州二，曰獨山、麻哈，縣一，曰清平。苗患自此漸息。【考異】升都勻爲府，屬二州一縣，據地理志，在弘治七年五月。蓋平苗奏報在先，處置在後也，今並記之。

7 戊申，敕兩畿捕蝗。民捕蝗一斗者，給米倍之。

8 夏，四月，丁亥，録囚。

9 是月，張海等自土爾番還。

海與緱謙皆庸才，行至甘州，遣土爾番人歸諭其主，令還侵地，身駐甘州待之。至是阿哈穆特遣使求貢，詭言願還善巴及哈密。廷議以番人譎詐，謀棄善巴，閉嘉峪關，絶番貢。海等聞之大喜，遂逐番使，封關而還。言官劾其罪，下獄，尋貶秩。【考異】明史土爾番傳，海等還在是年。三編類記于六年四月，目中亦云「明年」。證之明書、憲章録，皆系之四月，今據之。

10 五月，甲辰，遣太監李興、平江伯陳鋭往會劉大夏治張秋決河。【考異】憲章録書張秋河成于是月，蓋因命李興等牽連並記也。明史紀遺治在五月，河成在十二月，今據分書之。

11 是月，宣府、山西、河南有星晝隕。

12 六月，築高郵湖隄成，賜名康濟河。

初，白昂治開封決河訖工，遂自山東循運河而南，抵揚州，議治之。時御史孫珩、郎中吴瑞方董南河事，皆謂「高郵州運河九十里，自州西北三里入新開湖道。湖凡五十里，湖東直南北爲堤，洪武中障以土，正統中固以石，屢決而復修。其西北則與武安、張良、七里、珍珠、甓社諸湖相灌注，縈迴數百里。每風濤作，掀舟觸堤石輒壞，多覆溺者。當于湖東開複河以避其險」。

昂遂上其議，召工開鑿。起杭家嘴，歷清水潭，抵丁志港，長竟四十里。兩岸壅土爲堤，堤首尾置牐，與湖通。堤之東又置牐四，埝洞一。至是成，會大夏治張秋河，奏上之。

【考異】白昂治開封決河在前，築高郵堤在後，諸書並系之二年之冬，牽連並記耳。三編據其成之日，列其事于目中。今從之。

13 秋，七月，乙巳，京師地震。三編目云，「月之十九日乙巳也。」此據實録。明史五行志無月日。

14 丙午，命工部侍郎徐貫往蘇、湖，會巡撫副都御史何鑑經理南畿水利。

時三吳水道湮塞，給事中葉紳、巡按御史劉廷瓚乞遣官濬治，乃命貫往。

貫上言：「自永樂初命夏原吉濬治，時以吳淞江灘沙浮蕩，未克施工，逮今九十餘年，港浦復塞。臣相度地勢，疏吳江長橋，導太湖散入澱山、陽城、昆承等湖。又開大石、趙屯等浦，洩澱山湖水由（誤）〔吳〕淞江入海，開白魚洪、鮎魚口等處，洩昆承湖水由白茆港入江，開斜堰、七浦、鹽鐵等塘，洩陽城湖水由七（了巷）〔丫港〕入海。下流既通，于是開湖州之漊涇，洩天目、安吉諸山水自西南入太湖，又開諸斗門以洩運河之水，由江陰入大江，上流亦通。東南水患少息。」並奏以主事祝萃自隨，從之。

15 南京六、七兩月，復大風雷，壞孝陵樹。

16 八月以李東陽爲禮部右侍郎兼翰林侍讀學士，典誥敕。

時閣臣徐溥等以詔敕繁，請如先朝王直故事，設官專領，乃推東陽入閣典之。

17 晉徐溥少傅、吏部尚書、謹身殿大學士，邱濬少保、户部尚書、武英殿大學士，劉健太子太保兼禮部尚書、武英殿大學士。

18 九月，丁亥，以水（文）〔災〕停蘇、松諸府所辦物料，留關鈔户鹽備振。

19 是月，南京地震。

時御史宗彝等請召致仕尚書何喬新、彭韶，不報。【考異】明史五行志于是年書云：「是歲兩京凡（大）〔六〕震。」三編據實録書于七月京師地震目中，云：「九月戊寅南京地震，十一月壬子，京師地復震。」凡可考者三，南京一見，即是年之九月。惟九月無戊寅，戊寅爲八月二十二日，蓋八月丁巳朔也。三編「戊寅」二字疑誤，否則「九月」二字當爲「八月」之誤。今但書「是月」，不書「戊寅」。

20 加吏部尚書耿裕、兵部尚書馬文升俱太子太保，户部尚書葉淇、刑部尚書白昂、都御史屠滽俱太子少保。

21 冬，十月，己未，録囚。

22 是月，立僉民壯法。

初，正統、景泰間，嘗募民壯願自效者，然未定僉法。至是以給事中孫儒言：「令州縣七八百里以上里僉二人，五百里三人，三百里四人，百里以下五人，俱于丁衆糧多之家，選年力强者充之，有司以時訓練。遇有調發，給糧以行。而禁占役賄縱之弊。富民不願者，則上直于官，官自募之。」【考異】諸書皆系僉民壯于二年，今據三編，本實録也。

23 廣洋衛指揮石文通，奏太監蔣琮僭侈殺人、掘聚寶山傷皇陵脈及毆殺商人諸罪，琮竟減死，謫充孝陵浄軍。

24 十一月，壬子，京師地復震。

25 十二月，甲戌，張秋河工成。

初，劉大夏奉敕治河。時河流湍悍，決口闊九十餘丈。大夏行視之，曰：「是下流未可治，當治上流。」于是即決口西南開月河三里，屬之舊河，使通漕運。乃濬黄陵岡南賈魯舊河四十餘里，由曹出徐以殺水勢。又濬孫家渡口，別鑿新河七十餘里，導使南行，由中牟、潁上東入淮。又濬祥符四府營淤河，由陳留至歸德分爲二：一由宿遷小河口，一由亳州渦河，俱會于淮。然後沿張秋兩岸築臺立表，貫索連巨艦，穴而窒之，實以土。至決口，去窒沈艦，壓以大埽，且合且決，隨決隨塞，連晝夜不息，功乃成。上遣行人往勞，改張秋名曰安平鎮。【考異】明人諸書皆系張秋河成于四月，今月日悉據明史紀、志。

26 己卯，小王子數犯甘涼、永昌、莊浪。諸被掠者，敕鎮、巡官恤其家，給以牛種。

27 是歲，免北京、河南、湖廣、陝西、山西被災夏稅。【考異】是年免各省稅糧，明史本紀不書月日，統系于是年之末，三編同，今據之。

28 前翰林院檢討莊昶，以成化初與章懋、黄仲昭等諫内廷張燈，廷杖被謫。尋授南京行人司副，居三年，母憂去。旋丁父憂，服除，不復出。居定山二十餘年，學者稱定山先生。巡撫王恕嘗欲葺其廬，辭之。薦章十餘上，部檄屢趣不赴。大學士邱濬惡昶，語人曰：「率天下士背朝廷者昶也。」

是年，有薦昶者，應詔起用。昶念濬當國，不出且得罪，强起入都。閣臣徐溥欲復起爲翰林，濬曰：「我不識所謂定山也。」乃復以爲行人司副。俄遷南京吏部郎中，得風疾，明年乞休，部臣不爲奏。又明年，京察尚書倪岳以老疾罷之。居二年卒。天啓初，追謚文節。

29 前威寧伯王越，以汪直黨被謫，時議頗以越功大罪輕，然竟無白之者。上嗣位，赦還。是年，越屢疏訟冤，詔復左都御史致仕。越時年七十，耄矣，復結中官李廣，以中旨召掌院事。給事中季源、御史王一言等交章論，乃寢。【考異】以上二事，據明史本傳，皆特書于是年。諸書不載，今據增。